Susanne Gaschke
VOLLES RISIKO

Susanne Gaschke

VOLLES RISIKO

Was es bedeutet,
in die Politik zu gehen

Deutsche Verlags-Anstalt

Verlagsgruppe Random House FSC® N001967
Das für dieses Buch verwendete FSC®-zertifizierte Papier
Munken Premium Cream liefert Arctic Paper Munkedals AB, Schweden.

1. Auflage
Copyright © 2014 Deutsche Verlags-Anstalt, München,
in der Verlagsgruppe Random House GmbH
Alle Rechte vorbehalten
Typografie und Satz: DVA/Brigitte Müller
Gesetzt aus der Garamond
Druck und Bindung: GGP Media GmbH, Pößneck
Printed in Germany
ISBN 978-3-421-04659-8

www.dva.de

INHALT

NACHHER

Es ist Montag, der 28. Oktober 2013, Mittagszeit. Gerade bin ich von meinem Amt als Oberbürgermeisterin der Stadt Kiel zurückgetreten. Draußen fegt Orkan Christian durch die Straßen. Mein Mann, unsere Tochter, die engsten Mitstreiter aus dem Rathaus, mein Anwalt und ich kämpfen uns durch die Böen zu einem Lokal am Wasser. Regenschirme klappen um, Papierfetzen wirbeln durch die Luft, erste Blitze zucken am Himmel. Das Essen verläuft den Umständen entsprechend fröhlich. Ich bin diesen Menschen, für die ich in den vergangenen Wochen eine schlimme Belastung gewesen sein muss, dankbar, dass sie hier mit mir sitzen.

Plötzlich fliegen draußen an den großen Glasfenstern Tische und Stühle vorbei. Der Sturm hat noch einmal aufgedreht. Dann erklingt ein schriller Klingelton: Das Gebäude muss evakuiert werden, weil die Dachplatten sich zu lösen beginnen. Wenn das hier ein Roman wäre, denke ich, fände ich das mit dem Wetter aber ein bisschen dick aufgetragen.

Es ist kein Roman. Es ist sozusagen ein Bericht von der anderen Seite.

Das Jahr 2013 ist das glücklichste und das schrecklichste Jahr meines Lebens gewesen. Hinter mir liegt eine ziemlich seltene Erfahrung: der Wechsel aus dem politischen Journalismus in die politische Arena. Dieser Wechsel hat, wie man am Rücktritt unschwer erkennen kann, am Ende nicht funktioniert. Es gibt unterschiedliche Meinungen darüber, wie sehr ich mir dieses

Ergebnis selbst zuzuschreiben habe. Und es gäbe vermutlich gute Argumente dafür, die Geschichte nicht zu erzählen – zum Beispiel, weil man in eigener Sache notwendig befangen ist.

Ich behaupte nicht, dass diese Geschichte objektiv ist: Wie sollte sie? Aber dass die Tatsachen und Beobachtungen, von denen ich berichte, wahr sind, davon bin ich überzeugt. Dass man über einige der Dinge, die ich im politischen Betrieb gesehen habe, sehr ernsthaft diskutieren muss, scheint mir auf der Hand zu liegen. Dass es Fehlentwicklungen in unserer Mediengesellschaft gibt, die so nicht akzeptiert werden dürfen, habe ich am eigenen Leib erfahren. Und zu dem »Steuerdeal«, über dessen Skandalisierung ich schließlich gestürzt bin, hätte ich jetzt selbst noch einige Fragen.

Diese Geschichte spielt in Schleswig-Holstein, in der Landeshauptstadt Kiel. Das Bundesland ist meistens nicht besonders aufregend – »zwischen Nässe und Nichts« verortet der Dichter Günter Kunert seine Wahlheimat. Hier seien »die bergenden Nebel zuhaus/und die Wikinger seit langem archiviert«, heißt es in seinem Gedicht »Bei Itzehoe«. Mitbürger aus spannenderen Teilen der Bundesrepublik denken bei Schleswig-Holstein an die Autobahn nach Sylt oder Dänemark, an Rapsfelder, Schafe auf grünen Deichen und vielleicht an Windenergie.

Doch alle paar Jahre gerät »Kiel« in die bundesweiten Schlagzeilen: als Ort, wo politische Auseinandersetzungen mit einer Kompromisslosigkeit und Härte geführt werden, die in Deutschland ihresgleichen suchen. Auch wenn die Details oftmals vergessen sind, gehören die »Barschel-Affäre« (1987: illegale Machenschaften in der Staatskanzlei; Tod des CDU-Ministerpräsidenten Barschel unter bis heute ungeklärten Umständen), die »Schubladen-Affäre« (1993: Rücktritt des SPD-Ministerpräsidenten und Parteivorsitzenden Björn Engholm) und der »Heide-Mord« (2005: viermalige Nichtwiederwahl der SPD-Ministerpräsidentin Heide Simonis in geheimer Abstimmung) zu den aufsehenerregenden

Skandalen der Republik. Und es scheint, als müssten die jüngsten Kieler Ereignisse, an denen ich selbst unfreiwillig teilhatte, in diese Reihe von Skandalen eingeordnet werden: Diesmal geht es um nicht weniger als staatlichen Machtmissbrauch zur Lösung eines innerparteilichen Konflikts. Es geht um das beispiellose Verhalten eines Ministerpräsidenten und seiner Landesregierung – unter den Augen einer Lokalpresse und einer Opposition, die die Tragweite der Vorgänge in der aufgeputschten Situation nicht erkannten, vielleicht nicht erkennen konnten. Das ist eine starke These, ich weiß: Doch dieses Buch wird sie mit den bekannt gewordenen Fakten belegen. Wie gut das am Ende gelingt, müssen die Leserinnen und Leser selbst entscheiden.

Das regelmäßige Aufflackern des Kieler Extremismus ist nicht ganz leicht zu erklären, aber es gibt zumindest ein paar mögliche historische Ursachen. Sowohl SPD als auch CDU vertraten in Schleswig-Holstein stets zugespitzte Positionen: Die Sozialdemokraten gaben sich besonders progressiv, sie propagierten schon in den späten vierziger Jahren die sechsjährige Grundschule und bekämpften schon in den siebziger Jahren erbittert die Atomkraft – gegen den damaligen sozialdemokratischen Bundeskanzler Helmut Schmidt. Die inzwischen längst zum Klischee geronnene Rede vom »dickschädeligen linken Landesverband« stammt aus dieser Zeit. Und es war der Landesvorsitzende Jochen Steffen (1965–1975), der als »roter Jochen« ganze Generationen von Landespolitikern zu einem radikalen Selbstverständnis erzog. Heute pflegt der zugezogene Ralf Stegner dieses fragwürdige Erbe, ohne dass es noch durch inhaltliche Radikalität gedeckt wäre. Aber die Links-Folklore hält sich hartnäckig. Und sie ist auch nützlich, wenn man auf der Bundesebene Bedeutung ertrotzen will.

Gleichzeitig war die CDU in Schleswig-Holstein besonders konservativ: Sie hatte den Bund der Heimatvertriebenen und Entrechteten (BHE), die reaktionäre Partei der Vertriebenen und NS-Belasteten, aufgesogen und die Verfolgung der zahlreichen NS-

Belasteten als erstes Bundesland zurückgefahren. Sie ließ in den sechziger Jahren in vielen Gemeinden ein Schild mit der Aufschrift »3 geteilt niemals!« aufstellen, um den Anspruch auf die deutschen Grenzen von 1937 zu bekräftigen. Es war eine CDU-Landesregierung, die bei den Protesten gegen das Atomkraftwerk Brokdorf in großem Stil Demonstranten von der Polizei zusammenknüppeln und mit tieffliegenden Hubschraubern vertreiben ließ. Schleswig-Holstein war politisch in zwei Lager gespalten: Zwischen beiden wurde der Abstand immer knapper. Seit 1975 legte die SPD kontinuierlich zu. Bei der Landtagswahl 1979 fehlten 1300 Stimmen für einen Regierungswechsel. Die Fronten zwischen den Parteien waren verhärtet, der Umgangston scharf.

1987 erschütterten »Barschels schmutzige Tricks« *(Spiegel)* die Republik: Der CDU-Ministerpräsident hatte seinen Referenten Reiner Pfeiffer aus der Staatskanzlei heraus Wahlkampf führen und den SPD-Hoffnungsträger Björn Engholm verunglimpfen und einschüchtern lassen. Das kostete Barschel das Amt und wohl am 11. Oktober 1987 auch das Leben, wobei die These von seinem Selbstmord bis heute umstritten ist. Bei der Wahl am 8. Mai 1988 errang Engholms SPD die absolute Mehrheit – und fühlte sich nun nicht länger allein aufgrund ihrer linken Dickschädeligkeit, sondern auch als Opfer der CDU-Machenschaften als die moralisch unangreifbare Instanz in Schleswig-Holstein.

Diese Selbstwahrnehmung wurde erschüttert, als 1993 in der sogenannten »Schubladenaffäre« bekannt wurde, dass Engholm und die SPD-Spitze deutlich früher von Rainer Pfeiffers Aktivitäten gewusst hatten, als sie bisher zuzugeben bereit gewesen waren – offenbar hatten sie befürchtet, dass ihnen Protest gegen dessen Umtriebe als Wahlkampfmanöver ausgelegt worden wäre. Im Zusammenhang mit dieser Affäre gab es in der SPD erbitterte Diskussionen und einen harten Selbstreinigungsprozess, der mit Engholms Rücktritt begann, nachdem unbestreitbar war, dass er drei Parteitage über sein Mitwissen belogen hatte.

Engholms Nachfolgerin Heide Simonis wurde 2005 Opfer
eines anonymen Heckenschützen aus den eigenen Reihen, der ihr
im Landtag in vier Wahlgängen die Stimme für die Wiederwahl
als Ministerpräsidentin verweigerte, obwohl bei der vorherigen
Probeabstimmung alles in Ordnung gewesen war. Damit war der
Versuch einer Regierungsbildung von SPD, Grünen und Südschleswigschem Wählerverband (SSW) gescheitert; die SPD trat
als Juniorpartner in eine Große Koalition unter der Führung von
Peter Harry Carstensen (CDU) ein. Ideologisch war das längst kein
Problem mehr: Die Parteien hatten sich inhaltlich angenähert;
so verständigten sie sich beispielsweise nach jahrzehntelangem
erbittertem Schulkampf fast mühelos auf ein Gemeinschaftsschul-
modell, das nüchtern und pragmatisch den sinkenden Schüler-
zahlen auf dem Land Rechnung trug. Was aber fortlebte, war der
harte, kompromisslose persönliche Umgang miteinander.

Ministerpräsident Carstensen entließ schließlich den ständig
quertreibenden Minister Stegner; die Koalition mit der SPD wurde
zunächst fortgesetzt, zerbrach dann aber vorzeitig. Aus den Neuwahlen gingen CDU und FDP als Sieger hervor. Doch auch diese
Regierung endete verfrüht, da das Landesverfassungsgericht aufgrund von Wahlanfechtungen vorgezogene Neuwahlen ansetzte.
2012 gewannen dann SPD und Grüne wieder eine Ein-Stimmen-
Mehrheit im Landtag – aber nur im Bund mit der dänischen
Minderheit, die von der Fünfprozenthürde befreit ist.

Ein verletzender, wenn nicht gar auf persönliche Vernichtung des
Gegners zielender Politikstil ist in Schleswig-Holstein erhalten
geblieben. Und dieser Gegner kann durchaus in den eigenen Reihen stehen. Die SPD beharkte sich monatelang, als der Kieler
Oberbürgermeister Torsten Albig 2010/11 gegen den SPD-Landeschef Ralf Stegner antrat, um Spitzenkandidat für die Landtagswahl
zu werden. Die CDU büßte unterdessen ihren Spitzenkandidaten
und designierten Peter-Harry-Carstensen-Nachfolger ein, weil die

eigenen Leute Details über dessen Privatleben an die Presse durchgestochen hatten.

Und als ich 2013 als Oberbürgermeisterin öffentlich auf die
Mitverantwortung meines Amtsvorgängers Torsten Albig in einem
15 Jahre alten Kieler Steuerfall hinwies, der im Bundestagswahlkampf zum Politikum geworden war, setzte die Landesregierung
alles in ihrer Macht Stehende daran, mich zum Schweigen zu
bringen.

Eine vergleichbar polarisierte Lage zwischen den politischen
Lagern und in den großen Parteien konnte man über Jahrzehnte
allenfalls in Hessen beobachten; dort eskalierten in der SPD die
Dinge nach der Ypsilanti-Affäre im Jahr 2008. Dem neuen Landes-
vorsitzenden Torsten Schäfer-Gümbel ist es aber mit bemerkens-
wertem Geschick gelungen, die verfeindeten Flügel miteinander
zu versöhnen und die tiefen Verletzungen der vergangenen Jahre
zu heilen. Ein solcher Prozess – mit einer klaren Analyse, welche
Regeln verletzt und welche Grenzen überschritten wurden – steht
für die SPD in Schleswig-Holstein noch aus. Und ob das Land
insgesamt den seltsamen Extremismus in seiner politischen Kultur
jemals abschütteln wird, ist eine offene Frage.

PLÖN
Wie ich Journalistin wurde

Es ist ein düsterer Novembertag des Jahres 1996. Im nicht weniger düsteren Großraumbüro der Lokalredaktion der *Kieler Nachrichten* in Plön steht ein Mann und schreit. Er schreit, so wird langsam klar, wegen etwas, das ich geschrieben habe. Wegen eines Kommentars in der heutigen Lokalausgabe. Wenn ich richtig höre, dann schreit er, dass ich sein Lebenswerk vernichtet habe. Vielleicht auch sein Leben. Was habe ich getan? Ich bin 28 Jahre alt und Volontärin bei den *Kieler Nachrichten*, kurz *KN*. Zuvor habe ich Anglistik, Öffentliches Recht und Pädagogik studiert. Ich habe promoviert und zwei Jahre lang als freie Journalistin gearbeitet: für die *Frankfurter Allgemeine Zeitung*, den NDR, die *Zeit*. Dort in Hamburg, bei der *Zeit*, habe ich gerade eine halbjährige Hospitanz absolviert. Es war wundervoll, ich wäre gern geblieben: Aber aktuell hatten sie keine Stelle für mich. Umso froher bin ich darüber, dass der Chefredakteur meiner Heimatzeitung mir die Chance gibt, ein journalistisches Volontariat zu absolvieren. Zwar kann man sich in unserem Beruf irgendwann auch mit Arbeitsproben ausweisen. Doch es scheint mir viel solider, das Handwerk noch einmal richtig zu erlernen.

Anders als manche Volontärskollegen gehe ich sehr gern in die Umlandredaktionen, wo immer einmal jemand aufgrund von Krankheit oder Erziehungsurlaub (so hieß es in den neunziger Jahren noch) ausfällt. Das liegt daran, dass ich leidenschaftlich gern schreibe, während mir das elektronische Redaktionssystem, mit dem die Redakteure seit Abschaffung der Setzereien die Zeitungsseiten selbst umbrechen müssen, ein Buch mit sieben Siegeln ist. Ich habe einfach keinerlei Talent für das Layouten, und ich schaffe es kein einziges Mal, Texte, Bilder und Überschriften so auf einer Seite zu verteilen, dass es auch nur entfernt richtig aussieht. Deshalb schreie ich immer begeistert »Hier!«, wenn irgendwo draußen eine Vertretung gesucht wird.

Und nun also Plön. Hier ist am Vortag – wie überall in der Bundesrepublik, nur dass man im protestantischen Norden vielleicht etwas weniger damit gerechnet hätte – die Karnevalssaison eröffnet worden. Aus diesem Anlass hat der hiesige Karnevalsverein eine Pressekonferenz gegeben, um über die geplanten Aktivitäten für die bevorstehende Session zu berichten. Die Einladung war per Post bei der Zeitung eingegangen, und der Lokalchef hatte bestimmt, dass ich diesen Termin wahrnehme.

Ich finde mich also mit zwei Kollegen von lokalen Anzeigenblättern in der entsprechenden Gaststätte ein. Und stelle fest, dass ich ein kleines Problem habe, denn der Karnevalsverein lässt per Satzung keine Frauen als Mitglieder zu. Was in der Interpretation des Vorstandes bedeutet, dass Frauen auch nicht an der Pressekonferenz teilnehmen dürfen. Weder meine Frage, wie ich denn bitte meine Arbeit machen solle, noch der Einwand, dass es doch wohl besser für den Verein sei, wenn über sein Programm tatsächlich berichtet werde, können ihn umstimmen. Also stapfe ich wutschnaubend zurück in die Redaktion und verfasse einen Kommentar, in dem ich das absolut verdammungswürdig Hinterwäldlerische der Plöner Karnevalisten im Allgemeinen und ihres Vorstandes im Besonderen anprangere. Richtig scharf formuliert, versteht sich.

Es ist die Reaktion auf meinen Text, die diesen Funktionär des Frohsinns am nächsten Tag im Büro der *Kieler Nachrichten* herumschreien lässt. Und ich lerne eine wichtige Lektion: dass wir nämlich mit dem Schreiben und Veröffentlichen von Artikeln in das Leben von realen Menschen eingreifen. Dass Betroffene sich als ohnmächtig empfinden, wenn sie das Gefühl haben, ungünstig dargestellt zu werden. (Sie sind es auch weitgehend.) Dass sie sich bloßgestellt fühlen vor Familie, Nachbarn, Freunden, Vereinskameraden, Geschäftspartnern. Dass wir also sehr sorgfältig sein müssen im Umgang mit den Fakten, über die wir berichten. Und dass wir uns fragen müssen, ob unsere im Kommentar zum Ausdruck gebrachte starke Meinung den Schaden wert ist, den sie für den Kritisierten anrichtet. Stimmen die Proportionen? Es ist Plön, nicht Berlin! Ein Freizeitverein, nicht die Bundesregierung! Karneval, nicht Krieg! Verbessert der Kommentar die Wirklichkeit? Oder befriedigt er vor allem die Autoreneitelkeit? Diese Fragen bleiben übrigens sowohl im weiteren Verlauf meines Volontariats als auch bei späteren Gesprächen mit Kollegen (und Journalisten sind sehr selbstreferenziell) eigenartig unterbelichtet.

Ich jedenfalls habe ein schlechtes Gewissen. Ich finde die Männer-Exklusivität der Plöner Karnevalisten immer noch bekloppt. Aber der arme Vereinsobere musste nicht damit rechnen, dass ihm eine feministische Kampfkatze an den Hals springt. Für den langsamen kulturellen Fortschritt in der Region hätte vielleicht auch ein Anruf des Lokalchefs gereicht.

Das Schöne am Lokaljournalismus ist das Gleiche, was an der Kommunalpolitik schön ist: Beide sind sehr konkret und befassen sich mit dem, was das Leben der Menschen im Alltag bestimmt. Wenn es einem dann noch gelegentlich gelingt, die Dinge vor Ort in ein größeres Gesamtbild einzuordnen, dann ist das Lokale überhaupt nicht provinziell, sondern seismografisch. In Plön schreibe ich über die Kirche, die ihren Gottesdienst auf elf Uhr verlegt, weil die Leute am Sonntag um zehn nicht mehr kommen. Ich schreibe über den letzten mobilen Landhändler, der in den Ruhestand geht. Über den Landfrauenverein, der zum gemeinsamen Kochen mit Migrantinnen einlädt. Unterwegs mit dem Großtierarzt treffe ich morgens um sechs beim Melken einen jungen Bauern, der bis vier Uhr in der Disko war. Schon klar, dass viele ältere Bauern keinen Nachfolger finden, der sich ihre Arbeitszeiten antut. Ich berichte über die Schwierigkeiten eines Gourmetrestaurants auf dem Lande (erste Gentrifizierungsdebatten auch hier). Und darüber, was die Kinder im schicken Schlossinternat gegen Heimweh tun.

Ins Kreishaus, wo der Landrat residiert, komme ich in meiner Plöner Zeit nie; derlei ernsthafte Berichterstattung übernimmt der Lokalchef. Aber ich fahre kreuz und quer durch den Kreis und lerne die Landschaft und die Mentalität ein bisschen kennen. Mein Eindruck ist, dass die Menschen in dieser Gegend zwischen den vielen Seen und sanften Hügeln tendenziell konservativ sind, aber sehr freundlich und offen. In den kleinen Städten gibt es auch ein grün-protestantisches Milieu, in dem man für Welt-Läden und gegen Atomkraft ist.

Nach Plön werde ich auch noch einige Wochen im Nachbarkreis Rendsburg-Eckernförde verbringen. Dort kommen mir die Leute verschlossener vor, die Arbeit für die Zeitung ist irgendwie mühsamer. Falls es wirklich spürbare Mentalitätsunterschiede zwischen zwei benachbarten Landkreisen in Deutschland geben sollte, denke ich später manchmal, wenn am *Zeit*-Konferenztisch Meinungen über Asien ausgetauscht werden, dann sollte man mit allgemeinen Urteilen über ganze Kontinente vielleicht vorsichtig sein.

Als die Ex-Kollegen Kollegen waren

Irgendwann ist die Landverschickung vorbei und ich durchlaufe in Kiel die Wirtschaftsredaktion, die Lokalredaktion und die Politikredaktion. In jeder dieser Abteilungen lerne ich Kollegen kennen, mit denen ich wieder zu tun bekommen soll, als ich 16 Jahre später in Kiel Oberbürgermeisterin werde: Da ist der reizende radikalliberale Wirtschaftschef, mit dem ich in keinem einzigen politischen Punkt einer Meinung bin – aber er ist jemand, der Diskussion und Widerspruch schätzt und Leute mit eigenen Ansichten mag. Außerdem empfiehlt er interessante Tabletten-kombinationen für den Fall zu intensiven Rotweingenusses. Ein toller Mensch, der Jahre später meine Kandidatur als einer von wenigen *KN*-Redakteuren gut findet.

Dann ist da eine Frau Mitte, Ende vierzig, mit der ich zeitweise in der Lokalredaktion ein Büro teile. Wir lachen uns gemeinsam kaputt über den größten Blödsinn, von Anti-Faltencremes bis zum aktuellen Rathaustratsch (wer mit wem). Es ist ein sehr vergnüg-liches Arbeiten. Und ich werde nie verstehen, warum diese Kolle-gin später – als ich die innerparteiliche Nominierung gewonnen habe und Oberbürgermeisterkandidatin der SPD bin – einen der gehässigsten Artikel schreibt, die in meiner gesamten Kandida-tur- und Amtszeit erscheinen:»Gaschkes Kandidatur spaltet die Nord-SPD«. Die anonymen sozialdemokratischen Quellen, auf die sie sich darin offenbar ausschließlich stützt und die meine komplette Unfähigkeit und mangelnde Qualifikation für das Amt zu Protokoll geben, müssen, wie ich sie kenne, sehr hochrangig und sehr überzeugend gewesen sein. Unter dieser Art Pressebeglei-tung echten Wahlkampf gegen den echten politischen Gegner zu machen, wird schwer. Und das wissen die Genossen, die sich hier einlassen, ohne ihr Gesicht zu zeigen, auch ganz genau.

In der Politikredaktion schließlich begegne ich einem Mann, wenig älter als ich vielleicht, der gerade von einem Ausflug als

Pressesprecher eines SPD-Landesministers in die Zeitung zurückgekehrt ist. Mir kommt es so vor, als ob er eine große Ernüchterung mit zurückgebracht hat. Vielleicht war seine Zeit in der Politik nicht erfreulich, wer weiß. Wir jedenfalls verstehen uns nicht gut. Und das ändert sich auch nicht, als er Jahre später Chefredakteur der *Kieler Nachrichten* ist – und ich Oberbürgermeisterin werde.

Neben meinem Volontariat habe ich regelmäßig weiter für die *Zeit* geschrieben, und irgendwann kommt der ersehnte Anruf vom damaligen Hamburger Politikchef: Ob ich denn noch Lust hätte, bei ihnen zu arbeiten? Es gebe da jetzt eine Jungredakteursstelle. Und ob ich Lust habe.

Der alte Kieler Chefredakteur ist sehr freundlich und entgegenkommend. Er verkürzt meine Ausbildungszeit und sorgt dafür, dass ich schnell die Stationen durchlaufen kann, die mir noch fehlen. Er ist ein fairer, kollegialer Typ. Er hat auch stets versucht, das negative Image, das den *Kieler Nachrichten* aus der Nachkriegszeit als CDU-Lizenzzeitung anhing, durch einen besonders liberalen Kurs aufzupolieren. Die Belegschaft schätzt, ja liebt ihn geradezu – ausgenommen vielleicht seine Entscheidung für einen Nachfolger, über den die Meinungen auseinandergehen: ebenjenen Chefredakteur, mit dem ich es später so schwer haben werde.

In der »Zeit«

In der Hamburger Politikredaktion bin ich mit Abstand die Jüngste und dazu eine der wenigen Frauen mit Nachwuchs. Die Männer haben natürlich fast alle Kinder. Mein Mann engagiert sich überdurchschnittlich bei der Betreuung unserer Tochter – das wird erst schwieriger, als er 1998 für den Wahlkreis Kiel in den Deutschen Bundestag gewählt wird. Aber mit einer großartigen Tagesmutter, mit Unterstützung durch meine Eltern und einigem Organisationsaufwand bekommen wir die Sache irgendwie hin, ohne dass unsere Tochter allzu kurz kommt.

Dass mein Ehemann Hans-Peter Bartels in der SPD ist, dass auch ich in der SPD bin, AStA-Vorsitzende war und früher bei den Jusos aktiv, ist in Hamburg bekannt – und die alte *Zeit*-Garde, die damals noch die Geschicke der Zeitung bestimmt, stört das nicht. Sie finden es eher interessant angesichts der Tatsache, dass ihnen die jungen Leute der neunziger Jahre zunehmend unpolitisch vorkommen. Marion Gräfin Dönhoff, Theo Sommer, Dieter Buhl, Haug von Kuenheim, Nina Grunenberg – das sind Persönlichkeiten, die anderen genug Persönlichkeit zutrauen, um auch über die »Behinderung« einer Parteimitgliedschaft hinweg klug, gewissenhaft und tatsachenfest zu berichten. Sie haben ja beispielsweise ihren Alt-Verleger Gerd Bucerius vor Augen, der für die CDU im Bundestag saß – und trotzdem keinen Einfluss auf seine Redakteure nahm, wenn sie die Union angingen. Oder den kurzzeitigen FDP-Abgeordneten Rudolf Augstein vom *Spiegel*.

Theo Sommer hatte für Helmut Schmidt im Planungsstab des Verteidigungsministeriums gearbeitet; der legendäre Politikchef Kurt Becker war Regierungssprecher gewesen. Und der höchstrangige Seitenwechsler aus der Politik in die Publizistik war natürlich Helmut Schmidt selbst, mit dem allfreitäglich am Konferenztisch zu sitzen ich nun 15 Jahre lang die Ehre haben würde. Wer ihm einen parteipolitischen Vorbehalt unterstellt hätte, hätte sich sehr lächerlich gemacht. Später wurde Michael Naumann ein herausragender *Zeit*-Chefredakteur – nach seiner Zeit als Staatsminister für Kultur in Gerhard Schröders rot-grüner Bundesregierung.

Ich befasse mich mit diesem Punkt so ausführlich, weil ich glaube, dass sich im Journalismus der vergangenen 15 bis 20 Jahre etwas geändert hat – und nicht nur zum Guten. Die alten Journalisten mit ihren Biografien, mit ihren Schicksalen und persönlichen Widersprüchen unterlagen nicht der Illusion, es gäbe eine quasinaturwissenschaftliche Möglichkeit, über irgendeine Frage das absolut Wahre zu schreiben. Ihnen war klar, dass jeder Mensch erkenntnisleitende Interessen hat – und dass auch jeder

Redakteur sein Material danach auswählt und komponiert. Sie erwarteten von ihren Kollegen, diesen Prozess bewusst zu reflektieren. Natürlich mussten die Fakten stimmen. Natürlich gehörten Ausgewogenheit und Fairness zum guten Handwerk. Aber am Ende zählte das bessere Argument. Ein kluges Pro-SPD-Argument konnte also im äußersten Falle sogar von einem SPD-Mitglied stammen. Ein Anti-SPD-Argument selbstverständlich auch. Ein Journalist durfte als linker Journalist oder rechter Journalist oder liberaler Journalist erkennbar sein. Dem Publikum, das ja auch links, rechts, liberal oder Gott weiß was sein mochte, gestand man die Souveränität zu, damit umzugehen.

Heute ist es im Journalismus weitgehend verpönt, weltanschaulich identifizierbar zu sein. Es ist, als dürfe man auf keinen Fall mehr riskieren, die eigene Urteilskraft durch irgendeine scheinbare Abhängigkeit oder Leidenschaft zu kompromittieren.

Das führt, erstens, zu langweiligeren Artikeln. Und zweitens birgt es eine echte Gefahr: den Objektivitätswahn einer ganzen Journalistengeneration. Parallel zum Neoliberalismus, der ja auch vorgibt, auf Fragen der Steuerpolitik, der Arbeitsmarktpolitik oder überhaupt staatlicher Regulierung die einzig wahren, objektiv richtigen Antworten zu kennen, hat sich ein neues journalistisches Selbstverständnis entwickelt: Ich bin weltanschaulich unabhängig, also neutral, also objektiv; also ist das, was ich schreibe, die saubere, wahre Schiedsrichterposition. Der Ton der besserwisserischen Schiedsrichterei hat den politischen Journalismus in den vergangenen Jahren immer stärker geprägt.

Ich hatte bei der *Zeit* wunderbare Arbeitsbedingungen. In der Politikredaktion konnte ich mir nahezu alle Themen aussuchen, die mich interessierten: selbstverständlich die SPD; allgemein die Linke in Deutschland und Kapitalismuskritik; Frauen-, Familien-, Bildungs-, Kinder- und Jugendpolitik; die »Generation Berlin«; die digitale Moderne; die Bundeswehr. Ich erfuhr freundlichste Unterstützung, zum Beispiel durch Marion Gräfin Dönhoff, die mich einmal im *Stern* unter der Überschrift »Stars 2000« als ihre hoffnungsvollste Nachwuchsjournalistin vorstellte.

Während ich bei der *Zeit* arbeitete, schrieb ich politische Bücher, hielt Vorträge, trat in Radio- und Fernsehdiskussionen auf. Und in meinem letzten Jahr in der Redaktion verfasste ich nicht nur Artikel für den Politikteil, sondern hatte auch eine wöchentliche Kolumne unter dem Titel »Immer schlimmer – Ansichten einer Kulturpessimistin«. Wobei das nur leicht ironisch gemeint war: Ich fand stets, dass es sicherer sei anzunehmen, dass der Fortschritt nicht immer und automatisch und von selbst großartig ist. In der ersten Ausgabe dieser Kolumne stellte ich mich vor und formulierte auch ein spielerisches Sofortprogramm für meine Heimatstadt Kiel: »Deutschland ist das Land der kleineren Großstädte, der Städte wie Kiel eben. Wenn man Kiel versteht, kann man Deutschland nicht missverstehen. Meine Ziele für Kiel: Wiedereröffnung des Flughafens. Ansiedlung eines Sternerestaurants und einer seriösen Fischbrötchenbude. Sprengung von Teilen der Innenstadt.« Damals hatte ich allerdings – anders, als ein lieber Kollege später in einem Abschiedsartikel für mich mutmaßte – noch nicht den Entschluss gefasst, aus der Sphäre des politischen Journalismus in die aktive Politik zu wechseln.

Das geschah erst, nachdem sich der Kieler Oberbürgermeister Torsten Albig in einem Mitgliederentscheid klar gegen den unpopulären SPD-Landesvorsitzenden Ralf Stegner durchgesetzt hatte und als Spitzenkandidat hauchdünn die schleswig-holsteinische Landtagswahl 2012 gewann. Ich hatte Albig unterstützt. Wie viele andere war ich allerdings sprachlos, als er dann einen Tag nach seinem erdrutschartigen Sieg in der Partei sofort den Schulterschluss mit Stegner suchte. Doch so oder so: Mit einer Ein-Stimmen-Mehrheit in einer Dreier-Koalition aus SPD, Grünen und dem Südschleswigschen Wählerverband gelang es Albig, tatsächlich Ministerpräsident zu werden. Die CDU blieb allerdings bei der Landtagswahl überraschend die stärkste Partei, obwohl ihr populärer Spitzenmann

Peter Harry Carstensen nicht wieder antrat und dessen Nachfolger noch vor der Wahl durch einen Ersatzkandidaten abgelöst werden musste. Der Oberbürgermeisterposten in Kiel war jetzt verwaist. Als quasinatürlicher Nachfolger galt der Kieler SPD-Kreisvorsitzende, aber der wollte dann doch lieber Staatssekretär in Albigs Kabinett werden, als die mühsame Kandidatur auf sich zu nehmen. Im Nachhinein verstehe ich ihn gut.

Als es auf weiter Flur keine anderen Bewerber gab, dachte ich, dass der richtige Zeitpunkt gekommen sei für eine sozialdemokratische Kandidatin, die *Wählerinnen* ebenso ansprechen könnte wie Wähler der bürgerlichen Mitte – gerade weil sie kein Polit-Apparatschick, sondern eine politische Bürgerin war. Ich kannte und liebte meine Heimatstadt Kiel. Ich wusste, wo man nie einen Parkplatz bekam. Wie jedes Gespräch unter engagierten Kielern sich unweigerlich der ruinierten Innenstadt zuwandte. Ich kannte über meinen Mann viele Themen der Marine, überhaupt der Bundeswehr vor Ort. Ich hatte mich mit der Schullandschaft beschäftigt und für meine Artikel in vielen sozialen Einrichtungen recherchiert. Ich konnte die lokalen Erfahrungen eines ganzen Lebens mit überregionaler Berufserfahrung und einer weiteren Perspektive verbinden. Gewiss: Eine große Verwaltung hatte ich noch nicht geleitet. Ebenso wenig wie meine drei Vorgänger im Amt. Mir schien das also insgesamt ein gutes Angebot für die Kieler Wählerinnen und Wähler.

DER PLAN
Warum ich in die Politik gehen wollte

Als ich Schülerin und Studentin war, also in den siebziger und achtziger Jahren des vergangenen Jahrhunderts, neigten die Deutschen sehr zu Angst und Alarmismus. Sie fürchteten sich vor Atomtod, Dioxin und Waldsterben – auch wenn gerade keine konkrete Bedrohung zu sehen oder zu spüren war. Kurzfristige Aufregungskultur gibt es heute immer noch. Aber das Grundgefühl des neuen Jahrtausends ist eher Fatalismus: Wir leben so, als ob es manche beunruhigenden Großtrends einfach nicht gäbe. Oder, um es mit Linus von den *Peanuts* zu sagen: »No problem is so big or complicated that it can't be run away from.«

In einem für mich erstaunlichen Maße hat sich diese Mentalität während der NSA-Affäre gezeigt: Sie verdeutlichte auch gänzlich technikabgewandten Menschen, dass jede digitale Aktivität, von der E-Mail bis zum Handytelefonat, von interessierter Seite mitgelesen beziehungsweise mitgehört werden kann – und dass dies nicht nur technisch möglich ist, sondern auch wirklich geschieht. Eigentlich müsste diese Erkenntnis von orwellschem Ausmaß doch zu einer Revolution des Kommunikationsverhaltens, zu massenhafter Empörung und einer politischen Bewegung führen. Aber wir tun kollektiv weiterhin so, als gäbe es digitale Privatheit. Und im Augenblick geht das ja auch noch gut.

Demokratie gibt es nicht im Abo

Ein bisschen ähnlich verhält es sich mit unserer Demokratie, die zwar in Deutschland seit über sechs Jahrzehnten stabil ist – aber ist sie auch lebendig? 1992 lautete das Unwort des Jahres »Politikverdrossenheit« – zwei Jahre nachdem die friedliche Wiedervereinigung gezeigt hatte, was Politik Großartiges vermag. Seither gibt es wenige Indizien dafür, dass die Stimmung etwa unverdrossener wird. Die großen Volksparteien haben seit Mitte der siebziger Jahre die Hälfte ihrer Mitglieder verloren. Und von den Verbliebenen ist bald die Hälfte im Rentenalter. Bei SPD und Grünen gehört oder gehörte zudem fast die Hälfte der Mitgliedschaft dem Öffentlichen Dienst an. Die Wahlbeteiligung bei Bundestagswahlen ist immer noch in Ordnung, aber bei Landtags- und Kommunalwahlen bricht sie ein: Wahlen, an denen nur 50 bis 60 Prozent der Wahlberechtigten teilnehmen, sind keine Seltenheit. Bei der Kieler Oberbürgermeisterwahl 2012 lag die Beteiligung im zweiten Wahlgang sogar nur bei 31,9 Prozent. Und gewählt *werden* wollen auch nicht mehr viele: In manchen Gemeinden gibt es schon Einheitslisten der Parteien zur Wahl. 300 000 kommunale Mandate und Ämter sind deutschlandweit alle fünf Jahre zu vergeben, meist ehrenamtlich: das Fundament unserer Demokratie. Aber die Kandidatensuche wird immer mühsamer, nicht nur in den ostdeutschen Ländern. 50 Prozent der Bundesbürger insgesamt sind laut einer Umfrage von infratest dimap »weniger bis gar nicht zufrieden« mit den demokratischen Abläufen.

Nun kann man sich auf den Standpunkt mancher amerikanischer Politologen stellen und sagen: Was wollt ihr, es wird doch regiert, und wenn die Leute sich nicht beteiligen, sind sie vielleicht einfach einverstanden mit den Verhältnissen. Diese Sicht der Dinge ist sicher nicht völlig verkehrt, und es lässt sich nicht ganz leicht gegen das Recht argumentieren, von Politik einfach unbehelligt zu bleiben. Doch gerade in Deutschland mit seinen antidemokratischen, antifreiheitlichen Erfahrungen sollte uns immer vor Augen stehen, dass Rechte, die keiner wahrnimmt, auch wieder verschwinden können; und dass hier möglicherweise eher auf autoritäre Politikmuster zurückgegriffen werden könnte als anderswo.

Außerdem äußert sich die kritische Stimmung ja nicht nur in den oft überspitzten, aber leider nicht immer ganz falschen Negativzuschreibungen an Politik (»Die da oben sind alle gleich, denen geht es doch nur um die eigene Karriere«, »keiner kümmert sich um die kleinen Leute«). Sie zeigt sich auch in so unterschiedlichen (und unterschiedlich ernst zu nehmenden) Phänomenen wie der Piratenpartei, der Alternative für Deutschland, den Sarrazin-Anhängern, dem Protest gegen Großprojekte wie Stuttgart 21 oder den allgegenwärtigen Hasstiraden gegen Politiker im Internet.

Den Piraten geht es vor allem um die »Transparenz« politischer Prozesse, die sie mithilfe von Technologie herzustellen hoffen. Der AfD geht es um die Störung eines aus ihrer Sicht übergroßen Konsenses zwischen den Volksparteien. Eine ähnliche Motivationslage haben die Sarrazin-Anhänger. Den Stuttgart-Protestierern ging es um die Verhinderung eines Bauvorhabens, das auf demokratischem Wege zustande gekommen sein mag, von dem sie sich aber trotzdem überfahren fühlten. Den im Internet Wütenden geht es vermutlich nur um ein Ventil – für das Gefühl, in der Welt politischer Entscheidungen überhaupt keine Rolle zu spielen.

All diese Erscheinungen belegen eine ähnliche Tendenz: dass nämlich eine große Zahl von Menschen in unserem Land den Politikbetrieb als hermetisch empfindet. Dass sie politische Entscheidungen in Bereichen, von denen sie etwas verstehen, als willkürlich und von ihren Erfahrungen abgekoppelt wahrnehmen. Dass sie von politisch Verantwortlichen oft in einer Weise belehrt werden, die ihnen gegen den Strich geht.

Was tun gegen hermetische Politik?

Man kann natürlich die entfremdeten Teile unserer Bürgerschaft bei ihrer Kritik nehmen und sie auffordern, sich besser zu informieren, sich mehr zu interessieren, sich einzubringen – aber wenn alles andere so bleibt, wie es ist, versprechen derartige Appelle nicht allzu viel Erfolg.

Man kann auf mehr und besseren Politikunterricht setzen und auf eine Stärkung der Träger politischer Bildung. Das ist nie verkehrt.

Trotzdem bleibt am Ende die Frage an die »etablierten« Parteien: Können sie, müssen sie etwas an sich selbst ändern, damit die Demokratie stabil *und* lebendig bleibt? Damit der dramatische Legitimationsverlust durch das Desinteresse der Bürger nicht fortschreitet?

Meine Antwort lautet natürlich: ja. Und die Parteien wissen das auch. Theoretisch. Aber praktisch ist es erstens nicht einfach, weil man nicht auf Knopfdruck attraktiver wird. Und zweitens würden die nötigen Veränderungen Macht und Einfluss in bereits existierenden Machtarrangements verändern. Dass nicht alle dafür sind, die die Ochsentour hinter sich haben, lässt sich ganz gut verstehen.

Dennoch: Dieser Kampf muss gekämpft werden! Er muss in den Volksparteien gekämpft werden und nicht in punktuellen Bürgerinitiativen oder Parteineugründungen. Er gehört dahin, wo die Macht- und Einflusspositionen tatsächlich verteilt werden. In diesem Kampf geht es darum, dass Parteien Parteien bleiben – dass sie aber den Eindruck von Verschlossenheit, Selbstzufriedenheit und Verschworenheit abschütteln, den sie zu oft vermitteln. Es mag gerecht sein oder ungerecht: Aber CDU und SPD sind im Moment keine Vereine, bei denen beruflich und familiär erfolgreiche Menschen in großer Zahl dringend um Aufnahme betteln. Obwohl doch unsere Demokratie im Prinzip großartig ist, die

Probleme der Gesellschaft im Großen und Kleinen drängend und Politik so wichtig ist! Etwas läuft falsch.

Ich glaube, es gibt zwei Stellschrauben, an denen die Parteien drehen könnten, um offener zu wirken und offener zu werden: Sprache und Personal. Beides hängt zusammen. Wenn man in eine Partei eintritt und dort nicht nur Beiträge zahlt, sondern ernsthaft mitarbeitet, eignet man sich über kurz oder lang die Sprache der anderen Aktiven an. Natürlich haben auch Kaufleute, Architekten, Handwerker oder Segler ihren Jargon, aber in der politischen Diskussion soll dieser Jargon nicht nur dokumentieren »ich kenne mich aus«, sondern er definiert sprachlich die Wirklichkeit, die die Partei gestalten und verändern möchte. Nach meiner Beobachtung, unter anderem in vielen Jahren Juso-Politik, ist der Parteijargon, weil er nur innerhalb der Organisation weitervererbt wird, oft relativ weit entfernt von den Worten, mit denen nichtorganisierte Menschen ihre Wirklichkeit beschreiben würden. Schon das trägt zu einem hermetischen Eindruck bei.

Aber als Parteifunktionär unterliegt man noch einer weiteren Gefahr: Man verfällt leicht der Vorstellung, durch das jargongerechte Aufschreiben bestimmter Ansichten habe man in der Wirklichkeit bereits Veränderungen herbeigeführt. Diese Vorstellung eskaliert in der jüngeren Vergangenheit geradezu: Die Parteiprogramme auf Bundes-, Landes- und kommunaler Ebene werden immer länger. Das Kommunalwahlprogramm der Kieler SPD 2013 hatte über einhundert Seiten: so viel Politik! Man spürte förmlich den Stolz der Verfasser.

Tatsächlich ist es aber eben – banale Erkenntnis – mit dem Aufschreiben von Textbausteinen, denn das vor allem sind die Programme, noch nicht getan. Das Publikum erkennt das, und manche Wähler sind wohl den Wahn der Organisierten leid, die glauben, mit ihrem Jargon schon die Welt gerettet zu haben.

Aus der Textbausteinkiste

Ich will ein Beispiel geben für die »Plastiksprache«, die ich meine. Da legt sich eine Koalition im Kieler Rathaus fest auf »Generationengerechtigkeit, Nachhaltigkeit, soziale Gerechtigkeit und Gerechtigkeit der Geschlechter, Bürgerbeteiligung und Haushaltssanierung«. Man will »sozial gerechte Lebensverhältnisse« schaffen; eine »moderne Stadtentwicklung« betreiben; Toleranz der »kulturellen und religiösen Vielfalt sowie Integration der ausländischen Mitbürgerinnen und Mitbürger« fördern, »Umwelt- und Naturschutz« stärken und dem »Subsidiaritätsprinzip«, dem »bürgerschaftlichen Engagement« und der »Transparenz von politischen Entscheidungen« zu ihrem Recht verhelfen.

Dies ist eine schwarz-grüne Koalitionsvereinbarung aus dem Jahr 2003. Sie könnte auch rot-grün sein. Oder schwarz-rot. Sie könnte von 2007 sein oder von 2012. Sie könnte für Freiburg gelten, für Wuppertal oder Braunschweig – kein Mensch würde vernünftigerweise etwas gegen diese Ziele einwenden. Aber es weiß eben auch kein Kommunalpolitiker, der sie sich auf die Fahnen schreibt, wie man aus eigener Kraft einen kommunalen 800-Millionen-Euro-Haushalt sanieren soll, wenn ein überwältigender Teil dieses Haushalts gesetzlich gebunden oder in Form von Personalkosten festgeschrieben ist. Wenn Bund und Länder immer neue Aufgaben an die Kommunen weiterreichen, ohne sie dafür finanziell auszustatten. Wenn man kein weiteres Tafelsilber verkaufen und nicht das Theater schließen will. Wenn die Gewerbesteuer Achterbahn fährt. »Haushaltssanierung« ist eine Aufgabe von unglaublicher Komplexität, und sie muss quasi am lebenden Objekt geschehen – in einer Verwaltung, deren Mitarbeiter *Menschen* und keine bloßen Kostenfaktoren sind; in einer Stadt, deren Bürger reale Bedürfnisse und eine *Meinung* zu den öffentlichen Leistungen haben.

Ich bin mir sicher, dass das Publikum auf der einen Seite erwartet, dass man sich dieser Komplexität stellt. Wenn man also vom Haushalt spricht – um bei diesem Beispiel zu bleiben –, dann darf man sich nicht hinter moralisch aufgeladenen Floskeln wie »Nachhaltigkeit« oder technischen Nebelkerzen wie »Konzernbilanz« verstecken: Dann muss man sagen, wie hoch die Schulden wirklich sind und dass es unglaublich schwierig wird, sie abzubauen. Man muss offen zugeben, dass es am einfachsten wäre, so weiterzuwirtschaften wie bisher – und dass fast jede Sparentscheidung für unterschiedliche Gruppen Verschlechterungen bedeuten wird.

Auf der anderen Seite verursacht dieses unverstellte Sprechen zwangsläufig Konflikte, denn die, denen etwas weggenommen werden müsste, können ja gar nicht anders, als zu protestieren. Unverstelltes Sprechen hieße beispielsweise zu sagen: Wir haben keine Ahnung, ob das schöne »Mehrgenerationenhaus«, das die Stadt mit soundso viel Euro im Jahr unterstützt, wirklich die Lebensläufe von jungen Frauen aus schwierigen Verhältnissen zum Besseren verändert. Und weil wir das nicht wissen – und weil das Jobcenter, das es ohnehin und auch aus anderen Gründen gibt, ähnliche Fortbildungsangebote bereithält –, verzichten wir künftig auf diese Doppelstruktur. Natürlich würden Erfinder, Mitarbeiter und Klienten des Mehrgenerationenhauses sich wehren, und auch ihre Argumente könnten stichhaltig sein.

Die Folge wäre eine Diskussion, die weh tut. Und mühsam ist. Parteien müssten sich diese Mühe ganz bewusst verordnen, sie müssten es sich versagen, reale Konflikte mit Baldrianbegriffen wie »Generationengerechtigkeit« zuzudecken.

Die Medien machen ihnen das schwer, sie tragen ganz wesentlich dazu bei, dass Politikersprache plastikartig wird: Wenn Journalisten nur auf die großen Ankündigungsfloskeln, die mögliche Abweichung von der Parteilinie, den spektakulären Widerspruch gegen den Parteivorsitzenden erpicht sind, werden die Politiker sich umso lieber in Phrasen flüchten. Wenn die Skandalisierung des »sozialen Kahlschlags« attraktiver erscheint als eine detaillierte Debatte über die Wirksamkeit von sozialen Angeboten, ist uneigentliches Sprechen der bequemste Ausweg. Wir brauchen also eine politische Gesprächs- und Interviewkultur, die eher bei »3 nach 9« oder bei »Beckmann« angesiedelt ist als bei »hart aber fair« oder Marietta Slomka. Und wir müssen irgendwie erreichen, dass ein Politiker die Antwort geben kann: »Das weiß ich nicht«, ohne dass er das Gefühl haben muss, dann auch gleich zurücktreten zu können.

Wer soll es denn machen?

Bei der sprachlichen Öffnung kann den Parteien eine personelle Öffnung helfen. Unsere Demokratie lebt ganz wesentlich von der Vorstellung, dass prinzipiell jeder Wähler auch selbst für politische Ämter und Mandate wählbar ist. Das aktive und das passive Wahlrecht werden verstanden als die zwei Seiten derselben Medaille. Tatsächlich ist dies aber heute eher eine regulative Idee. In der Praxis sind es überwiegend die Gremien der Parteien, die für die Besetzung der Ämter und Mandate exklusiv die Vorschläge machen. Das ist durchaus vernünftig. Es nützt allen, dass sich Bewerber der kritischen Diskussion einer Vorwahl stellen, dass sie andere von ihren Positionen überzeugen müssen und dass sie sich auf politische Programme festlegen, die nicht nur sie selbst irgendwie geschaut haben, sondern die vielleicht in einer weltanschaulichen Tradition stehen und an denen jedenfalls viele Mitbürger in der jeweiligen Partei mitgedacht und mitgewirkt haben.

All das in Rechnung stellend, muss der politische Auswahlprozess aber offen bleiben. Es muss auch für Menschen, die bisher nicht ganztags »Politik gemacht« haben, möglich sein, Abgeordneter, Oberbürgermeister oder Minister zu werden. Zwanzigjährige Erfahrung in Parteigremien kann wichtig sein, darf aber nicht ausschließliches Kriterium werden, wenn Demokratie funktionieren soll.

Theoretisch ist den Parteien das sehr klar. Es gibt unzählige Überlegungen zur Öffnung der Organisationen, zu »Schnupper- mitgliedschaften«, Townhall Meetings, Bürgerdialogen, Internet- foren und dergleichen. Bei Schattenkabinetten – oder »Kompetenz- teams«, wie sie in der SPD aktuell gern genannt werden – gehört es zum guten Ton, »Quereinsteiger« ohne hauptamtliche Politikbio- grafie zu präsentieren. Ein interessantes Beispiel aus jüngerer Zeit war das Team von Peer Steinbrück im Bundestagswahlkampf 2013, dem eine Pfarrerin, ein Kulturmanager, eine Informatikprofesso- rin, ein Gewerkschaftschef und eine Erziehungswissenschaftlerin angehörten, die alle in ihren Berufen arbeiteten. Das sollte zeigen, dass die SPD in wichtigen gesellschaftlichen Fragen auf Fachleute hört und weiß, was »draußen« im Leben gedacht wird.

Im Kabinett der Großen Koalition von 2013 findet sich kein einziger dieser Nichtpolitiker wieder. Dort sitzen natürlich der Parteivorsitzende, zwei stellvertretende Parteivorsitzende, der ehe- malige Fraktionschef, die ehemalige Generalsekretärin, die ehe- malige Schatzmeisterin, kurz die engste Parteiführung. Dafür gibt es unter den schwierigen Bedingungen dieser besonderen Koali- tion durchaus Gründe. Aber das Spannungsverhältnis zwischen dem Wunsch nach der Einbeziehung von Quereinsteigern und der tatsächlichen Bereitschaft, ihnen Platz zu machen, wird eben auch recht anschaulich illustriert.

Man muss fairerweise auf das hohe Risiko hinweisen, dass Quereinsteiger in der Politik scheitern: Entweder reden sie sich um Kopf und Kragen, weil sie nicht über den Parteijargon ver- fügen, hinter dem sie sich verstecken können. Oder sie beherr- schen die ständigen Mechanismen des Austarierens von Macht, des Gebens und Nehmens von Vorteilen, Aufmerksamkeit und Bedeutung nicht ausreichend. Oder sie kennen die Partei, die sie gerufen hat, gar nicht. Das Superbeispiel für einen geschei- terten Quereinsteiger ist der »Professor aus Heidelberg«, Paul Kirchhof, der mit seinen Steuerrechenkunststücken 2005 Angela

Merkel den sicher geglaubten Sieg über Rot-Grün beinahe verdarb. Erfolgreich sind Nichtpolitiker in der Politik, wenn etwa ein durchsetzungsfähiger Regierungschef sie entschlossen unterstützt – und auch dann gehören politisches Talent und Glück dazu. Björn Engholm wollte mit Berndt Heydemann einen Umweltminister aus der Wissenschaft. Christian Wulff wollte Ursula von der Leyens Erfolg in Niedersachsen. Olaf Scholz bekennt sich in Hamburg ausdrücklich zu dem parteilosen Wirtschaftsmann Frank Horch und der Gewerkschafterin Jutta Blankau. Aber sie alle sind doch eher Ausnahmen.

Quereinsteiger sind also von der Theorie her (und unter PR-Gesichtspunkten) nötig für die Parteien – sie zeigen deren Offenheit. Sie bringen eine andere Sprache und einen anderen Stil in die Politik. Wofür es offenkundig Bedarf gibt. Aber sie sind auch riskant für die Organisation, denn man weiß nicht, was sie sagen und ob sie sich an alle parteiinternen Gepflogenheiten halten werden.

Antreten? Oder lieber doch nicht?

All dies war mir bewusst, als ich überlegte, ob ich mich für das Kieler Oberbürgermeisteramt bewerben sollte oder nicht. Ich hatte das Gefühl, der SPD ein ernsthaftes Angebot machen zu können. Die Partei braucht Frauen in herausgehobenen Positionen – überall, aber gerade in Schleswig-Holstein, wo nach der im Parlament so tückisch vereitelten Wiederwahl von Heide Simonis die Spitzenpositionen in Partei, Fraktion, Regierung und Großstädten durchweg männlich besetzt sind.

Ich war keine Fremde, sondern Mitglied der Kieler Partei seit 25 Jahren. Ich kannte praktisch alle kommunalpolitischen Akteure persönlich, mit vielen waren mein Mann und ich befreundet.

Insofern hoffte ich, dass sich in meinem Falle die Vorteile eines Quereinstiegs mit einer erkennbar sozialdemokratischen Identität verbinden ließen.

Und ich wollte endlich selbst gestalten. Ich wollte beruflich nicht mehr länger von dem leben, was andere taten; ich wollte selbst etwas tun. Ich wollte Oberbürgermeisterin nicht *irgendeiner* Stadt werden, sondern da, wo ich zu Hause war.

Eine solche Entscheidung trifft kein Mensch alleine. Ich sprach zunächst mit dem SPD-Kreisvorsitzenden, einem bärtigen Politologen in den oberen Fünfzigern. Er war nicht enthusiastisch, aber starke Gefühlsäußerungen hatten meines Wissens noch nie zu seinem politischen Verhaltensrepertoire gehört. In jedem Fall schien er nicht *dagegen* zu sein. Oder hatte keine bessere Idee.

Ich sprach dann mit Freunden, Jusos, Ratsherren, Ratsfrauen, Kreisvorstandsmitgliedern, Landtagsabgeordneten, Ortsvereinsvorsitzenden. Schnell zeigte sich ein interessantes Stimmungsbild: Viele Aktive, die in Kiel Versammlungen organisierten, Plakatschrubbaktionen anzettelten, Materialien erarbeiteten, Arbeitsgemeinschaften leiteten und ihre Ortsvereine in den eigenen Garten zum Grillen einluden, waren begeistert von meiner Idee – offenbar weil ihnen einleuchtete, dass meine Kandidatur als eine positive Öffnung der Partei aufgenommen werden könnte.

Die Oberfunktionäre waren, wie man der Presse entnehmen konnte, fast geschlossen dagegen. Ausdrücklich zitiert wurde unter anderem Ministerpräsident Torsten Albig. Aber auch der SPD-Landesvorsitzende Ralf Stegner dürfte kein Fan meiner Kandidatur gewesen sein und ebenso wenig – vielleicht unter dem Eindruck dieser geballten Autorität – die Spitzen der Kieler Ratsfraktion und des Kreisvorstandes.

Hier zeigte sich, dass ich eben doch keine lupenreine, harmlose Quereinsteigerin war: Das Partei-Establishment war nicht (oder nicht nur) gegen mich, weil ich von außen kam und mich eventuell nicht parteikonform verhalten würde, sondern gerade *weil* wir eine gemeinsame Parteigeschichte miteinander hatten. Ich hatte Torsten Albig sowohl bei seinem (erfolgreichen) Versuch unterstützt, in Kiel Oberbürgermeister zu werden, als auch bei seiner Bewerbung gegen Ralf Stegner um die SPD-Spitzenkandidatur für die Landtagswahl 2012. Und ich hatte ihn privat und öffentlich hart kritisiert, als er – aus meiner Sicht und aus der Sicht vieler schleswig-holsteinischer Sozialdemokraten ohne Not – dann doch Stegner ins Boot holte. Diese Kritik war für Albig offenbar schwer auszuhalten.

Und ich habe mich später, als Albig und Stegner unsere Auseinandersetzung um den Kieler Steuerfall auf die Spitze trieben, gefragt, ob es vielleicht dieser Umstand war, den sie nicht so gut ertragen konnten: dass eine Frau ihnen widersprach.

Stegner

Auch zu Ralf Stegner muss ich an dieser Stelle ein paar Worte sagen. Torsten Albig mag Ministerpräsident sein, aber Stegner ist der mächtigste Mann in der schleswig-holsteinischen SPD. Ich mag ihn nicht. Und ich wäre nicht überrascht, wenn er mich auch nicht mag.

Gründe, warum ich Ralf Stegner nicht mag, erstens: Er hat sich vor zwanzig Jahren gegen Norbert Gansel gewandt, den ehemaligen Kieler Bundestagsabgeordneten (der von 1997 bis 2003 erster direkt gewählter Kieler Oberbürgermeister war). Gansel stand für die lückenlose Aufklärung aller Aspekte der Barschel-Affäre – auch auf SPD-Seite, auch in der »Schubladenaffäre«. Er wollte Parteiräson nicht über die Wahrheit stellen. Dafür bewunderte ich ihn und fand Stegners Haltung besonders unsympathisch.

Zweitens: Stegner nimmt gern für sich in Anspruch, im Namen und zum Wohle der Partei und ihrer Wahlchancen zu sprechen. Wer ihm nicht zustimmt, muss mit dem Vorwurf rechnen, er stelle sich gegen die Partei. Tatsächlich ist aber die SPD in Schleswig-Holstein unter Stegners Führung noch nie stärker als die CDU aus Wahlen hervorgegangen, sie lag immer hinter der Union. In diesem Fall stimmt: Früher – vor Stegner – war es besser mit den Mehrheiten für die SPD.

Drittens: Stegners konsequente Personalpolitik, die Widerspruch in seiner Umgebung unwahrscheinlich macht. Weder im SPD-Landesvorstand noch in der SPD-Landtagsfraktion gibt es profilierte Politiker, die es wagen würden, ihm die Stirn zu bieten.

Viertens: Stegner gibt sich öffentlich als einflussreicher Beschwichtiger der Parteilinken, aber mir scheint das eher eine Pose zu sein. Aus seiner Staatssekretärs- und Ministerzeit in Schleswig-Holstein ist er durchaus noch in Erinnerung auch für das Durchsetzen eher »rechter« Regierungspolitik.

Fünftens: Stegner verbreitet in seiner Umgebung nicht selten ein Gefühl von nur mühsam beherrschter Aggressivität. Das ist natürlich ein subjektiver Eindruck, selbst wenn ich ihn mit vielen Beobachtern teile. Es kann auch sein, dass dieser Eindruck falsch und nur auf die Form von Stegners Mundwinkeln zurückzuführen ist.

Ein Grund, warum ich stark vermute, dass Ralf Stegner mich nicht mag: Ich habe erstens bis fünftens gelegentlich gesagt, privat und öffentlich.

Ist es klug, in einer solchen Situation als Kandidatin anzutreten – gegen den Willen der Parteiobrigkeit? Andererseits: Gehört dieser Obrigkeit die Partei? Ist alles, was sie tut, nur gut für die SPD? Ist es unbotmäßig, ein Angebot zu machen, wenn weite Teile der Basis signalisieren: Wir würden uns freuen, wenn du antrittst?

Kandidatin der Basis

Am Ende gibt es ein parteiinternes Nominierungsverfahren, in dem Torsten Albig sich zwar nicht auf den parteiinternen Vorstellungsveranstaltungen äußert. Es spricht jedoch vieles dafür, dass er sich umso stärker hinter den Kulissen engagiert hat. Sogar einer sonst eher regierungsfreundlichen Kollegin von den *Kieler Nachrichten* fällt das auf, und sie wundert sich in einzelnen Artikeln über die »erstaunliche Deutlichkeit« der Parteinahme. Sie fragt allerdings nie, ob diese Art der Parteinahme wirklich die Aufgabe eines Ministerpräsidenten ist. Oder ob sie klug ist, denn er muss ja am Ende mit jedem gewählten Kandidaten zusammenarbeiten. Andererseits: Für Albig geht es um die Mehrheit in »seinem« Kreisverband.

Das Verfahren selbst gereicht der Partei zur Ehre: Neben mir kandidieren ein parteiloser Marineoffizier, ein Beamter aus dem Bildungsministerium und die Leiterin der Kommunalabteilung im Innenministerium, Manuela Söller-Winkler. Sie wird später in der eskalierenden Kieler Affäre noch eine wichtige Rolle spielen.

Der Kapitän zur See ist ein ausgesprochen charmanter, intelligenter Mann, über dessen Bewerbung sich die SPD aufrichtig freuen kann – aber er hat nicht viel Bezug zur sozialdemokratischen Programmatik. Der Bildungsbeamte ist wohl insgesamt etwas zu *old school* für unsere frauenfreundlichen, *diversity*-orientierten Zeiten. Die Abteilungsleiterin ist zwar allem Anschein nach die Gaschke-Verhinderungsfavoritin des Ministerpräsidenten, aber sie ist erst wenige Tage vor ihrer Bewerbung in die SPD eingetreten, was manche Genossen ihr als Opportunismus auslegen.

Und notgedrungen fremdelt sie mit der Partei. Auf dem Parkfest eines Ortsvereins, wo es einen Schminkstand für Kinder und eine kleine Hüpfburg gibt; wo Thüringer gegrillt werden und alte Herren sich, auf ihre Gehwagen gelehnt, in der Sonne ein Bier genehmigen; wo die Ortsvereinsfrauen (in diesem Fall nicht ganz so *diversity*-orientiert) liebevoll die leckersten selbstgebackenen Kuchen verkaufen; wo einfach jeder jeden kennt und die Agitation des nichtsozialdemokratischen Publikums nur eine Nebensache ist – dort also taucht sie auf. Mit einem eingeschweißten Kuchen. Und einem Pfund gemahlenen Kaffees unter dem Arm. Beides drückt sie den Kuchenstandbetreuerinnen zur gefälligen Verwendung in die Hände. Dann steht sie herum – und es scheinen sich alle ein bisschen unbehaglich zu fühlen.

Ich denke bei mir, dass sie nicht Kandidatin werden wird. Ich denke: Wer ist hier eigentlich die Quereinsteigerin? Trotzdem ist das Ergebnis auf der Nominierungsveranstaltung höllenknapp und die beiden Wahlgänge sind nervenzerfetzend spannend. Da hatten beide Seiten gut mobilisiert. Aber ich bin vorn, im ersten und im zweiten Wahlgang. Gewonnen.

In welcher Hinsicht ich leider sehr naiv bin: Ich gehe davon aus, dass meine innerparteilichen Gegner das Ergebnis jetzt mit Sportsgeist akzeptieren werden. Weil es ja um die Partei geht. Das ist die größte Fehleinschätzung, die mir in der ganzen Geschichte unterläuft.

Ein Wort vielleicht noch zum Thema Risiko: Das Risiko, das eine Partei mit einem unkonventionellen Kandidaten eingeht, ist das eine. Das Risiko, das der Kandidat eingeht, ist aber auch nicht zu unterschätzen. Ein Minister, der zurücktritt, hat in aller Regel immer noch sein Bundestags- oder Landtagsmandat – und es wird so getan, als ob das der Normalfall sei. Aber für eine Einzelwahl wie die zum Oberbürgermeister muss man praktisch seine gesamte bürgerliche Existenz in die Waagschale werfen und hoffen, dass es gut geht. Wenn es nicht gut geht, bleibt nichts.

WAHLKAMPF
Nominiert sein allein genügt nicht

Sonntag, 11. November 2012, 19.20 Uhr. Geschafft. Geschafft! Mit 54,1 Prozent haben mich die Kielerinnen und Kieler zu ihrer Oberbürgermeisterin gewählt. Das Gefühl der Erleichterung, wenn nach Wochen und Wochen des innerparteilichen Wettbewerbs, dann des Wahlkampfs und der öffentlichen Berichterstattung endlich die Spannung weicht, ist kaum in Worte zu fassen. Nur dass sie eben noch nicht ganz weichen darf, weil die Blitzlichter klackern und die Mikrofone drängen und die Fernsehjournalisten gern ein Live-Statement hätten und die schreibenden Kollegen – ich denke immer noch: Kollegen – auch Zitate wollen. Was haben Sie vor? Was werden Sie als Erstes anpacken? Was? Was? Was?

Die Tatsache, dass man selbst einmal als Journalist gearbeitet hat, bereitet einen in keiner Weise darauf vor, allein auf der anderen Seite zu stehen. Was habe ich denn vor? Feiern. Schlafen. Mein Büro organisieren. Mitarbeiter kennenlernen. Und dann vielleicht mal vorsichtig den Haushalt angucken. Aber das sage ich alles nicht. Sondern danke den Wählern. Den fairen Mitbewerbern. Nenne noch einmal ein paar der wichtigsten Wahlkampfthemen: Wohnungsbau. Kinderbetreuung. Bürgerbeteiligung, die den Namen verdient.

Irgendwann ist es vorbei, und wir ziehen zum Feiern um in das Gewerkschaftshaus. Das ist nicht die hippste Location, aber in der Nähe, und auf das Ambiente kommt es jetzt nicht an: Die Stimmung ist euphorisch. Hinter uns liegt einer der lebendigsten

Wahlkämpfe, den die Partei in Kiel je organisiert hat. Ungewöhnlich viele haben mitgemacht. Zwei Wahlgänge, in beiden vorn. Alle sind erschöpft. Und viele sind erkältet. An die Wahlkämpfer habe ich auf den letzten Metern noch Pinimentholbad verteilt. Aber heute Abend ist die ganze Mühe vergessen: Jetzt gibt es Blumen und rote Luftballons und Musik und gegenseitiges Schulterklopfen und ganz, ganz viel Dank und auch ziemlich viel Bier (wobei es im Moment nicht viel braucht, um mich umzuhauen). Und irgendwann ist Schluss. Und Bett. Und traumloser Schlaf.

Von Materialschlacht kann keine Rede sein

Wie haben wir diesen Sieg hinbekommen? Man darf sich einen Oberbürgermeisterwahlkampf in einer 240 000-Einwohner-Stadt nicht zu üppig oder professionell vorstellen. Die SPD hat hier 1600 Mitglieder und eine halbe hauptamtliche Kraft im Parteibüro. Wenn der Kassierer gut gewirtschaftet hat, kann man für die gesamte Kampagne – Plakate, Info-Material, Veranstaltungen – vielleicht 40 000 Euro ausgeben. Firmenspenden nimmt die Kieler Partei nicht an. Die Agentur, die die Materialien erstellt, ist keine bundesweit bekannte Adresse wie BUTTER oder Blumberry, sondern besteht aus einem geschiedenen Grafikdesignerpärchen (beides Genossen), das seit Jahren sehr liebevoll SPD-Wahlkämpfe begleitet und stark am Anschlag arbeitet.

Das heißt: Man sollte sich um alle Inhalte selbst kümmern. Man hat plötzlich einen Fulltime-Job. Und kann nur dankbar sein, wenn man, wie ich, einen Arbeitgeber hat, der einen wohlwollend in den unbezahlten Urlaub schickt. Man muss darüber hinaus bereit sein, sich in nennenswertem Umfang finanziell zu beteiligen. Und man ist auf Gedeih und Verderb darauf angewiesen, dass Genossen einem ehrenamtlich helfen. Natürlich tun sie das zum Teil, weil sie in sozialdemokratische Parteifunktionen gewählt sind, in denen es dazugehört, Wahlkämpfe zu organisieren, zum Beispiel für die Ortsvereinsvorsitzenden oder die Vorstände von Jusos, Senioren, Arbeitnehmer-AG oder SPD-Frauen. Auch Direktkandidaten, die sich schon für die Kommunalwahl im Mai 2013 rüsten, sind von selbst motiviert. Aber vor allem anderen ist Wahlkampf eine unglaubliche Solidaritätsleistung. Man muss sich diese Solidarität verdienen. Man kann wirklich nur dankbar dafür sein. Und zugleich ist der Mobilisierungsgrad der Partei auch immer schon ein Hinweis darauf, wie die Wahl verlaufen könnte. Denn nur wenn die Genossen zufrieden sind, bemannen sie Info-Stände. Nur wenn sie überzeugt sind, werben sie bei Freunden und Arbeitskollegen für ihren Kandidaten. Und darauf kommt es an, jedenfalls bei den Volksparteien.

Ich habe in dieser Hinsicht eine wunderbare Erfahrung gemacht. Der Wahlkampf gehörte zu den anstrengendsten, aber auch zu den fröhlichsten Phasen meines Lebens; immer mehr Leute wollten sich beteiligen, obwohl das Nominierungsergebnis so knapp – 145 zu 143 Stimmen – ausgefallen war. Eine größere Unterstützerrunde traf sich regelmäßig, im Sommer in der Forstbaumschule, einem (streng genommen: dem einzigen) prächtigen Biergarten in Kiel und später, als sich dieser unendliche fünfzehn Wochen dauernde Wahlkampf in den Herbst hineinzog, im Konak, einem türkischen Restaurant, das Gott sei Dank noch ein Hinterzimmer vorhält. Hinterzimmer sind übrigens zu Unrecht als Symbol mangelnder Transparenz verrufen. Manchmal ist es einfach nötig, etwas nicht öffentlich zu besprechen, ohne gestört zu werden. Und es ist sehr viel sozialverträglicher, wenn man das bei einer Pizza im Lokal tun kann als bei trockenen Keksen im, sagen wir: Parteihaus.

Zum engeren Berater- und Unterstützerkreis gehört, was wenig überrascht, mein Mann – und es gibt Leute, vor allem in der Landes-SPD, die befürchteten, wir könnten durch meine Kandidatur zu viel »Macht« in einer Familie konzentrieren. Vielleicht ärgert es ja auch manchen, dass überregionale Journalisten augenzwinkernd von den »Clintons an der Förde« schreiben. Man braucht allerdings ein sehr traditionelles Verständnis von Macht (und von Ehe), um das so zu sehen. Die *Kieler Nachrichten* haben offenbar genau dieses Verständnis: Sie schreiben, wenn es um meine Kandidatur geht, gern »die Frau des Bundestagsabgeordneten« und nicht etwa »die *Zeit*-Redakteurin«. Ich trete aber nicht als Ehefrau an, und bei denjenigen, die uns kennen, sind mein Mann und ich als eigenständige Charaktere bekannt. Wo Verteidigungspolitik (sein Fachgebiet) und etwa städtische Wohnungsbaupolitik unlauter ineinandergreifen sollen, ist uns auch nicht klar.

Mit einem kleineren Teil der Unterstützer treffe ich mich in wechselnder Zusammensetzung montagsmorgens um halb acht Uhr bei uns zu Hause zum Frühstück. Für die meisten Journalisten ist das eine ganz grauenhafte Uhrzeit, aber die anderen Teilnehmer der Runde müssen nach der Sitzung zur Arbeit. Natürlich sind wir nicht immer einer Meinung. Unser Kassierer sitzt, finde ich, zu sehr auf dem Geld (aber er hat recht). Ein Ratsherr hat die Zwangsvorstellung, man brauche für den Wahlkampf 17 verschiedene einzeilig bedruckte Themenflugblätter. Dabei wusste schon Cicero, dass es nichts gibt, was die Leute im Straßenwahlkampf weniger wollen als einzeilig bedruckte Themenflugblätter. Einer hat die Neigung, auf seinem Laptop jede Sitzung zu protokollieren, wodurch ein großer ummauerter Protokollfriedhof entsteht, auf dem manchmal auch wichtige Details begraben liegen. Und so weiter. Aber im Großen und Ganzen haben wir viel Spaß, und die Wahlkampfgemeinschaft fühlt sich an wie Freundschaft.

Samstags bei Edeka

Ich bin mir gar nicht sicher, ob die Menschen, die am Samstagmorgen in einem Kieler Einfamilienhaus-Stadtteil einkaufen gehen, wirklich wild auf unsere improvisierten Flyer sind. Aber der Ortsverein *hat* sie improvisiert und will sie verteilen, und also stehe ich am 18. September 2012 um 10 Uhr mit vielen Genossen vor einem

Edeka-Markt, neben dem Wagen mit den halben Hähnchen. Der erste Infostand in meinem Wahlkampf! Ich habe natürlich auch früher schon gelegentlich Parteiflugblätter und -broschüren verteilt. Aber dies ist irgendwie aufregender und peinlicher zugleich. Der Vorsitzende hat eine sehr gewinnende Art, auf Leute zuzugehen, so dass sie selbst dann nicht ärgerlich werden, wenn ihnen die Samstagshetze ins Gesicht geschrieben steht.

Doch dann tut er immer etwas, was ich bei vielen sozialdemokratischen Funktionären erlebt habe, während ich Kandidatin war: Er schubst mich nach vorne, stellt mich als SPD-Bewerberin vor und guckt dann irgendwie hoffnungsvoll – als ob ich nun vielleicht ein besonders hübsches Kunststück machen könnte. Was für ein Kunststück soll ich machen? Die Leute sind in Eile. Sie kennen mich nicht, sollen mich aber kennenlernen. Das schwarze Reporternotizbuch, in dem ich wichtige Themen aufschreiben will, verfängt irgendwie nicht. Einen sozialpolitischen Leitartikel wollen sie auch nicht hören. Tatsächlich kommt es nur darauf an, dass sie mich einmal persönlich gesehen haben und dass ich einen freundlichen Eindruck gemacht habe. Aber ich beginne zu verstehen, was ich in der Vergangenheit oft beobachtet habe: dass Straßenwahlkämpfer am liebsten *miteinander* reden. Der Vorteil: Man versperrt auf diese Weise den Bürgersteig, wird gesehen, tut aber nichts, wozu man keine Lust hat.

Ein paar Bekannte kommen vorbei und wünschen Glück: »Toll, dass Sie das machen!« Und als dann noch der Marktleiter Eis für alle vorbeibringt und alles Gute wünscht, da fühlt es sich schon fast normal an, im Wahlkampf zu sein.

Die Kampagne

Frauen drängt es weniger in die Politik als Männer. Daran haben bisher die unterschiedlichen Quotenmodelle der Parteien nichts geändert. Nach den Erfahrungen, die ich mit dem konventionellen Politikbetrieb gemacht habe, liegen die Frauen mit ihrem Unbehagen auch nicht falsch. Ihnen ist die harte, mitunter erbarmungslose persönliche Konkurrenz um Posten und Funktionen in der Regel unangenehmer als den männlichen Mitbewerbern. Und viele haben, das wissen wir auch aus den Führungsetagen der Wirtschaft, Probleme mit der Selbstanpreisung. Es gibt aber Aspekte des Wahlkampfs, die Frauen vielleicht freudiger über sich ergehen lassen als die meisten Männer, und dazu gehört das Fotoshooting für die Wahlplakate.

An einem Freitag Ende August sind wir mit einer Fotografin aus Hamburg unterwegs, um passende Aufnahmen zu machen. Zuvor hatten wir zwei wichtige Entscheidungen zu treffen, und beide waren nicht ganz konfliktfrei. Erstens: Wer bestimmt die Linie eines derart personalisierten Wahlkampfes, wie er für eine OB-Direktwahl nötig ist? Und zweitens: Wie soll der Slogan lauten, was ist die inhaltliche Aussage der Kampagne, was wollen wir mit den Plakaten »rüberbringen«? Diese Art von strukturellem Spannungsverhältnis zwischen ehrenamtlich entwickelter Routine und dem notwendigen persönlichen Profil kennt jeder Spitzenkandidat. Von dem ja erwartet wird, dass er Führungsfähigkeiten zeigt. Leider geht das nicht immer schmerzlos ab: Punkt eins, die Frage der Wahlkampflinie, führt zu Krach mit der stellvertretenden Kreisvorsitzenden, die auch die ehrenamtliche Wahlkampfleiterin der Partei ist. Mein Mann und ich sind mit ihr lose befreundet. Sie hat zahlreiche Wahlkämpfe für ihn geführt. Selbstverständlich kennt man wechselseitig die privaten Handynummern. Ich bin ein wenig enttäuscht, dass sie meine Kandidatur rundheraus ablehnt; sie wünscht sich jemanden mit »Verwaltungserfahrung«. Schade, aber natürlich ihr gutes Recht. Im Hauptberuf ist sie Bürochefin des Innenministers. Im Verlauf der parteiinternen Vorauswahl hat sie sehr engagiert meine Konkurrentin aus dem Innenministerium in der Partei herumgeführt und bekannt gemacht. Ihre Haltung zu meiner Kandidatur würde eine Zusammenarbeit nicht einfach machen: Wie kann man jemanden als Wahlkampfleiterin unterstützen, dessen Bewerbung man so vehement abgelehnt hat wie sie die meine? Auch scheint es, dass ihre Kampagne eher die Kommunalwahl in den Blick nimmt, die einige Monate nach der Oberbürgermeisterwahl stattfindet. Die Tatsache, dass ich als Kandidatin in einem stark auf die Person zielenden Wahlkampf selbst etwas will, darf in meinen Augen jedoch keine lästige Komplikation sein. Ich habe durchaus Vorstellungen davon, wie ich auf den Plakaten aussehen möchte, die überall in der Stadt hängen werden, und bin daher zum Beispiel bei der Auswahl des Fotografen nicht bereit, Kompromisse zu machen – nur weil sie schon eine Präferenz hat, konkret eine Fotografin, die keine hohen Honorare verlangt. Wir streiten uns heftig über Kompetenzen und Ziele. Die Wahlkampfleiterin stellt ihr Amt zur Verfügung, und ich bezahle die Fotografin meiner Wahl aus eigener Tasche.

Später entschuldige ich mich für die Härte der Auseinandersetzung. Wir versöhnen uns. Aber richtig gut ist die Sache wohl nie wieder geworden. Ein erster persönlicher Preis für den Wechsel in die Politik.

Punkt zwei führt zu Diskussionen mit der neuen Wahlkampfleitung, die jetzt aus zwei jungen Ratskandidaten besteht. Auch sie wollen alle Werbemittel am liebsten auf die Kommunalwahl hin optimieren. Ich bin selbst für einen starken Parteiauftritt – anders als andere Kandidaten in der Vergangenheit will ich nicht suggerieren, ich hätte nichts mit der SPD zu tun –, aber »gemeinsam. sozial. handeln.« scheint mir nicht der genialste Slogan für eine Oberbürgermeister-Direktwahl in Kiel zu sein. Und das Argument, so werde demnächst auch das SPD-Kommunalwahlprogramm heißen (das noch kein Mensch kennt), finde ich nicht stichhaltig. Nach langen Debatten haben wir dann aber eine Formulierung, die allen gefällt:»In Kiel zu Hause«, soll der Satz heißen, der die Kandidatenplakate ziert. Das lässt sich für

Themenplakate variieren zu »In Kiel arbeiten«, »In Kiel forschen«, »In Kiel lernen« und »In Kiel Wohnungen bauen«.

Die Fotografin, die schließlich die Aufnahmen macht, habe ich bei einem gemeinsamen Einsatz für die *Zeit* auf Helgoland kennengelernt. Dort galt es, ein eher stilles, zurückhaltendes Kind zu fotografieren, und ich beobachtete, mit welcher Geduld und welchem Einfühlungsvermögen sie dieses Kind aus der Reserve lockte. Hinterher konnte ich anhand der fertigen Bilder sehen, wie gut sie dazu die ganz spezifische Helgoland-Stimmung, den unendlichen Himmel und die Abgeschiedenheit von allem anderen eingefangen hatte. Ihr würde es auch gelingen, hoffte ich, unseren Plakaten das richtige Kiel-Gefühl einzuhauchen.

Plakatkunst

Und es gelang ihr. Aber das Fotoshooting auf einer Anlegebrücke in der Kieler Förde – direkt unterhalb von Landtag und Staatskanzlei und gegenüber von Kiels malerischer Werftenkulisse – war anstrengende Arbeit und dauerte Stunden. Hierhin drehen und dort hinaufklettern; Front und Profil; Jacke auf, Jacke zu, Jacke aus; lächeln und verantwortungsvoll dreinschauen – ich fand es dennoch spannend, und ich freute mich auch, dass mein neu gekaufter Anzug nach Meinung der Fotografin schöne, klare Linien hatte, die fürs Foto günstig waren. Aber die Geduld der anwesenden Männer aus dem Wahlkampfteam wurde doch auf eine harte Probe gestellt.

Ihnen machten die Themenplakate mehr Spaß: Wir besuchten den – supernetten – Betriebsrat einer Kieler Lokomotivenfabrik und durften tatsächlich Fotos in der Produktionshalle machen, die mich, fasziniert, im Dialog mit einem Lokomotivenbauer zeigten. Die Lokomotive war rot. Und mein Gesprächspartner war unerschütterlich. Er erzählte und erzählte mit ungestellter Begeisterung über Lokomotivenbau, und es kümmerte ihn gar nicht, dass die Fotografin ewig brauchte, um die Aufnahme einzurichten.

Weiter ging es an diesem Tag noch ins Biotechnologie-Zentrum der Universität. Ein befreundeter Professor hatte vermittelt, dass wir dort im Labor Aufnahmen mit Studenten machen konnten. Wir wurden also alle in weiße Kittel gesteckt und mit Sicherheitsbrillen ausgestattet, und ich fragte die angehenden Biotech-Experten, ob es für sie denn in Ordnung sei, auf einem SPD-Wahlplakat abgebildet zu werden. Am Ende blieben ein unerschrockener Professor und ich übrig, die mutmaßliche Zukunft in einem Reagenzglas betrachtend. An der Uni wurde das Bild ein bisschen Kult, und ein Historiker berichtete mir später, man habe sich in anderen Fakultäten gefragt, warum unsere Wahl ausgerechnet auf die Biotechnologen gefallen sei. Akademische Konkurrenz darum, für die Sozialdemokratie zu werben – prima und ungewöhnlich!

Das dritte Plakatmotiv zeigte mich im Kreise zusammengeborgter Kinder bei uns zu Hause vor dem Bücherregal. Passend zu meiner Vorgeschichte – als Redakteurin hatte ich mich ja viel mit Bildungsthemen und in diesem Zusammenhang mit Leseförderung befasst –, wollten wir zeigen, dass der Schlüssel zur Bildung im Lesen und Vorlesen liegt. Auch dieses Plakat wurde später sehr gelobt.

Die *Kieler Nachrichten* befragten lokale Werbeexperten zu den Plakaten der unterschiedlichen Bewerber, und wir schnitten eindeutig am besten ab: das beste Kiel-Gefühl; authentische Situationen; thematische Schwerpunktsetzung; Bezug zur Universität – all dies wurde positiv vermerkt. Es hatte sich also gelohnt, um Slogan und fotografische Handschrift zu ringen.

Den CDU-Mitbewerber hingegen musste ein Werber mit eigenartigem Humor beraten haben. Seine Plakatzeile lautete: »Wähler gesucht!« Als wir das lasen, feixten wir, dass er die wohl ziemlich gründlich würde suchen müssen.

Der Wahlkampf geht langsam auf die Knochen, nicht nur auf meine. Da sind die zahllosen Infostände der Ortsvereine in den Stadtteilen, aufgebaut und betreut von vielen, vielen Unterstützern. Jeden Samstagvormittag fahren wir kreuz und quer durch die Stadt, um möglichst jeden Stehtisch mit SPD-Sonnenschirm besuchen zu können. Die Stimmung ist gut, unsere Wahlkampfmaterialien – eine eigene Zeitung, ein quadratischer Kandidatenflyer – werden von vielen genommen. Den Genossen gelingt es auch, die doch produzierten einzeilig bedruckten Themenflugblätter hinter irgendwelchen Kisten zu verstecken oder sie im Auto zu vergessen. Den meisten Leuten, die vorbeikommen, geht es ohnehin nicht mehr um die große politische Diskussion: Sie wünschen nur noch »viel Glück«. Nach Auskunft erfahrener Wahlkämpfer ist das ein gutes Zeichen.

An den Wochenendnachmittagen ziehen wir über die Stadtteilfeste. Die können von unglaublich trostlosen Katastrophenveranstaltungen bis hin zu Festivals reichen, die tatsächlich den ganzen Stadtteil einbeziehen – Vereine, Verbände, Parteien, Polizei, Feuerwehr, lokale Bücherei, Theatergruppen, Bands, Kinderbelustigungsanbieter.

Im am stärksten migrantisch geprägten Viertel führt mich ein türkischstämmiger Genosse herum, stellt mich an allen Marktständen und Dönerbuden vor und schwärmt in so hohen Tönen von mir, dass es fast weh tut.

Die Deutschlandausgaben von *Hürriyet* und *Sabah* berichten ausführlich über den Kieler Wahlkampf. Eine Reihe migrantische Organisationen lädt mich ein. Was ich auf diesen Veranstaltungen lerne: Vielen der gut ausgebildeten Migranten geht der Defizitdiskurs, den wir in Deutschland immer noch führen, unglaublich auf die Nerven. Sie legen Wert auf die Eigenständigkeit ihres kulturellen Hintergrunds, ja: Aber sie wollen vor allem über die

Entwicklung der Kieler Hochschullandschaft sprechen. Oder über intelligentes Standortmarketing. Oder über Parkplätze. Also weg mit der einseitigen Underdog-Rhetorik, die meine Partei immer noch pflegt.

Was allerdings auch stimmt: Von den Menschen, die sich beim farbenprächtigen Stadtteilfest so aufgeschlossen und entgegenkommend zeigen, können nicht viele zur Wahl gegangen sein – obwohl zum Beispiel die Imame in dieser Gegend dazu aufgerufen haben. Der gesamte Stadtteil kommt bei der Oberbürgermeister-Stichwahl auf eine Wahlbeteiligung von 13,6 Prozent. Dass von diesen 13,6 Prozent dann mehr als zwei Drittel auf mich entfallen, klingt aufregend, kann aber niemanden zufrieden stellen. Wie erreicht man eine höhere Wahlbeteiligung?

Wir machen Vorleseaktionen in der Innenstadt. Die gesamte Fußgängerzone entlang sitzen Sozialdemokraten auf mitgebrachten Hockern und lesen aus ihren Lieblingsbüchern vor, einen roten Schirm über sich aufgespannt. Um manche, wie zum Beispiel um Heide Simonis, bildet sich gleich eine Menschentraube. Bei anderen hört ein einzelnes Kind gebannt zu und hindert seine Eltern am Weitergehen. Auch das ist schön. Es ist schwer zu sagen, wie viel Wirkung solche Aktionen tatsächlich erzielen. Aber wenn hinterher 30 oder 40 Vorleser zum Weintrinken in das Café der Stadtgalerie drängen, dann ist das zumindest gut für die interne Moral. Und ebenso gut dafür sind weitere Flashmobs mit roten Schirmen. Und gut besuchte Stammtische. Und eine Kulturmatinee. Und eine große Veranstaltung mit Olaf Scholz, der einem interessierten Publikum von den Erfahrungen der wachsenden Stadt Hamburg berichtet. Es ist nett von ihm, dass er sich hier als Landesvater in einem Oberbürgermeisterwahlkampf engagiert. Andererseits kennen wir uns lange, und er scheint meine Kandidatur für eine gute Sache zu halten.

Leider kommt uns Peer Steinbrück abhanden. Er sagt eine seit langem verabredete Veranstaltung ab, als er gerade Hals über Kopf

Kanzlerkandidat geworden ist. Wir sind natürlich alle enttäuscht: Ein Auftritt des SPD-Kanzlerkandidaten hätte unsere Wahl hier enorm aufgewertet. Und wäre ihm nicht das Bundeskorps der Journalisten überallhin gefolgt, so dass er seine Offensive auch von einer Veranstaltung in Kiel aus hätte eröffnen können? Der schleswig-holsteinische Ministerpräsident Torsten Albig hatte sich übrigens etwas ungewöhnlich zur Kandidatur seines früheren Chefs und Mentors geäußert:»Tu dir das nicht an!«, hat er öffentlich geraten:»Es gibt auch andere Stellen, wo du mit dem, was du kannst und was dich stark macht, unserem Land großartig helfen kannst.« Ich kann mir nicht vorstellen, dass Steinbrück über diesen Rat glücklich ist – schließlich hat er sich ja bereits entschlossen zu kandidieren. Es lohnt sich aber auf jeden Fall, den Ton im Gedächtnis zu behalten, den Albig anschlägt, wenn er»nett« erscheinen will.

Die Mitbewerber

Wie sieht es mit der politischen Konkurrenz aus? Fünf Bewerber sind vom Kreiswahlausschuss als Kandidaten zur Wahl zugelassen worden. Erstens ist da ein 41-jähriger CDU-Mann. Er hat eine Buchhändlerausbildung absolviert, an der Fachhochschule Betriebswirtschaftslehre studiert und anschließend für die Telekom gearbeitet. Vor allem aber hat er eine kommunalpolitische Bilderbuchlaufbahn hinter sich: Er hat als ehrenamtlicher Ratsherr in der Kieler Ratsversammlung gesessen, seit er 25 Jahre alt war; war zuletzt CDU-Fraktionsvorsitzender; diente der Stadt von 2006 bis 2012 als hauptamtlicher Kämmerer. Das bedeutet, dass er in seiner Freizeit etwa 1200 Stunden Ratsversammlung und 1800 Stunden Fraktionssitzung hinter sich gebracht haben dürfte. Der erfahrene Christdemokrat müsste der Angstgegner schlechthin sein, aber seltsamerweise ist er das überhaupt nicht. Bei jeder Veranstaltung, auf der wir uns begegnen (und es sind viele), fürchte ich, dass er einfach Anekdoten aus seinem Kämmerer-Alltag erzählen wird: Er muss doch praktisch alles über die Finanzen der Stadt und über das Rathaus wissen! Er könnte mich vollkommen ahnungslos aussehen lassen. Vielleicht schafft er das nicht, weil er einfach ein netter Kerl ist; ein gänzlich unaggressiver Mensch, was Diskussionen mit ihm angenehm macht.

Zweitens gibt es einen grünen Kandidaten, er ist 50 Jahre alt, Theologe, promovierter Sozialwirtschaftler und stellvertretender Vorsitzender der Landtagsfraktion. Die Kieler Grünen schienen so zerstritten, dass sie offenbar einen Bewerber von außen suchen mussten, weil sie sich auf eine Kieler Lösung nicht einigen konnten. Dass sie überhaupt mit einem eigenen Kandidaten antreten, obwohl es im Kieler Rat eine rot-grüne Koalition gibt, ist nicht besonders freundlich – außer man glaubt ernsthaft, dass ein Grüner in der sozialdemokratischen Hochburg Kiel gewinnen könnte. Wenn man es *nicht* glaubt, ist klar, dass auf diese Weise meine Position gegenüber der CDU von Anfang an geschwächt wird, weil die grüne Kandidatur das Mitte-links-Lager spaltet.

Die Frage ist, ob ich die Grünen irgendwie hätte für mich gewinnen können. Ich glaube es nicht. Sie hatten sich schon vor der SPD-internen Kandidatenkür auf einen eigenen Bewerber festgelegt. In Baden-Württemberg war im Hoch nach der japanischen Fukushima-Atom-Katastrophe ein Grüner in einer grün-roten Koalition Ministerpräsident geworden. Und das OB-Amt der Landeshauptstadt Stuttgart eroberte für die Grünen gerade Fritz Kuhn. Alles schien möglich. Außerdem gibt es für die Grünen in der Zusammenarbeit mit der SPD noch dieses Augenhöhe-Ding. »Augenhöhe« ist unglaublich wichtig für sie, wichtiger als viele Sachfragen. Wichtiger auf jeden Fall als ein sozialdemokratischer Wahlerfolg im ersten Anlauf.

Der grüne Bewerber tritt vom Typ her eher laut-lachend-und-alles-genau-wissend auf und ist insofern der Gegenentwurf zum CDU-Kandidaten. Aber auch er ist im Großen und Ganzen freundlich und fair und springt einem bei Diskussionen nicht plötzlich ins Kreuz.

Es gibt dann noch zwei unabhängige Kandidaten: einen 45-jährigen Frührentner aus dem Umfeld der Occupy-Bewegung und einen 37-jährigen Diplom-Volkswirt, der seine Kandidatur mit dem Widerstand gegen den geplanten Neubau eines Möbelhauses auf einem Kleingartengelände an der Autobahn begründet.

»Was kriegen wir dafür?«

Wie die Zusammenarbeit mit den Grünen später aussehen wird, lässt sich übrigens nach dem ersten Wahlgang am 28. Oktober 2012 erahnen, als klar ist, dass ich vorne liege und die Grünen mich unterstützen müssen, wenn die Koalition fortbestehen soll. Ein nüchterner, länglicher Sitzungssaal im Gewerkschaftshaus. Ein funktionaler Konferenztisch mit Wasser und Keksen. An den Wänden Bilder aus der Kieler Industrie. Hier wollen wir mit den Grünen reden. Hier sitzen also, am Montagabend nach dem ersten Wahlsonntag, 17 Sozialdemokraten: außer mir die Spitze der Ratsfraktion, diverse Kreisvorstandsmitglieder, Mitglieder meines Wahlkampfteams.

Verabredet sind wir für 20 Uhr. Es wird 20.15 Uhr. Es wird 20.30 Uhr. 17 Sozialdemokraten warten. Um 20.40 Uhr kommen drei Grüne: die Fraktionsvorsitzende, einer der beiden Kreisvorsitzenden, ein weiteres Fraktionsmitglied. Ihre Gremiensitzung habe länger gedauert. Keine Entschuldigung. Wenig Begrüßung. Kein Glückwunsch zum ersten Wahlgang. Man muss sich nichts vormachen: Bei den Grünen herrscht keine Freude über mein Wahlergebnis. Die drei, die hier sitzen, hätten sich das Spitzenamt vermutlich alle selbst zugetraut. Aber die grausamen Mehrheitsverhältnisse haben den Grünen eben nur 13 Prozent beschert – zu einer Zeit, in der sie ja bundesweit durchaus vom Wähler verwöhnt werden. Die daraus resultierende schlechte Laune müssen wir ertragen.

Der SPD-Kreisvorsitzende ergreift das Wort für ein paar einleitende Bemerkungen: Sowohl auf Ebene der Stadt als auch auf Landesebene arbeite man ja gut und vertrauensvoll zusammen in der Dreierkonstellation SPD/Grüne/SSW. Er gehe davon aus, dass man das fortsetzen wolle – und dass die Grünen in Kiel dementsprechend mich und nicht den CDU-Kandidaten unterstützen würden. Die spontane Antwort der Grünen lautet:»Was kriegen wir dafür?«

Mit dieser Frage lässt sich zweierlei illustrieren. Zum einen ist in der Kommunalpolitik praktisch alles ein Geben und Nehmen. Fast kein Vorhaben findet eine Mehrheit, weil es schlicht vernünftig oder einfach die beste Idee ist. Jede Stimme, jede Zustimmung hat einen Tauschwert – und wie gut der zu realisieren ist, darin bemisst sich der politische Erfolg.

Zum anderen erscheinen mir die Grünen auf unserer kommunalen Ebene als die unangefochtenen Meister dieses Tauschhandels. Ich vermute, das ist auf ihre sympathische Bereitschaft zurückzuführen, sich selbst für moralisch überlegen zu halten – so überlegen, dass es bei ihren Geschäften natürlich nie um persönliche Interessen oder Vorteile geht, sondern immer um das Große-Gute-Ganze. Wahrscheinlich ist es auch immer Zufall, dass Freunde und Verwandte eines Ratsherrn hohes Interesse an der kreativwirtschaftlichen Entwicklung eines Stadtviertels haben, für das er sich einsetzt. Dass der soziale Trägerverein, den ein anderer grüner Ratsherr betreibt, so ausgesprochen förderungswürdig ist. Natürlich sind zum Beispiel die Stadtwerke besser durch grüne Politiker im Aufsichtsrat zu kontrollieren als durch Menschen von der CDU, der das Mandat aufgrund des Parteiproporzes eigentlich zusteht.

Die Grünen kapitalisieren eine Wahrnehmung, die in den achtziger Jahren gestimmt haben mag: dass nämlich die Sozialdemokraten ihnen mit Arroganz und eben»nicht auf Augenhöhe« begegneten. Nur ist das längst Geschichte.

Unter liebevollster Beschwörung der Augenhöhe einigen wir uns an diesem Abend – ohne dass es noch richtig schön würde – auf eines der beliebten Spiegelstrichpapiere mit Punkten aus dem Wahlprogramm und der alten Koalitionsvereinbarung, die man gemeinsam besonders gut findet. Darunter ist auch eine 400 Millionen Euro teure »Stadtregionalbahn«, die sich Kiel nicht wirklich leisten kann und die in der Bevölkerung auf heftigen Widerstand stößt. Die Art von Programmfolklore, die, so hoffe ich, folgenlos bleiben wird. Zwei Tage später lese ich die Deutung der Grünen in der Zeitung: Sie hätten ein »Sofort-Arbeitsprogramm« für mich entworfen. Auf gute Zusammenarbeit!

Ein machtbewussterer Kandidat als ich hätte an dieser Stelle vermutlich kalkulierte Konflikte suchen müssen. Hätte mit der eigenen Fraktion austragen müssen, wie sehr man sich von den Grünen am Nasenring durch die Arena führen lassen will. Aber ich komme von außen. Ich kann und möchte nicht alles über den Haufen werfen, was ich vorfinde. Insofern hoffe ich einfach, dass wir uns im praktischen Zusammenwirken alle noch besser kennenlernen und sich die Sache irgendwie zurechtruckelt.

Die Unterstützung der Grünen in den verbleibenden zwei Wahlkampfwochen besteht übrigens darin, dass sie mit schlechtem Kleber ein paar Papierstreifen auf ihre Plakate kleben lassen – sogenannte »Störer« mit der Aufforderung: »Susanne wählen«. Die schmalen Streifen halten ein, zwei Tage, dann flattern sie im Wind und werden schließlich in die Novemberrinnsteine geweht.

Zumutungen, Peinlichkeiten, Programmtrümmer

Das Schlimmste, das Aller-aller-Schlimmste in diesem über dreimonatigen Endloswahlkampf sind die Podien. In *Panem* an den Hungerspielen teilzunehmen kann nicht viel zermürbender sein. Insgesamt 14 Mal sitzen wir, die Bewerber-Gladiatoren, bei Verbänden, bei Vereinen, bei Parteien ohne eigenen Bewerber und als Gäste der Stadt auf dem Präsentierteller. Die Mehrzweckhallen, in denen das stattfindet, verschwimmen im Laufe der Zeit miteinander. Was ist so schrecklich daran? Haben die Kielerinnen und Kieler nicht ein Recht darauf, die Kandidaten für das Oberbürgermeisteramt persönlich kennenzulernen? Ja, natürlich haben sie das. Aber für einen normalen Menschen mit einem normal ausgeprägten Peinlichkeitsempfinden sind viele dieser Veranstaltungen eine Zumutung. Es ist zum einen schlicht unangenehm, sich selbst anpreisen zu müssen – und dann noch so, dass es nicht danach aussieht. Leute, denen das Spaß macht, sollten einem von vornherein suspekt sein. Es ist zum zweiten enorm ermüdend, bei der FDP auf FDP-Kompatibilität geprüft zu werden: Ja, wenn ich *für* Steuersenkungen und weitere Privatisierungen des öffentlichen Tafelsilbers wäre, dann könnte ich ja in der FDP *sein*. Bin ich aber nicht. Trotzdem schön, dass wir darüber geredet haben.

Drittens macht es überhaupt keine Freude, von schlechten Frank-Plasberg-Imitatoren, die sich auch noch für originell halten, »knallhart« mit »knallharter Redezeitbegrenzung« (wollen sie nun etwas erfahren oder nicht?) die immer, immer, immer gleichen Fragen gefragt zu werden. Wobei man zugeben muss, dass die örtliche Zeitung beim Agenda-Setting sehr erfolgreich gewesen ist und dass man aus ihrem Diskurs nur schwer ausbrechen kann. Kiel hat jede Menge interessante Probleme und Entwicklungsmöglichkeiten, aber wir reden pausenlos über a) den Haushalt, der – geben Sie es zu! – doch gar keine Handlungsspielräume mehr lässt, b) den »Kleinen Kiel-Kanal«, ein umstrittenes Projekt zur Innenstadtverschönerung, und c) die bereits erwähnte Stadtregionalbahn, von der im Prinzip jeder weiß, dass sie weder zwingend nötig noch gegenwärtig zu bezahlen ist. Diese Bahn gehört zu den Programmtrümmern, wie sie fast jeder Kandidat erbt, ohne sofort etwas dagegen tun zu können.

Die Idee ist mir selbst noch aus meiner Zeit in der Kieler Juso-Hochschulgruppe vertraut: Damals, vor 25 Jahren, konnte man sich noch an die gute alte Kieler Straßenbahn erinnern, die im Zuge des sozialdemokratischen Fortschritts und der autogerechten Stadt komplett aus dem Verkehr gezogen worden war. Alle Schienen wurden nach und nach aus dem Straßenpflaster gerissen. Dafür gab es dann hier und da Extra-Busspuren und »Fahrradstraßen« und eine Stadtautobahn. Das war die SPD-Politik der siebziger und achtziger Jahre. Und jetzt also wieder alles zurück, neue Schienen, neue Straßenbahnen, neue Ewig-Baustellen.

Irgendwann muss dieses Projekt als neuer Traditionsbestandteil rot-grüner Fortschrittspolitik so fest etabliert gewesen sein, dass auf Parteitagen niemand mehr zu fragen wagte: Brauchen wir dieses Riesenvorhaben wirklich? Würde das nicht unweigerlich unsere Elbphilharmonie, unser Stuttgart 21, unsere Großflughafenpleite?

Die Kieler Bevölkerung war sich jedenfalls auf den meisten Wahlkampfveranstaltung und in nahezu jedem Wahlkampfgespräch ziemlich einig, dass man es nicht brauchte. Dazu muss man sagen, dass Kiel in seiner Randlage, weit entfernt vom Ballungsraum Hamburg, überhaupt keine nennenswerten Probleme mit dem Autoverkehr hat. Die Ausfall- und Ringstraßen sind einigermaßen ordentlich ausgebaut und die Umlandgemeinden verlieren im Zuge des demografischen Wandels Einwohner: Man zieht wieder in die Stadt. Ernst zu nehmende Staus gibt es praktisch nicht. Der Leidensdruck, der die Akzeptanz für so ein Großprojekt erhöhen würde, ist schlicht nicht vorhanden.

Zudem fürchteten die City-Kaufleute jahrelanges Erdarbeiten-Chaos direkt vor ihren Ladentüren. Und die Nachbarkreise und umliegenden Gemeinden, die hätten mitmachen müssen, lehnten die Bahn mehrheitlich ab. Hingegen gab es in den Kieler Unternehmen einen breiten Konsens darüber, was tatsächlich gebraucht würde: bessere Langstrecken-Bahnverbindungen. Eine schnellere

Anbindung an den Flughafen Fuhlsbüttel. Im Idealfall eine Wiederbelebung des Kieler Regionalflughafens, dem eine schwarzgrüne Ratsmehrheit den Garaus gemacht hatte. Und viele Kieler Bürger wünschten sich eine Intensivierung der Förde-Schifffahrt, um die beiden durch den innerstädtischen Fjord getrennten Teile Kiels besser zu verbinden. Und ich? Ich war gegen die Bahn. Fühlte mich aber am Anfang meines Weges nicht stark genug, um diesen Unfug zu kippen. Zumal ich zu diesem Zeitpunkt noch nicht wusste, wie einseitig man sich das Projekt schöngerechnet hatte: Mit einem Bruchteil des nötigen Geldes hätte man die Busflotte grundsanieren und die Fördeschifffahrt erheblich ausbauen könne. Immerhin gelang es mir als Wahlkämpferin, einen Bürgerentscheid über das Projekt ins Gespräch zu bringen – diese Beinfreiheit ließ die SPD mir. Die Grünen aber waren sauer. Denn einerseits waren sie natürlich die ultimative Partei der Bürgerbeteiligung. Und andererseits ahnten sie, dass ihr Lieblingsprojekt einen Bürgerentscheid nicht überleben würde.

Man steht in den Wahlkampf-Shows gleichsam mit seiner ganzen Persönlichkeit, seinem Auftreten, der Kleidung, der Schlagfertigkeit, dem Humor (oder nicht), dem Wissen (noch ums irrwitzigste Detail) auf dem Prüfstand, und das Publikum kann den Daumen heben oder senken. So hart wird kein Journalist je für einen Artikel bewertet und beurteilt – und das nicht von einem repräsentativ ausgewählten Allensbach-Panel, sondern etwa von den Mitgliedern des Haus- und Grundeigentümervereins. Oder von den Sympathisanten der Piratenpartei, bei denen ich mich als Autorin eines digitalskeptischen Buches natürlich besonders wohl fühle. Zudem bringt jede Seite ihre Claqueure mit. Bei der CDU fallen Jungunionisten auf, die versuchen, die fehlende Aggressivität ihres Kandidaten auszugleichen. Aber die Einklatscher auf unserer Seite sind auch nicht ohne und beileibe nicht in jeder Sekunde die Wächterengel eines herrschaftsfreien Diskurses. Das Interessengruppenpublikum erwartet detaillierte Kenntnis der Trainingsbedingungen für Leistungsschwimmer, der Zustände am Hundestrand und der Sanierungsbedürftigkeit einzelner Turnhallen.

Ich weiß nicht, wie es den anderen Bewerbern geht, aber ich kann nach solchen Veranstaltungen kaum je sagen, ob ich gut oder schlecht war. Nur, dass ich nach jedem dieser Auftritte erschöpft bin und mich frage, ob es nicht andere Kennenlern-Formate für Kandidaten geben könnte. An diesen Abenden ist es jedenfalls sehr angenehm, wenn die Freunde noch auf ein Bier bleiben. Wenn man gut war, ist es schön, wenn sie die Wahrheit sagen. Wenn man furchtbar war, ist es schön, wenn sie ein bisschen lügen. Nicht zu sehr natürlich, das nützt auch wieder nichts.

Ein Abend sticht heraus aus dem Reigen der »knallharten Podien«. Wir sind bei den Wirtschaftsjunioren (nicht automatisch unsere Freunde), und zwar diesmal in einem Hotel, nicht in einer Halle. Es gibt ein paar Häppchen und Wein (nicht für mich), man plaudert. Ich treffe einige frühere Mitschüler, die nicht Sozialdemokraten geworden sind. Der Moderator, ein altes Privatradioschlachtross, hat es erstens nicht nötig, irgendjemanden zu imitieren, und zweitens vielleicht auch schon ein Glas getrunken. Er bringt uns dazu – locker, witzig und freundlich –, tatsächlich einmal von uns zu erzählen und von unseren Visionen und Plänen für die Stadt. Ich vermute, dass das Publikum an diesem Abend eine bessere Urteilsgrundlage bekommt als in irgendeiner anderen Runde.

Zielgerade

Am Samstag vor jedwedem Wahlsonntag, wenn endlich alles gesagt ist, verteilen deutsche Sozialdemokraten rote Rosen. Das ist eine sehr schöne Tradition, und es ist psychologisch interessant, dass kaum jemand je eine angebotene Blume ablehnt. Herzzerreißend ist immer wieder, wie sehr sich gerade alte Damen freuen: »Oh«, hören wir oft, »ich habe seit Jahren keine Blume bekommen.«

Am Tag vor dem ersten Wahlgang sind die Genossen noch einmal in allen Stadtteilen unterwegs. Eine große Truppe verteilt die Rosen in der Innenstadt, am sogenannten »Zentralen Infostand« (ZIS). Der Stand ist eigentlich eine Weihnachtsmarktbude. Über Wochen wurde er heldenhaft von Jusos betrieben, die dort Infomaterial, Luftballons und roten Tee ausgaben. Der ZIS war der Platz, wo sich die Wahlkämpfer trafen. Manchmal herrschte eine fast partyhafte Stimmung. Jetzt sind noch einmal alle da, auch zwei der drei sozialdemokratischen Altbürgermeister – und Torsten Albig, der es sich als Amtsvorgänger und Ministerpräsident nicht nehmen lässt, beim Rosenverteilen dabei zu sein. Leider hat er nur morgens Zeit, bevor die meisten Geschäfte öffnen, deshalb sind relativ wenig Menschen unterwegs. Was Torsten Albig beim Verteilen denkt? Dass ich nicht seine Kandidatin war, ist bekannt. Aber vielleicht hat er sich ja inzwischen mit dem Ergebnis, das er nicht mehr ändern kann, angefreundet.

Wie sonst bei Bundestagswahlen, wenn es um meinen Mann geht, fahren wir am Wahlsonntag an den Strand, um gegen die Nervosität anzuwandern. Ich habe öffentlich Zuversicht verbreitet, dass ich es im ersten Wahlgang schaffe. Das muss man tun, aber mit der koalitionsinternen Konkurrenz wird es sehr, sehr schwer werden. Mein grüner Mitbewerber hat sich selbstbewusst gegeben: Er rechne mit bis zu 22 Prozent – das entspricht dem günstigen Bundestrend. Mein Gefühl aus den Veranstaltungen und aus dem Straßenwahlkampf ist anders, aber wer kann es genau wissen? Gut möglich, dass der CDU-Bewerber als Favorit in die Stichwahl geht. Und das wäre wirklich Mist. Nicht, weil ich dann im zweiten Wahlgang keine Chance mehr hätte, sondern weil die Entscheidung zu meinen Gunsten innerhalb der SPD so knapp war. Wenn ich – in Kiel! – nicht die Führung übernehme, wird das Fass mit der Frage, ob ich die richtige Kandidatin gewesen sei, garantiert wieder aufgemacht.

Anders als bei Bundestagswahlen gibt es bei einer lokalen Oberbürgermeisterwahl keine *exit polls,* keine Wählerbefragung vor dem Wahllokal. Die Spannung hält also für den größten Teil des Tages an. Ich fühle das Adrenalin wie einen kalten, unangenehmen Ring kurz oberhalb des Magens. Heute geht es gar nicht weg. Am späten Nachmittag begeben wir uns in die Räume der SPD-Ratsfraktion im Kieler Rathaus. Auf dem Bürotresen stehen Getränke und Kekse. Viele Genossen sind schon anwesend, Ratsleute, Mitarbeiter, Kreisvorstandsmitglieder, Jusos. Auch Presse ist schon da und will erste Statements. Das will ich jetzt aber noch nicht, ich möchte erst etwas sagen, wenn ich eine halbwegs belastbare Einschätzung habe. Die Fraktionsvorsitzende bietet Asyl in ihrem Zimmer an. In einer kleinen Gruppe lungern wir um den Bildschirm ihres Computers herum. Dort werden in Kürze die Auszählungsergebnisse der einzelnen Kieler Stimmbezirke einlaufen.

In der Zimmerecke steht ein Fernsehapparat, der jetzt noch auf stumm geschaltet ist. Er zeigt den Ratssaal eine Etage tiefer, aus dem wie immer der Offene Kanal seine Wahlberichterstattung sendet. Kamerateams des richtigen Fernsehens bringen sich auch schon in Position.

So, es geht los! Erste Ergebnisse treffen ein. Jubel aus dem großen Nebenraum. Und in der Tat: Die ersten Zahlen sind überwältigend. 50 Prozent, 60 Prozent, noch mehr! Man kann die Hoffnung so sehr unterdrücken, wie man will, man kann sich hundertmal sagen: unrealistisch, *unrealistisch* – es wäre trotzdem sooo schön, wenn es jetzt einfach vorbei sein könnte! Wenn es jetzt einfach schon geklappt hätte!

Hat es natürlich nicht. Die ersten Stimmbezirke, die ausgezählt sind, sind die kleinsten – oder die mit der niedrigsten Wahlbeteiligung. Dort können die Zahlen für mich und die SPD durch die Decke gehen, aber für das gesamtstädtische Ergebnis fallen sie nicht sehr ins Gewicht.

Deshalb müssen wir uns mit dem Niveau abfinden, auf dem sich die Dinge schließlich gegen 19 Uhr stabilisieren: Die Grünen haben kein Wunder bewirkt, sie sind nicht bei 22, sondern bei 13,8 Prozent gelandet. Der CDU-Bewerber kommt auf 38,8 Prozent. Ich bin mit 43,2 Prozent klar vorn. Uff! Es gibt natürlich Leute, die mein Ergebnis sofort negativ mit dem von Torsten Albig vergleichen: Der hatte es doch gleich im ersten Wahlgang geschafft! Tja, aber er hatte eben auch keine grüne Konkurrenz. Und das damalige Zusammengehen von Rot und Grün hatte ihm freundlicherweise die Spitze der Kieler Kreispartei organisiert. Und die Unterstützung der Grünen war auf längere Sicht auch nicht ganz billig gewesen.

Insofern bin ich in der eigenartigen Lage, enttäuscht und zufrieden zugleich zu sein. Gern hätte man den Wahlkampf hinter sich. Aber das Ergebnis gegen zwei ernsthafte Mitbewerber ist gut. Ich verlasse also das Büro der Fraktionsvorsitzenden und gebe mich fröhlich (und bin es fast auch) und lasse mich beglückwünschen und danke den Wählern und sage den Presseleuten, dass ich mich für den Verlauf des Restwahlkampfes weniger mit der Agenda der Medien als mit der Agenda der Menschen beschäftigen will.

Also weniger roter Haushalt, Kleiner Kiel-Kanal und Stadtregionalbahn – und mehr Fantasie in der Frage, wie man mit wenig Geld Politik anders machen kann. Mehr Themen, die im Straßenwahlkampf eine ernsthafte Rolle spielten. Bezahlbare Wohnungen, gute Kinderbetreuung, Sanierung von Schulen und Straßen.

Die anschließende Feier ist kurz. Und nun haben wir noch einmal 14 Tage mit Veranstaltungen, Info-Ständen und Berichterstattung vor uns. Irgendwie gehen auch diese 14 Tage vorbei. Irgendwann ist der 11. November 2012, Wahltag. Irgendwann steht das Ergebnis fest: 54,1 Prozent für mich; 45,9 Prozent für den CDU-Bewerber. Also. Ich bin es.

IM RATHAUS
Ein bisschen wie »Plötzlich Prinzessin«

Der außergewöhnlichste Tag in meinem Leben? Das war vermutlich der 26. November 2012, der Tag meiner Vereidigung als Kieler Oberbürgermeisterin. Gewählt, rechtskräftig gewählt war ich zwar schon seit zwei Wochen; ich hatte mein Amtszimmer besucht, die von Torsten Albig zurückgelassenen Mitarbeiter kennengelernt, mit der Organisation meines eigenen Stabes begonnen und die spezielle Parkkarte für den reservierten Rathausparkplatz entgegengenommen. So richtig glauben konnte ich noch nicht, dass ich nun tatsächlich die Amtsinhaberin sein sollte. Dass ich erreicht hatte, wofür ich mit vielen Mitstreitern gemeinsam so lange gekämpft und gearbeitet hatte. Eine Freundin verglich meine neue Lage mit dem fröhlichen Teenager-Film »Plötzlich Prinzessin«: Darin bekommt Anne Hathaway plötzlich mitgeteilt, dass sie nicht länger eine punkige New Yorker Schülerin, sondern die Thronfolgerin von Genovien ist.

Diese Assoziation ist nicht so abwegig, wie sie klingt, denn zum einen hat das Kieler Rathaus tatsächlich viel von einem Schloss: Es ist ein Prachtbau in der ansonsten farblosen Nachkriegsinnenstadt, 1911 durch Kaiser Wilhelm eingeweiht, ausgestattet mit üppigem Zierrat, mit weichgezeichnetem Deckenstuck und Säulen aus Sandstein. Der 106 Meter hohe Rathausturm ist dem Campanile in Venedig nachempfunden; das Glockenspiel seiner Uhr klingt wie Big Ben in London. Und eine neue Garderobe braucht die

Amtsinhaberin, die hier residieren soll und bisher hauptsächlich Jeans getragen hat, ebenfalls.

Im Zentrum des Rathauses, in einem vorspringenden Baukörper der schattigen (und daher immer dunklen) Nordseite, liegt das Amtszimmer des Oberbürgermeisters, das leicht 40 Quadratmeter misst. Hier thront das Stadtoberhaupt hinter doppelten Kassettentüren mit üppiger Lederpolsterung; Wände und Decken sind holzgetäfelt. Sprossenfenster geben über einen riesigen Söller hinweg den Blick auf den Rathausplatz und das Opernhaus frei. Von hier aus könnte man zu den Massen sprechen, wenn welche da wären. Wenn man so etwas heute noch täte.

Eine Tür führt durch einen kleinen Durchgang (mit dem privaten Bad des Oberbürgermeisters) in eine Flucht düsterer Sitzungszimmer, die im Ratssaal endet. Durch diesen Kanal treiben beständig Vorlagen und Beschlüsse der Ratsversammlung über den Stabschef ins Amtszimmer. Und die Oberbürgermeisterin kann, gleichsam aus der Tapetentür tretend, bei Sitzungen auftauchen, ohne sich durchs Getümmel draußen drängeln zu müssen.

Parallel zur Zimmerflucht verläuft ein repräsentativer Flur, der in einer Mischung aus geometrischem Jugendstil und Art déco gestaltet ist. Direkt vor dem Amtszimmer befindet sich die Rotunde, ein offener Saal mit Galerien über mehrere Geschosse. Hier steht die Statue einer nackten»Schwerttänzerin« des Bildhauers Adolf Brütt. Es ist eine Figur voll Mut und Anmut. An den Wänden des Korridors dämmern die Porträts all derer, die in der Vergangenheit mit den Geschicken der Stadt zu tun hatten, in vordemokratischer wie demokratischer Zeit. Schleswig-holsteinische Herzöge und dänische Könige beobachten das heutige Personal, wenn es spätabends aus einer Sitzung kommt. Die Ahnengalerie wird immer im Wechsel von matten Energiesparlampen ausgeleuchtet, damit trotz ökologischer Verantwortlichkeit niemand benachteiligt wird. Nur zur Sitzung der Ratsversammlung leuchten alle Lampen alle Bilder an, um die Bedeutung des Parlaments zu unterstreichen.

Zur Gegenwart hin gerät die Familienaufstellung etwas durcheinander: Für die CDU-Oberbürgermeisterin a. D. fand sich erst ein Platz, nachdem ein Feuerlöscher entfernt worden war. Ein Bild von ihrem Nachfolger Torsten Albig fehlt ganz, weil ein alter Magistratsbeschluss festlegt, dass man mindestens vier Jahre im Amt gewesen sein muss, um mit einem Porträt geehrt zu werden. Diese Anforderung hat Albig mit seinen drei Jahren Amtszeit verfehlt. Die Grünen setzen sich jetzt aber dafür ein, dass er doch in Öl gemalt wird.

Wo die Moderne einbricht, da wird mit dem eleganten Gebäude oft etwas ruppig umgegangen. Marmorflure sind (gegen die Rutschgefahr) mit Linoleum ausgelegt; großzügige Büros wurden geteilt, so dass viel zu schmale, viel zu hohe Zellen entstanden. An den Decken: Neonlicht. An den Wänden der Nebenflure finden sich Pinnwände mit Einladungen zum Betriebssport und zum Gesundheitstag. Das Büromobiliar ist zum Teil von allerentschlossenster Hässlichkeit. Ob das dazu dienen soll, die ursprüngliche Anmutung der Herrschaftsarchitektur demokratisch zu brechen? Gerührt bin ich, wenn sich vor und nach Wahlen in den Fluren und auf den Treppen zwischen meinem Dienstzimmer und dem Parkplatz die Wahlurnen stapeln.

Protokollfragen

Trotz all der Orientierung auf das Stadtoberhaupt: Das Zeremoniell meiner Vereidigung, das Protokoll jenes Tages ist eigenartig. Noch stärker als zuvor im Wahlkampf, wenn Ortsvereinsvorsitzende mich dem mehr oder weniger staunenden Publikum vorführten oder Journalisten jetzt, hier, sofort, auf der Stelle eine Antwort brauchten, auch wenn es gerade gar nicht passte, fühle ich mich dem Amt überantwortet. Ich gehöre nicht mehr mir selbst; Leute machen Sachen mit mir, stecken mich in Abläufe, die sie gewohnt waren, die vielleicht der eine oder andere Amtsvorgänger so haben wollte – aber an jedem einzelnen Punkt muss ich erst herausfinden, ob das für mich eigentlich passt, ob ich so vorgehen, mich so präsentieren will. Das kostet in den ersten Wochen erstaunlich viel Kraft.

Am 26. November sitzen wir schließlich um 16 Uhr im Amtszimmer um den großen Besprechungstisch versammelt, der wie für eine altmodische Kaffeetafel eingedeckt ist. Meine Mitarbeiter sind dabei und meine Familie; außerdem die Dezernenten. Die Presse fotografiert fünf oder sechs Mal, wie mir der Bürgermeister, der in der Interimszeit die Geschäfte der Stadt geführt hat, die Ernennungsurkunde zur Unterschrift reicht.

Mit dieser Unterschrift trete ich übrigens in ein Beamtenverhältnis auf Zeit ein – ein Schritt, den ich mir früher nie hätte träumen lassen und der sich, nach meinem Rücktritt, als in vielerlei Hinsicht ausgesprochen ungünstig erweist.

Irgendwann sind die Journalisten fertig, und wir müssen noch etwa 40 Minuten überbrücken, bis es zur Vereidigung in den Ratssaal geht. Das fühlt sich ein bisschen so an, als müsse man kurz vor der mündlichen Abiturprüfung gehobene Konversation machen. Aber ich habe auch schon Konversation mit Sabine Christiansen, Henry Kissinger und Sigmar Gabriel überlebt. Irgendwie geht es immer.

Im Ratssaal ist das erhöhte Rednerpodest der Stadtpräsidentin mit Blumenarrangements geschmückt (und ich nehme mir vor, nicht sofort, aber vielleicht in ein paar Monaten auf sanfte Veränderung zu drängen, weil ich keine Anhängerin davon bin, Blüten und Blattwerk mit farbigem Bast, großen Schleifen und Pappdekorationen zu erwürgen. Aber das ist wirklich das kleinste Problem meiner Amtszeit).

In der Mitte des Saales haben die Ratsleute Platz genommen. Hinten, an den Seiten und auf der Tribüne sitzen Gäste: ehemalige Oberbürgermeister, meine Eltern, Genossen aus dem Wahlkampfteam, Freunde, Nachbarn, frühere Hochschullehrer, ehemalige Kollegen aus Hamburg, Kieler Bürgerinnen und Bürger.

Die Veranstaltung wird geleitet von der sozialdemokratischen Stadtpräsidentin, der Vorsitzenden der Ratsversammlung. Es ist nicht so, dass ich mich vor ihr auf den Boden werfen müsste wie bei Krönungszeremonien im Alten Reich. Aber es ist ein eigenartiges Gefühl, allein vor all diesen Menschen zu stehen. Ich weiß nicht, ob ein Mann sich das fragen würde: Ich aber frage mich ständig, ob ich alles richtig mache. Und ob ich der Verantwortung für diese Stadt gerecht werden kann.

Die Stadtpräsidentin spricht mir die Eidesformel vor: »Ich schwöre, das Grundgesetz für die Bundesrepublik Deutschland, die Landesverfassung und alle in der Bundesrepublik Deutschland geltenden Gesetze zu wahren und meine Amtspflichten gewissenhaft zu erfüllen, so wahr mir Gott helfe.« Dass die Präsidentin der Ratsversammlung mich verpflichtet, zeigt eine schräge Verfassungswirklichkeit: Ich bin von dem Parlament, dem sie vorsitzt, ja gar nicht gewählt worden. Ich habe durch die Direktwahl eine andere, eigene Legitimation. Trotzdem wird hier ein symbolischer Akt der Unterordnung unter das Parlament inszeniert, der nur halb stimmt.

Ich bitte um Gottes Segen, weil mein Eindruck von meiner neuen Aufgabe bereits jetzt ist, dass ich alle Hilfe brauchen werde, die ich bekommen kann.

In meinen kurzen Dankesworten versuche ich das zum Ausdruck zu bringen, was mich letztlich zu dem Unterfangen gebracht hat: die Zuneigung zu meiner Heimatstadt. Kiel hat als ehemaliger Reichskriegshafen, als eine Hauptstadt der Rüstungsindustrie und als im Zweiten Weltkrieg schwer zerbombte Stadt mit höchst unglücklicher Nachkriegsarchitektur ein verschattetes Selbstbewusstsein. Kieler, das weiß ich als gebürtige Kielerin, machen sich eher klein, entschuldigen sich für ihre Stadt, sehen die Nachteile und nicht das Licht: nicht die zwei größten Hochschulen des

Landes, die drei international führenden Forschungsinstitute, die verschiedenen industriellen Weltmarktführer und Konzernniederlassungen, die es hier gibt; nicht das wunderschöne Umland, den Reiz des Wassers, die Torfunktion nach Skandinavien; nicht die Chancen einer wachsenden Stadt, der nördlichsten Großstadt Deutschlands.

Ich weiß, wie beschränkt die finanziellen und auch die politischen Möglichkeiten sein werden, Kiel zu verändern. Aber ich kann hier schon einmal in öffentlicher Rede zu einem Kiel-Gefühl beitragen, das realistisch, positiv und ein bisschen stolz ist. Damit fange ich in meiner Antrittsrede an, und dieses Motiv greife ich bei jeder sich bietenden Gelegenheit auch später wieder auf.

Applaus, dann ist es vorbei, und spontan formt sich vor dem Rednerpult eine Art Defilee: Viele, viele wollen mir um den Hals fallen, mir Blumen geben, Glück wünschen. Eine Freundin drückt mir erst einmal ein Glas Sekt in die Hand. Überall strahlende Gesichter und eine ganze Welle von Freundlichkeit und Freude. So schwierig der Weg hierher war, so schwierig es weitergehen wird: An diesem Abend gibt es keine negativen Schwingungen, kein Gefühl, hier sei die völlig falsche Person gewählt worden. Die Stimmung ist wie bei einer Hochzeit, das Blumenmeer schier unüberschaubar. Jetzt muss es wohl wirklich wahr sein.

Verfassungssalat

Neben der Tür zum Amtszimmer gibt es ein ein- und ausknipsbares, beleuchtetes Schild mit der Inschrift »Die Oberbürgermeisterin«. Wenn es leuchtet, bin ich da. Es erinnert mich immer ein wenig an Lucys Psychiater-Bude aus den *Peanuts:* »The Doctor is in«.

Und los geht es mit Rücksprachen, Abstimmungsrunden und Besuchen von Kieler Unternehmern, Vereins- und Verbandsvertretern, Landräten, Lobbyisten, Sparkassendirektoren, Reitturnier-Veranstaltern, Marineoffizieren, Konsuln und Botschaftern, Generalmusikdirektoren, Kreishandwerkermeistern … Alle, alle, alle kommen mit berechtigten Belangen. Alle wollen, dass man sie versteht. Und etwas unternimmt, damit das, was sie vorhaben, nicht bürokratisch behindert wird. Damit es leichter geht. Die formellen Antrittsbesuche; die Anliegenbesuche; der rituelle Austausch von Geschenken – all das hat durchaus den Anschein des Höfischen. Und das ist ein weiterer Grund, warum die »Plötzlich Prinzessin«-Assoziation naheliegt. Das direkt gewählte Stadtoberhaupt wird von den Bürgern tatsächlich wie eine Art demokratischer Monarch auf Zeit betrachtet. Wie eng seine Handlungsspielräume zwischen nicht auswechselbarem Personal, Haben-wir-schon-immer-so-gemacht-Routinen und den Vorhaben der Ratsmehrheit sind, können sich die wenigsten vorstellen.

Das größte Problem des direkt gewählten Stadtoberhaupts ist aber die schleswig-holsteinische Gemeindeordnung. Die ist nicht eines Tages vom Himmel gefallen wie der Dannebrog, die Flagge unserer dänischen Nachbarn. Sondern sie ist von Menschen, und zwar von schleswig-holsteinischen Landtagsabgeordneten, beschlossen und fortgeschrieben worden.

Nach dem Krieg hatten die Briten für die Städte in Norddeutschland eine Magistratsverfassung nach ihrem heimischen Vorbild eingeführt: Das heißt, die Bürger wählten Vertreter ins Rathaus; diese Ratsversammlung wählte einen hauptamtlichen (Ober-)Bürgermeister und haupt- und ehrenamtliche Stadträte, die ein Kollegialorgan, den Magistrat, als Stadtregierung bildeten. Die ehrenamtlichen Stadträte wurden aus den Reihen des Rats nach der Stärke der Parteien bestimmt. Alle sollten vertreten sein. In großen Städten erhielten auch die ehrenamtlichen Magistratsmitglieder kleine Dezernate, Verwaltungseinheiten, die sie zu leiten hatten. Das Gremium entschied kollektiv, wie bei einem Landes- oder Bundeskabinett eben. Der Bürgermeister war hier nur Erster unter Gleichen. Die Verantwortung für Richtungsentscheidungen lastete nicht auf einem einzelnen Menschen, sondern auf einem Personenkreis, der zum Teil aus den Fraktionen heraus schon Prokura zum Handeln mitbrachte. Zu dieser Zeit war es noch sinnvoll, statt von Regierung und Parlament, Mehrheit und Opposition von einer »Selbstverwaltung« der Stadt zu sprechen. Doch die Moden änderten sich, und es wuchs der Wunsch, Demokratie direkter und bürgernäher zu gestalten. Im Falle der schleswig-holsteinischen Kommunalverfassung hat das freilich zu einem Verfassungssalat geführt, der voller Widersprüche steckt.

Es war die damals in Schleswig-Holstein regierende SPD, die die Direktwahl der hauptamtlichen Bürgermeister und Landräte durchsetzte – um einem Bürgerbegehren zuvorzukommen, das genau diese Forderung erheben wollte. Es offenbart ein etwas fragwürdiges Verständnis von direkter Demokratie, dass man einen Sieg der Begehrensbetreiber als parteipolitische Niederlage empfunden hätte – aber so war es. Die schleswig-holsteinische SPD wollte dem Souverän lieber selbst mehr Bürgerbeteiligung schenken, als sich von einer Volksabstimmung dazu zwingen zu lassen.

Egal schien den Verantwortlichen dabei, wie die Direktwahl zum alten Rest der Verfassung passte und ob sich damit arbeiten ließ. Aus meiner Erfahrung würde ich sagen: Es geht nicht. Jedenfalls nicht gut. Und noch jeder der direkt gewählten Oberbürgermeister in Kiel hat unter den Folgen dieser lieblosen, unsystematischen Reform zu leiden gehabt.

Die Direktwahl eines Oberbürgermeisters einer Stadt mit 240 000 Einwohnern ist ein ziemlicher Aufstand: Fast 200 000 Wahlberechtigte sind zur Wahl aufgerufen; die Stadt hängt voll mit Plakaten; 107 Wahllokale müssen mit rund 1000 Wahlhelfern bemannt werden; es gibt zahllose Veranstaltungen; die Lokalzeitung hat über Wochen ihr Hauptthema.

Natürlich werden die aussichtsreichsten Kandidaten den (großen) Parteien zugeordnet. Aber am Ende bleibt die Sache eine Persönlichkeitswahl: Da stellen sich *Menschen* mit ihrer persönlichen

Glaubwürdigkeit zur Abstimmung. Und das Wahlpublikum hat an diese Menschen persönliche und politische Erwartungen. Es glaubt nicht, dass es bloß einen Behördenleiter wählt. Es glaubt nicht, dass es ausschließlich ein Parteiprogramm wählt. Das Wahlpublikum entscheidet sich – und so kann die Direktwahl ja nur gemeint sein – immer für den Menschen, den es aus den unterschiedlichsten Gründen für am besten geeignet hält, die Stadt zu führen und zu repräsentieren. Welche politischen Spitzenämter in Deutschland werden eigentlich per Direktwahl bestimmt? Nicht die Landesminister und Ministerpräsidenten. Nicht die Bundesminister. Nicht die Kanzlerin. Nicht der Bundespräsident. Tatsächlich sind es nur die Parlamentsabgeordneten auf kommunaler, auf Landes- und auf Bundesebene, die ihr Mandat direkt erkämpfen müssen. Keiner von ihnen hat einen Dienstvorgesetzten, das würde ja dem Prinzip der direkten Legitimation durch Volkswahl widersprechen. Keiner von ihnen trägt als Einzelner Verantwortung für 5000 Mitarbeiter, einen 800-Millionen-Euro-Haushalt und eine ganze Stadt.

Ehrenamt

Die Erwartung an einen direkt gewählten Oberbürgermeister ist also, dass er eine gewisse Macht hat, dass er handeln kann. Und dass man ihn dann natürlich an seinen Entscheidungen auch messen kann. Tatsächlich ist er aber – zumindest nach schleswig-holsteinischer Gemeindeordnung – in einer Weise unfrei, die ihn (oder sie) in einen permanenten Widerspruch zu dem bringt, was den Wählerinnen und Wählern durch die Direktwahl suggeriert wird. Wegen seiner starken demokratischen Legitimation mag der Oberbürgermeister sich nur den Wählern gegenüber verantwortlich fühlen. Doch das sieht die Gemeindevertretung, der er selbst nicht angehört, in der er kein Stimmrecht hat und die er nicht (wie

Regierungschefs auf Bundes- oder Landesebene) nach bestimmten Verfassungsregeln auflösen kann, ganz anders.

Engagierte Feierabendpolitiker legen die »Ziele und Grundsätze« für die hauptamtliche Verwaltung einer Großstadt fest. Diese Ratsherren und Ratsfrauen sind stolz auf ihre ehrenamtliche Tätigkeit: Schließlich verschlingt sie, so wie Kommunalpolitik in Kiel – und gewiss auch anderswo – organisiert ist, Stunden und Stunden an Lebenszeit: für Fraktionssitzungen, Arbeitsgruppensitzungen, Ausschusssitzungen, Ratssitzungen, Parteitermine und öffentliche Veranstaltungen. Was eine problematische Personalauswahl zur Folge haben kann: Wer beruflich oder familiär sehr gefordert ist, kann diesen Zeitaufwand kaum leisten. Das führt zu einer Konzentration von Frührentnern, Langzeitstudenten, Angehörigen des öffentlichen Dienstes und in ihren Kanzleien gut abkömmlichen Rechtsanwälten, für die ihre Verdienstausfallentschädigung ein Teil der finanziellen Gesamtkalkulation sein mag. Wogegen erst einmal nichts zu sagen ist. Nur dass andere eben fehlen: Erwerbstätige aus der Wirtschaft. Professorinnen. Künstler. Erfolgreiche Freiberufler. Verantwortliche Menschen aus Industrie und Handel. Aktive Soldaten.

Ratsleute erwarten für ihr Engagement Anerkennung – und das Gefühl, politisch etwas zu bewegen. Das ist am schwierigsten beim Thema Verschuldung und bei den wenigen Großprojekten – und am leichtesten bei den Details überschaubarer städtischer Vorhaben. Deshalb *beschließen* Ratspersonen gern über Dinge wie die Änderung historischer Straßennamen, die stadtweite Aktion »nette Toilette«, die Wassertiefe eines Schwimmbades, die Aufschüttung eines Stadtstrandes oder die Verlegung des Weihnachtsmarktes. Bei den komplexeren Problemen – wie erreicht man tatsächlich die gesetzlich vorgeschriebene Versorgung der Unter-Dreijährigen mit einem Krippenplatz? Wie bringt man den 51-Prozent-Partner der Stadtwerke dazu, ein gegenwärtig unrentables 300-Millionen-Euro-Gaskraftwerk zur Fernwärmeversorgung wirklich zu bauen – geben sie lieber »Prüfaufträge«. Da wird dann nonchalant in Richtung der hauptamtlichen Verwaltung gewedelt: Dann macht mal irgendwie! Seht zu, dass es klappt!

Dabei fehlt oft selbst diesen kommunalpolitisch definitiv interessierten Menschen eine Vorstellung von den internen Vorgängen in der Verwaltung, von ihrer unglaublichen Kompliziertheit. Allein die Umstellung des Haushalts von der kameralistischen Buchführung auf die kaufmännisch orientierte »Doppik« (ein Kunstwort, das »doppelte Buchführung in Konten« bedeutet) ist so schwierig, dass selbst die Fachleute in der Finanzverwaltung schaudern. Und zahlreiche Ämter kommen mit der dafür erforderlichen Katalogisierung ihres Anlagevermögens (zum Beispiel: ein wie großes Kanalnetz und wie viele Gullydeckel besitzt die Stadt eigentlich? Und was ist das alles wert?) nicht hinterher, so dass sie keine Jahresabschlüsse vorlegen können. Das behindert dann wieder dringend nötige Sanierungsmaßnahmen – die Details sind unendlich. Aber wenn die Verwaltung versucht, den Ehrenamtlern diese Zusammenhänge zu erhellen, hält sich die Begeisterung in Grenzen.

Die Attitüde, mit der manche Ratsherren und Ratsfrauen in Ausschüssen und Ratsversammlung den städtischen Mitarbeitern begegneten, hat mich überrascht: Sie hielten sich tatsächlich für die Vorgesetzten dieser Menschen – wobei ihr »Führungsstil« kaum modernen Führungsanforderungen entsprach. Mein Eindruck war, dass viele Mitarbeiter der Verwaltung die sogenannte »Selbstverwaltung« als eine negative Rahmenbedingung ihrer Arbeit empfanden. Und dass sie gelegentlich an sich halten mussten, wenn sie von Ratspersonen gravitätisch für die Erledigung von Aufgaben gelobt wurden, die aus ihrer fachlichen Sicht reine Beschäftigungstherapie, ihnen aber von der »Selbstverwaltung« aufgebürdet worden waren.

Auch ich nahm das Gebaren dieser »Vorgesetzten«, die ich durch die Direktwahl gerade gewonnen hatte, das eine oder andere

Mal als übergriffig wahr. So muss natürlich, um ein Beispiel zu nennen, irgendjemand auch den Urlaub der Oberbürgermeisterin zur Kenntnis nehmen. Im Prinzip hätte dafür eine rein formelle Meldung an den Vorsitzenden des Hauptausschusses der Ratsversammlung genügen müssen. In Kiel aber fühlten sich einzelne Mitglieder dieses Gremiums ernsthaft berufen, meine Urlaubspläne in ihrem Kreise zu diskutieren. Man stelle sich den CEO eines 5000-Personen-Unternehmens in so einer Situation vor!

Spricht man mit Ratsmitgliedern über solch kritische Punkte, so erlebt man durchaus Nachdenklichkeit und auch ein gewisses Unbehagen an der überkommenen Praxis. Aber so sehr manche von ihnen selbst unter der mittelalterlichen Präsenzkultur der Ratsrituale leiden, so wenig geschieht, sie zu ändern.

Ich habe die gnadenlos, unerbittlich, unfassbar langatmigen wöchentlichen Sitzungen der sozialdemokratischen Ratsfraktion zunächst mit einer Art fassungsloser Faszination verfolgt: Konnte es sein, dass Menschen sich das freiwillig antaten? Ja, das konnte es. Und die Endlossitzungen im holzgetäfelten Magistratssaal waren für manche Fraktionsmitglieder nicht etwa eine Art chinesischer Wasserfolter, vor der man zu Freunden und Familie flüchten wollte, nein – sie *waren* der Ort, an dem man Freunde und Familie traf und wo man zuverlässig mit Eibrötchen gefüttert wurde. Und wo man *auch,* das muss ich zugestehen, ungeheuer geduldig noch mit der kreisendsten Argumentation der Kollegen umging. Das war schließlich der Deal: Man würde ja auch selbst drankommen und dann in Ruhe die Aufmerksamkeit der anderen beanspruchen können.

Sitzungen der Ratsversammlung waren noch schlimmer als Fraktionssitzungen: Diese Marathonveranstaltungen fanden nur deshalb nach neun Stunden ein Ende, weil aus irgendeinem Grund (aber Gott sei Dank) das eherne Gesetz akzeptiert wurde, dass um Mitternacht der Pförtner das Rathaus absperren musste. Sonst hätten sie gut bis in den frühen Morgen dauern können.

Und obwohl auch die Ratsleute lauthals über die Belastung durch die Monstersitzungen klagten, unternahmen sie nichts, um den unpraktischen Comment zu ändern. Wobei es ein Leichtes gewesen wäre, Redezeiten zu begrenzen und die Zahl der Redner pro Fraktion und Thema einvernehmlich einzuschränken. Einem ehemaligen Ratsherrn der Linken kommt die traurige Ehre zu, das während einer Haushaltsdebatte auf den Punkt gebracht zu haben: Stundenlang wogten die Auseinandersetzungen hin und her. Eine Empörung jagte die andere. Aber: Wenn man alle Redebeiträge zusammenzählte, hatten die Ratsleute ihren Eifer auf einen Teil des 800-Millionen-Euro-Haushalts verwendet, der gerade zwei Millionen Euro umfasste – um dann nach Stunden genau so abzustimmen, wie sie es ohnehin vorgehabt hatten.

Sehen die Ehrenamtler einen Verstoß gegen ihre Vorgaben, dann müssen sie eine andere Obrigkeit anrufen, damit der Oberbürgermeister gezwungen wird, ihre Beschlüsse umzusetzen: die »Kommunalaufsicht«. Diese liegt beim vom Ministerpräsidenten berufenen Innenminister und seinen Landesbeamten in der Kommunalabteilung des Ministeriums.

Diese Konstruktion von »Aufsicht« stammt aus jener Zeit, als die von oben eingesetzte preußische Verwaltung (letzter von der Regierung ernannter Bürgermeister für Kiel: 1865 Wilhelm Mölling) ein Modernitätsvorteil gegenüber der Willkür der Adelsherrschaft war. Heute ist sie ein Anachronismus.

Der Oberbürgermeister ist vom Volk gewählt, ist aber von der Ratsmehrheit abhängig und bekommt seine wichtigsten leitenden Mitarbeiter, die »Dezernenten« oder Stadträte, durch Wahl in der Ratsversammlung an die Seite gestellt. Er kann sie nicht selbst auswählen und berufen. Das heißt: Der Oberbürgermeister wird für die Arbeit der gesamten Stadtverwaltung, einschließlich des Spitzenpersonals, im Zweifel allein verantwortlich gemacht. Im ungünstigsten Fall, wenn das Stadtoberhaupt eine Ratsmehrheit gegen sich hat, kann diese ihn mit Dezernenten umgeben, die

gegebenenfalls gegen ihn arbeiten. Im Klartext: Seine Entschei-
dungsmacht ist formal gering und abhängig von seiner Überzeu-
gungs-, Überredungs- oder Aushandlungskunst.

In meinem Fall hatte ich immerhin keine Mehrheit gegen
mich und fand im Rathaus einen grünen Baudezernenten vor,
der den Titel Bürgermeister führte; einen frisch mit rot-grüner
Mehrheit gewählten SPD-Kämmerer, der zuvor im Innenministerium gearbeitet hatte; und einen parteilosen Sozialdezernenten,
der noch aus einer früheren Ära stammte, dessen Amtszeit sich
aber dem Ende zuneigte. Alle drei waren auf ihre Weise reizende
Menschen, aber – auf mich hatten sie nun nicht gerade gewartet.

Der Stab

Trotz der gefühlten Allzuständigkeit der Oberbürgermeisterin ist
der Bereich, der ihr konkret politisch zuarbeitet, sehr klein. Zwar
gibt es eine personell recht gut ausgestattete Pressestelle, aber ihre
Mitarbeiter sind auch mit der Kieler-Woche-Organisation, Fragen
der Bürgerbeteiligung oder dem Layout von städtischen Informa-
tionsbroschüren befasst. Oder damit, Fachämtern das eigenmäch-
tige, gegen das Corporate Design der Stadt verstoßende Layouten
von Broschüren zu verbieten. Und sie fertigen Grußwortentwürfe
für den Stadtpräsidenten (der als Präsident der Ratsversammlung
zahlreiche repräsentative Aufgaben hat), die Stadträte und auch
die Oberbürgermeisterin.

Dann gibt es die Leiter der 23 städtischen Ämter – zuständig
für Sport, Grünflächen, Finanzwirtschaft, Tiefbau, Stadtplanung,
Schule, Kinder- und Jugendhilfe, Wirtschaft und vieles mehr.
Diese Amtsleiter können aus ihren Ämtern der Oberbürgermeisterin in Fachfragen Auskunft und Rat geben. Der Alltag sieht aber
eher so aus, dass sie Probleme mitbringen, und die Verwaltungsspitze, sprich die Oberbürgermeisterin, soll Entscheidungen für
ihre Lösung treffen.

Die Stadträte mit ihren Dezernaten schließlich – einer für Bauen, Stadtplanung und Umwelt, einer für Haushalt, Personal und Kultur und einer für Soziales, Schule, Kinder- und Jugendhilfe – verwalten ihre Arbeitsbereiche weitgehend autonom. Auch sie können Informationen zuliefern oder zu ressortübergreifenden Projekten beitragen, aber sie sind nicht in erster Linie für die direkte Unterstützung der Oberbürgermeisterin da, sondern immer vor allem daran interessiert, sich vor der Ratsversammlung, die sie gewählt hat, und vor der Presse mit eigenen Erfolgen zu profilieren.

Bleibt also für die zentrale Steuerung einer Verwaltung mit 5000 Mitarbeitern (und noch einmal rund 4000 Beschäftigten in den städtischen Eigenbetrieben und Beteiligungen) das Büro der Oberbürgermeisterin. Darunter darf man sich nicht die Miniaturausgabe einer gut eingespielten Staatskanzlei oder gar eines reibungslos arbeitenden Kanzleramts vorstellen. Als ich mein Amt antrat, fand ich eine verwaiste Büroleiterstelle vor, drei aus Torsten Albigs Zeiten verbliebene Referenten und anderthalb Sekretärinnenstellen.

Ich begann damit, den Büro- in einen Stabsbereich umzubauen. So wie ich meine Aufgabe verstand, reichte es nicht, wenn sich ein paar Leute anlassbezogen um meine Termine kümmerten. Vielmehr brauchte ich fachliche Zuarbeit und einen klaren Überblick über die Dezernate. Dabei ging es nicht um Kontrolle, sondern um das Zusammenführen von Informationen. Transparenz und Vernetzung, das merkte ich schnell, waren im Kieler Rathaus in der Vergangenheit nicht besonders groß geschrieben worden: Jeder arbeitete auch ganz gern für sich. Doch viele Probleme – eine Dynamisierung des Wohnungsbaus, das Aufräumen in einem Problemstadtteil, die Zukunft der Abwasserentsorgung oder die gewaltigen Konversionsaufgaben des Militärstandortes Kiel – ließen sich nun einmal nur in Abstimmung bewältigen: Oft waren fünf oder sechs Ämter aus unterschiedlichen Dezernaten beteiligt. Wir mussten den Stab so organisieren, dass jeder Referent ein Dezernat »spiegelte«, also im Großen und Ganzen Bescheid wusste, was dort geschah.

Zunächst aber brauchte ich einen Stabschef. Meine innerparteilichen wie meine politischen Gegner waren mit einiger Penetranz auf meiner mangelnden Verwaltungserfahrung herumgeritten. Auch mir selbst war durchaus bekannt, dass ich vorher einen anderen Beruf ausgeübt hatte. Deshalb wollte ich jemanden finden, der mich vor Fehlern schützte, die bei der Beurteilung der Qualität von Verwaltungsvorlagen entstehen konnten. Und der den Mitarbeiterinnen und Mitarbeitern das Gefühl gab, hier werde schon, trotz aller Quereinsteigerei, vernünftig und solide gearbeitet.

Auf meine Entscheidung in dieser Personalfrage bin ich bis heute stolz – und fühle mich geehrt, dass der, den ich fragte, sich tatsächlich entschloss, diese aufreibende Aufgabe zu übernehmen.

Alfred Bornhalm war 25 Jahre lang Leiter des Amtes für Soziale Dienste gewesen. Er war ein langjähriger Freund und ein Genosse; Marathonläufer. Kein Beamter, sondern Angestellter aus Überzeugung, ein Kämpfer gegen sinnlose Zentralisierung und für Eigenverantwortung der Fachämter, ein Modernisierer der Jugendhilfe, ein großer Koch und Bäcker. Sicher dutzendfach hatte er mir in den vergangenen Jahren bei sozialpolitischen Recherchen geholfen.

Jetzt war er Anfang sechzig und wollte eigentlich in Rente gehen, da kam ich mit meinem Anliegen um die Ecke. Ich zitterte um seine Antwort, als er bei mir am Küchentisch saß: Ich fühlte, dass sehr viel von seiner Unterstützung abhängen würde. Und er sagte ja.

Obwohl ein Rathaus, was Tratsch angeht, wie ein Sieb mit besonders großen Löchern ist, gelang es uns, diese Information geheim zu halten, bis ich Alfred der Presse präsentieren konnte. Die Begeisterung innerhalb und außerhalb der Verwaltung war groß. Allerdings trauerten Alfreds frühere Mitarbeiter furchtbar.

Doch an diesem Punkt musste ich egoistisch sein, wenn das Unterfangen gelingen sollte. Mit Torsten Albigs drei Referenten wollte ich zunächst weiterarbeiten. Ich verstand es auch als Ausdruck eines neuen Stils, sie nicht automatisch voller Misstrauen in die entlegensten Einheiten zu versetzen. Einen von ihnen kannte ich noch aus Juso-Zeiten. Die beiden anderen Kollegen waren echte Verwaltungsgewächse und mussten sich gewiss erst einmal mit einem so exotischen Wesen, wie ich es aus ihrer Sicht gewesen sein dürfte, arrangieren. Sie waren aber beide kompetent und hilfsbereit, und ich gewann den Eindruck, dass wir gut würden zusammenarbeiten können. Auch wenn ich immer ein wenig zusammenzuckte, wenn der eine von ihnen von sich selbst im Scherz als »Erbsenzähler« sprach.

Trotz allem wollte ich meinen Stab nicht ausschließlich intern und mit Aufstiegsbeamten besetzen. Derjenige, den ich als Aufbruchshelfer in mein Team holte, war Knud Andresen, der damalige Leiter der Gustav-Heinemann-Bildungsstätte in Malente. Er hatte schon im Wahlkampf die Programmatik für Kiel als wachsende Stadt entwickelt und sollte künftig für strategische Planung zuständig sein.

Im Stab kümmerte sich Knud nun um das Baudezernat des grünen Bürgermeisters, einen für mich wichtigen Bereich, weil alle Bau- und Stadtplanungsfragen die Bürger ganz existenziell betreffen und im Zweifelsfall auch aufregen. Ein Mitarbeiter betreute das Sozialdezernat und bearbeitete vermischte gesellschaftspolitische Fragen (von »Hundestrand oder nicht« über den Krippenplatzausbau bis zur Sinti- und Roma-Integration). Der Kollege mit dem leichten Hang zur Selbstverunglimpfung bewachte sehr fähig und zuverlässig meinen Zuständigkeitsbereich: das neu gegründete Wirtschaftsamt (weil ich einen zusätzlichen Wirtschaftsdezernenten nicht für sinnvoll hielt) und den »Eigenbetrieb Beteiligungen«, eine Holding für die städtischen Ausgründungen wie die Hafengesellschaft, den Abfallwirtschaftsbetrieb oder die noch zu 49 Prozent im Besitz der Stadt befindlichen Stadtwerke. Der vierte Kollege war zuständig für den Bereich des Kämmerers und Personaldezernenten.

Die Arbeit

So weit die Referenten. Alfred als Stabschef kontrollierte alle Vorgänge, die an mich direkt herangetragen werden sollten. Zusammen wühlten wir uns durch Berge von Post und Vorlagen. Auch wenn ich ihm völlig vertraute, war es mir wichtig, nur Dinge zu unterschreiben, die ich selbst gelesen hatte und richtig fand.

Einige Male saßen wir alle rund um den Besprechungstisch in meinem Amtszimmer, und die Mitarbeiter versuchten mir auf Flip-Charts einen Überblick über unvollendete Projekte aus der Amtszeit meines Vorgängers zu geben. Nun muss man zugestehen, dass die Verwaltung für die Ewigkeit arbeitet, während die Personen an ihrer Spitze kommen und gehen. Trotzdem war ich erstaunt, wie wenig Albig hatte zu Ende bringen können. Es gab eine Reihe von schwierigen Kompromissen, die er mir hinterlassen hatte und für deren Erfüllung wir nicht immer eine wirklich überzeugende Grundlage finden konnten: sei es die Bevorzugung einer Schule, die beim Turnhallenbau noch nicht an der Reihe war; sei es das Zugeständnis an eine Nachbargemeinde, weitere große Einkaufszentren auf der grünen Wiese auszuweisen; sei es ein Millionenversprechen an Umlandgemeinden, um einen Rechtsstreit mit ihnen zu vermeiden.

Ziemlich schnell hatte der Stabschef noch eine wichtige Personalie geklärt: Frau Stolze-Meding besetzte nach wenigen Wochen mein Vorzimmer. Sie war eine großartige Person, hatte Erfahrungen in der freien Wirtschaft gesammelt und machte ihren Job mit viel Energie. Sie hatte lange dunkle Haare, keine Angst vor coolen T-Shirts und das strahlendste Lachen, das man sich denken kann. Gute Laune war damit im Büro gesichert. Und was ich sehr schätzte, war ihre absolute Parteilichkeit: Sie würde für eine Chefin, die sie mochte, wie eine Löwin kämpfen. Sie würde einem auch sagen, wenn sie fand, dass man falschlag.

Gemeinsam mit ihr und Knud kämpfte ich zunächst gegen die Terminkalender-Traditionen, die wir vorgefunden hatten: Der Amtsvorgänger hatte sich seine Tage, Abende und Wochenenden so voll mit Gesprächen und Repräsentationsterminen packen lassen, dass ich mir nicht vorstellen konnte, wie ihm noch Zeit geblieben war, sich jemals in Ruhe irgendetwas durchzulesen. Wie er so arbeiten und wie seine Familie das aushalten konnte, fand ich gleichermaßen rätselhaft. Wir entschlackten also den Kalender, so gut es ging. Aber der Bedarf an Terminen bei der Oberbürgermeisterin war in der Tat fast unstillbar. Und es ist vielleicht interessant, sich zu vergegenwärtigen, um welche verschiedenen Arten von Terminen es geht: öffentliche Veranstaltungen, bei denen man redet; Gespräche mit Menschen, die Anliegen haben, vom Unternehmer bis zum Probst; Sitzungen der eigenen Partei und Fraktion; Sitzungen des Koalitionspartners. Und dazwischen, wie gesagt, immer wieder freigeschlagene Zeit, um in die Sachprobleme einzusteigen.

Herr Weiss

Das Haus, in dem sich unsere Wohnung befindet, hat einen von zwei Säulen gerahmten Vorbau, was bei Regen ganz praktisch ist. Ich stecke die Nase minimal über die Linie zwischen diesen Säulen hinaus. Er sieht mich immer sofort. Die Scheinwerferaugen des Audi A6 blinken einmal, dann setzt sich der Wagen fast lautlos in Bewegung und kommt vor meiner Tür zum Halten. Herr Weiss ist da.

Herr Weiss ist der Fahrer des Dienstwagens. Er ist außerdem, zu dieser Überzeugung komme ich schnell, der größte Profi

in unserem Team. Immer gut gekleidet – in der Regel trägt er
einen blauen Blazer mit Goldknöpfen und eine graue Hose, am
Wochenende auch gelegentlich Jeans und einen Troyer – und
von einem ungeheuer gleichmäßigen, unerschütterlichen Tem-
perament. Immer perfekt, immer präzise, immer pünktlich. Er
steht kurz vor der Rente. Und er hat schon so ziemlich alle noch
lebenden Amtsvorgänger gefahren. Er hat Meinungen über sie.
Aber er ist diskret. Herr Weiss ist ein Mensch, bei dem es einem
spontan wichtig ist, dass er einen akzeptiert, dass er einen nicht
für einen Scharlatan hält. Andererseits würde er einen das nicht
merken lassen.

Herr Weiss hat Humor. Er findet ähnliche Sachen an der
städtischen Politik skurril wie ich. Er muss schon viele Schweine-
reien gesehen haben. Zur Erhaltung der Kampfkraft hat er immer
Eukalyptusbonbons im Auto. Auf dem Rücksitz liegen jeden Tag
die ordentlich zerlesenen *Kieler Nachrichten*. Herr Weiss lässt uns
Radio Nora hören, was mal ein Rentnersender war – jetzt bringt
er die Musik aus meiner Jugend. Bedenkenswert. »Nervt es Sie
nicht, dass Sie immer auf mich warten müssen?«, frage ich. »Das
ist der Job«, sagt er.

Herr Weiss hat einen Gegenspieler: den Mann, der beim städtischen Abfallwirtschaftsbetrieb für die Beschaffung der Dienst-
fahrzeuge zuständig ist. Ich habe diesen Mann nur einmal kurz
kennengelernt, aber ich habe auf den Dienstfahrten sozusagen
aufgesogen, dass er es mit Ökostandards extrem ernst nimmt,
was Herrn Weiss quält. Er will einen Wagen mit vernünftigem
Verbrauch und CO_2-Ausstoß – natürlich, wer wollte das nicht.
Aber er hat auch eine Berufsehre. Und für jedes Manöver, das
aus Sicherheitsgründen mehr Beschleunigung bräuchte, ist unser
Dienstaudi, wie ich lerne, dramatisch untermotorisiert.

Nun gibt es auf den drei Kilometern zwischen meiner Wohnung und dem Rathaus relativ wenig Sicherheitsrisiken. Man
könnte sich sogar fragen, ob ich für die Strecke überhaupt einen

Dienstwagen brauche, ob ich nicht mit dem eigenen Auto oder dem Fahrrad fahren könnte – zumal ich die Fahrten von und nach Hause als geldwerten Vorteil versteuern muss. Nur die Dienstfahrten während des Arbeitstages sind kostenlos.

Etliche, besonders grüne Politiker verzichten ja ostentativ auf Amtsinsignien wie einen Dienstwagen. Ich selbst bräuchte ihn nicht für mein Selbstwertgefühl. Aber irgendwie gehört der Wagen mit Fahrer zur höfischen Inszenierung dazu: Es wäre gar nicht bürgernäher, ihn wegzulassen. Es würde vielmehr die meisten Leute, mit denen ich zu tun habe, wundern. Deshalb mache ich keine demonstrative Bescheidenheitsgeste.

Außerdem gibt es natürlich Tage, die so randvoll mit auswärtigen Terminen sind, dass man doch sehr froh ist, sich nicht auch noch Gedanken um Navigation und Parkplätze machen zu müssen. Bei Herrn Weiss im Auto kann ich kurz Luft schnappen, Reden noch einmal schnell durchlesen, auch richtig schimpfen, wenn es sein muss. »Wen soll ich verhauen?«, fragt er dann. Ach, Herr Weiss.

Ein Tag draußen

Es gibt keine typischen Tage im Amt. Manchmal stehen unpolitische PR-Termine auf dem Programm. Auch das kann lustig sein und die Vielfalt des städtischen Lebens abbilden. An einem Tag, den ich mochte, begannen wir morgens um 9.15 Uhr mit der allerersten Einweihung, die ich vornehmen sollte – und ich muss zugeben, dass ich ein klitzekleines bisschen enttäuscht, aber auch amüsiert über den Gegenstand dieser Amtshandlung war: Ich weihte Unterflur-Abfallbehälter ein, zusammen mit dem Leiter des Abfallwirtschaftsbetriebes, der es in der Regel gut hinbekam, Wissenswertes und Neues aus der überaus bunten Welt des Abfalls öffentlich zu vermarkten.

Auch bei diesem Termin war Presse anwesend. Und obwohl ich es etwas glamouröser gefunden hätte, ein U-Boot zu taufen, eine

Brücke oder eine Kindertagesstätte zu eröffnen, sah ich natürlich einen Sinn in der Aktion. Die neuen, geräumigen Müllcontainer wurden in einem Stadtteil mit großen sozialen Problemen installiert, die sich unter anderem in einem Hang zur Verwahrlosung und dem wilden Abstellen von Müll äußerten.

Seit den New Yorker Diskussionen über *broken windows* vor zwanzig Jahren ist es keine Neuigkeit mehr, dass man diesen Tendenzen – Vermüllung, Graffitis, zerstörte Infrastruktur – sofort begegnen muss, wenn man nicht will, dass das ganze Quartier immer weiter abrutscht. Anders als bei oberirdischen Mülltonnen boten die Unterflurbehälter weniger Ansatzpunkte für Vandalismus und unsachgemäße Nutzung: Der Hausmüll ließ sich durch einen Schacht sehr sauber einwerfen. Zudem brachte die neue Technik auch eine Verbesserung der Arbeitsbedingungen für die Mitarbeiter der städtischen Abfallbetriebe mit sich. Sie mussten nicht länger die schweren Tonnen durch Hausflure wuchten. Ein modernes Kranfahrzeug erledigte nun die Arbeit mit den Containern. In Zeiten des demografischen Wandels, in denen auch in der Abfallwirtschaft die Belegschaften älter werden, war das ein willkommener Nebeneffekt.

Wir ließen die Müllcontainer hinter uns und fuhren aufs Land, nach Schloss Bredeneck, wo ich ein Fotoshooting mit einem Pferd absolvieren sollte. Und das kam so: In Kiel gibt es, wie in vielen Städten, eine Mehrzweckhalle, die inzwischen nicht mehr ihren ursprünglichen Namen trägt, sondern zum Leidwesen der Bevölkerung Sparkassen-Arena heißt. Und eines der Großereignisse, die jedes Jahr in dieser Halle stattfinden, ist ein Reit- und Springturnier mit 160 Pferden aus 13 Nationen und 20 000 Zuschauern. Der umtriebige Veranstalter der *Baltic Horse Show* legt Wert auf Unterstützung durch die Oberbürgermeister. Von mir kann er die gern bekommen, solange sie kein Geld kostet.

Kiel-Werbung mache ich ohne Hemmungen, und bei Pferden muss ich auch nicht heucheln. Die *Baltic Horse Show* möchte für ihre Hochglanzbroschüre ein Bild von Oberbürgermeisterin und Pferd. Ich trage also einen Tweedblazer und entfernt reiterartig anmutende Lederstiefel und bin zu allem entschlossen. Und mein Fotopartner ist wirklich ein Prachtexemplar. Ein wahnsinnig schöner, auf Hochglanz gestriegelter Fuchs, schlank und elegant. Er ist sich seiner Schönheit allerdings auch vollkommen bewusst: Sobald er die Kamera sieht, wirft er sich in die Brust, posiert, schmiegt seinen Kopf an meinen Hals. In der Sekunde, in der der Fotograf »fertig« ruft, dreht das Tier sich weg. Soll nur nicht der Eindruck entstehen, es hätte weiteres Interesse an mir!

Was wir heute auch noch haben: Welttag des Buches. Deshalb sind wir zu Gast in einer Grundschule, in der ein Büchereiverein Vorlesebücher verteilen will. Wegen meiner Vorgeschichte bei der *Zeit* habe ich große Sympathien für alle Leseförderungs-Aktionen und lasse mich gern zur Teilnahme breitschlagen, wenn es irgend geht. Die Dritt- und Viertklässler in dieser Grundschule sind sehr fröhlich und sehr aufgeregt. Sie umringen mich erst einmal und wollen Autogramme. Das müssen sie aus dem Fernsehen haben. Normalerweise haben meine Auftritte jedenfalls nicht diese Art von Promi-Qualität.

Auch als endlich alle sitzen und der Schulleiter für eine fragile Ruhe gesorgt hat, wollen die Kinder mich viel lieber ausfragen, als gleich etwas vorgelesen zu bekommen. Das lasse ich gern zu: Allüberall, auch bei Grundschülern, ist ja meine stete Botschaft, dass Politik etwas Gutes, Spannendes sei. Sie wollen wissen, ob ich selbst Kinder habe, und als ich das bejahe, wie meine Tochter heißt. Sie fragen, was ich verdiene – auf diese Frage antworte ich immer mit der Wahrheit. Es ist die Beamtenbesoldungsstufe B9, und das bedeutet: etwa 10 000 Euro brutto im Monat. Den Kindern kommt das wie unermesslicher Reichtum vor, und auch der Schulleiter schnappt nach Luft. Sicher, das ist sehr viel Geld. Auf der anderen Seite muss man sagen, dass der Direktor der Sparkasse und der Direktor des Uniklinikums – beides Verwaltungschefs – ein Vielfaches davon verdienen. Wie viel größer ist ihre Verantwortung eigentlich?

Kenne ich Obama? Nein, leider nicht, aber ich kann immerhin damit punkten, dass ich mal mit Frau Merkel gesprochen habe. Was muss ich alles so tun in meinem Amt? Ich erzähle ein bisschen, auch von den Unterflurbehältern und dem Pferd von heute Morgen. Da ist es vorbei: Wie sah das Pferd aus? Wie hieß es? War es süß? Durfte ich darauf reiten? Wir müssen versprechen, dass wir ein Foto des Pferdes an den Schulleiter mailen. Dann lese ich tatsächlich noch etwas vor, und zum Abschied umdrängen die Kinder den Audi noch einmal wie die Limousine eines Popstars. Ich bin mir nicht ganz sicher, aber ich glaube, Herr Weiss ist gerührt.

Am Nachmittag treffen der »Erbsenzähler« und ich Vertreter des Kieler Hotel- und Gaststättengewerbes. Es gibt Kaffee und Kuchen. Thema ist die Tourismusentwicklung in Kiel, anwesend sind acht Hoteliers. Das grundsätzliche Problem mit der Hotellerie in Kiel ist, dass die meisten Kieler, die sich dafür interessieren, der Meinung sind, es gebe in Kiel zu wenig Hotelzimmer, und die, die es gebe, seien überwiegend nicht schick und modern genug. Die eingesessenen Hoteliers hingegen sehen das ganz anders. Sie beklagen, dass es außerhalb der Kieler Woche praktisch unmöglich sei, ihre Häuser auszulasten. Zusätzliche Kapazitäten seien das Letzte, was sie bräuchten.

Wir kommen auf die »Bettensteuer« zu sprechen, die der Kämmerer für seinen Versuch der Haushaltskonsolidierung eingeplant hat. Wen überrascht es, dass die Hoteliers das für keine gute Idee halten, sondern für eine einseitige und ungerechte Belastung einer Berufsgruppe? Das stimmt ja auch. Die Steuer bringt etwa 800 000 Euro im Jahr, ein Tausendstel des 800-Millionen-Euro-Gesamthaushalts. Die Gruppe, der man damit auf die Füße tritt, spielt eine wichtige Rolle, ist artikulationsstark und gut vernetzt. Andererseits sind die Einnahmemöglichkeiten der Stadt sehr beschränkt. Was tun?

So langsam ist es später Nachmittag, aber ein Termin steht noch auf der Tagesordnung: Die Innenstadtkaufleute sind ins Rathaus eingeladen, um über die Weihnachtsbeleuchtung in der Fußgängerzone zu sprechen. Ich bin ein bisschen entsetzt darüber, bei welch karger Bewirtung wir diese Leute, von denen wir ja etwas wollen, in einen düsteren Sitzungssaal sperren. Die Federführung für diese Veranstaltung hat Kiel-Marketing, ein Gewächs aus der Zeit der allgemeinen Ausgründungsmode: scheinbar unabhängig und unternehmerisch arbeitend, aber doch auch öffentlich finanziert. Die Kaufleute nehmen das Veranstaltungsformat erst einmal hin.

An diesem Anlass sind zwei Dinge bemerkenswert, die vermutlich auch für andere Städte gelten. Erstens: Stadtmarketing ist schwierig, von Föhr bis Garmisch-Partenkirchen wird darüber gemeckert. Und zweitens: Innenstädte sind auch schwierig. Kiel hat die älteste Fußgängerzone Deutschlands, nicht schön, weil im Krieg praktisch die gesamte alte Bausubstanz zerstört wurde, aber doch viele Jahre lang ein richtiges Zentrum, mit lebendigem, spezialisiertem Einzelhandel: Feinkostgeschäft und Spielwarenladen, Buchhandlungen, Juweliere, Herrenausstatter, Porzellan-Fachgeschäfte, feine Wäsche. Doch steigende Mieten und eine geradezu wahnwitzige Politik der Genehmigung von Einkaufsmalls auf der grünen Wiese (mit sechsspurigem Straßenausbau, damit auch jeder den Weg findet) haben dem inhabergeführten Einzelhandel fast den Rest gegeben. Ob eine Weihnachtsbeleuchtung in Segelform diesen Trend stoppen kann, scheint mir fraglich, aber wir müssen irgendetwas versuchen.

Das heute präsentierte Design geht zurück auf einen Slogan, den meine Amtsvorgänger einmal in einem aufwendigen »Beteiligungsverfahren« für die Kieler Olympia-Bewerbung 2011/2012 haben kreieren lassen. Und als Motto für eine Segelsport-Veranstaltung ergibt er auch Sinn: »Kiel Sailing City.« Als Spruch, der eine ganze Stadt mit Kunst und Kultur, Handel und Forschung, Industrie und Tourismus auf den Punkt bringen soll, greift er zu kurz – auch wenn die damals verantwortliche Agentur sich stets um halsbrecherische Übersetzungen des Wortes »Sailing« bemühte. In nahezu jedem Unternehmen, das ich besuche, bei jeder Wirtschafts- oder Hochschulveranstaltung, an der ich teilnehme, wird meine Skepsis geteilt. Die Kieler Kommunalpolitik hält freilich tapfer an ihrem Slogan fest, englische Wortbedeutung hin oder her. Und unser Stadtmarketing hat daraus nun das Konzept für die Weihnachtsbeleuchtung abgeleitet: Wenn Kiel »Sailing City« ist, dann muss die Weihnachtsbeleuchtung aus Segeln und Kompasssternen bestehen, um das Thema Sailing mit dem Thema Weihnachten zu verbinden. Na wunderbar, denke ich, als wir eine Computer-Animation eines Weihnachtsbaumes aus LED-Segeln gezeigt bekommen: Kiel Sailing Christmas! Ein Mitarbeiter, der den Slogan mindestens so schlimm findet wie ich, setzt noch einen drauf: Kiel Failing City.

Das Büro

Wenn man eine neue Operation beginnt, ist es wichtig, zunächst einmal Arbeitsfähigkeit herzustellen – und das nicht nur in personeller Hinsicht. Ich kann in dem Bürozellenambiente, das mein Vorgänger hinterlassen hat, nicht gut arbeiten. Deshalb bitte ich darum, seinen Computerschreibtisch entfernen zu lassen und den schönen, alten Schreibtisch, der mit dem Gebäude zusammen und für dieses Amtszimmer entworfen worden war, aus der Lagerung im Rathausturm zurückzuholen. Auch mit der mehr oder weniger guten Kunst an den Wänden, die offenbar danach ausgewählt ist, ob sie einen folkloristischen Kiel-Bezug zeigt, kann ich wenig anfangen.

Ein Privileg der Oberbürgermeisterin ist es, dass sie Werke aus den städtischen Kunstsammlungen ausleihen kann. Nun sind die nicht wahnsinnig üppig ausgestattet. Das größte Museum, die Kunsthalle, gehört der Universität und damit zum Land, doch auch im Kieler Stadtmuseum, im Schifffahrtsmuseum und in der Stadtgalerie gibt es Interessantes zu finden. Natürlich geht man nicht ins Museum und hängt dort Bilder ab. Aber aus den Archiven kann man in der Regel alles bekommen. Ich bitte den Leiter der Stadtgalerie um Hilfe. Dessen Museum, untergebracht im ehemaligen Hauptpostamt und deshalb mit einem gewissen betonbrutalen Charme ausgestattet, der der Kunst ganz guttut, ist in den vergangenen Jahren immer wieder von Kürzungen und Einsparungen betroffen worden. Torsten Albig hatte es in seiner Zeit als Kämmerer gar schließen wollen. Der leidgeprüfte Museumschef ist dennoch gern bereit, mir bei der Neueinrichtung des Amtszimmers zu helfen. In unserem Gespräch erfahre ich haarsträubende Dinge: Der gesamte Beschaffungsetat dieses zentralen Kunstmuseums einer Landeshauptstadt beläuft sich auf 7000 Euro jährlich. 7000! Jährlich! Damit kann man gerade ein paar Drucke von Kunsthochschulabsolventen kaufen. Immerhin ist es der Stadtgalerie durch eine geschickte Leih- und Ausstellungspolitik gelungen, sich einen Namen als führendes Haus für junge Kunst im Ostseeraum zu machen. Not macht offensichtlich erfinderisch. Aber ganz so viel Not müsste nicht sein. Die Stadt gibt das Zehnfache für einzelne Fachgutachten aus, wenn Dezernenten sich in strittigen Fragen gegenüber »der Politik« absichern wollen. Ich will mich für eine Erhöhung des Etats einsetzen.

Für mein Büro wähle ich 18 Worttafeln der Stadt- und Landeskulturpreisträgerin Elsbeth Arlt aus. Die Mitarbeiter der Stadtgalerie hängen sie, streng geometrisch angeordnet, über Eck an den Wänden hinter meinem Schreibtisch auf. »Truth« steht auf der einzelnen Tafel, die direkt über meinem Schreibtischstuhl den Auftakt macht. »Und wenn Sie mal gelogen haben«, sagt der Galerist grinsend, »dann können Sie die ja weiter nach hinten hängen.«

Worte, Texte – gute Texte, schlechte Texte – sind ein Leitmotiv meiner Amtszeit. In meinen elf Monaten im Kieler Rathaus habe ich rund 1000 Termine; ich halte etwa 200 Reden und Grußworte.

Wer je Neujahrsempfänge von Parteien, Gewerkschaften, Industrie- und Handelskammern, Handwerksverbänden oder Sportvereinen besucht, der weiß, welche Grußwortschlachten dort geschlagen werden. Oft betrachten es die Veranstalter als eine Frage der Ehre, möglichst viele hochmögende Redner zu gewinnen, die dann alle, alle Klischees, abgedroschenen Bilder und Redenberaterpointen produzieren – und munter den Gastgebern erklären, was diese Wertvolles tun (was natürlich allen Anwesenden bekannt ist, sonst wären sie nicht da). Die Reden- und Grußwortkultur in unserem Land ist von einer so brutalen Banalität und Langweiligkeit, dass Angelsachsen sterben würden, wenn sie sich diese Baumarkt-rhetorik anhören müssten.

Insofern versuche ich, es anders zu machen. Etwas Originelles zu sagen. Etwas Witziges. Oder Trauriges. Oder Wahres. Ich versuche, mich ernsthaft einzulassen auf die Veranstaltung, zu der ich eingeladen bin – in der Überzeugung, dass die öffentliche Rede etwas Kostbares ist. Und dass ein Teil der grassierenden Politikverdrossenheit, ich habe es schon angesprochen, mit der unglaublichen Phrasenhaftigkeit zu tun hat, die wir als Standard kennengelernt haben, im Parlament wie in der Talkshow.

Die Rückmeldungen, die ich für meine Bemühungen erhalte, sind sehr freundlich. Aber mein Mann findet, dass es etwas zu weit geht, samstagsmorgens um fünf Uhr im Bett selbst noch schnell die Grußworte für das Wochenende zu schreiben. Ich muss jemanden finden, der es kann. Doch einfach ist das nicht.

LICHT UND SCHATTEN
Was in einer Stadt geht – und was nicht

In seinem Buch *Mutproben – Ein Plädoyer für Ehrlichkeit und Konsequenz* schildert der ehemalige Erste Bürgermeister von Hamburg, Ole von Beust, seine Gedanken beim Amtsantritt: »Und nun saß ich also selber hier, amüsiert über die Situation, die mir noch ziemlich absurd vorkam, und fragte mich, was ich nun eigentlich machen soll. […] Ich hatte keine Ahnung! Aber Deutschland hat zum Glück einen gut funktionierenden Beamtenapparat, der einem das schnell beibringt.«

Ich fand es sehr beruhigend, dass selbst ein erfahrener Großstadtpolitiker wie Ole von Beust zu Beginn seiner Amtszeit mit derartigen Fremdheitsgefühlen zu kämpfen hatte. Man kann sich natürlich Vorgänger zum Vorbild nehmen, aber es gibt für diese herausgehobenen Einzelämter einfach kein fertiges Drehbuch, keinen Kompaktlehrgang an der Fachhochschule. Für mich war von Anfang an klar, dass ich das Amt gestaltend ausfüllen wollte: also nicht nur das aufnehmen, was der Beamtenapparat mir beizubringen gedachte oder was die ehrenamtliche Kommunalpolitik an Vorgaben ersann oder die lokalen Medien auf die Agenda setzten. Ich hatte lange genug in der Stadt gelebt, um eine Vorstellung davon entwickelt zu haben, was die Kielerinnen und Kieler als dringlich empfanden. Dazu gehörte ohne Zweifel die angespannte Lage auf dem Wohnungsmarkt, auf die wir als Stadt nur begrenzten Einfluss hatten – den aber wollte ich wenigstens geltend machen, um einen wohnungsbaupolitischen Impuls zu setzen.

Ein wunder Punkt der Kieler Identität war die bereits angesprochene Verödung der Kieler Innenstadt. Die Kommunalpolitik wollte darauf mit einem stadtgestalterischen Projekt reagieren, dem sogenannten »Kleinen Kiel-Kanal«, der die historische Altstadtinsel symbolisch wiederhergestellt hätte. Unglücklicherweise weckte der Arbeitstitel KKK in der Bevölkerung Assoziationen an den »Blaumilchkanal« aus der gleichnamigen satirischen Erzählung von Ephraim Kishon: Der fragliche Kanal ist darin das Bild für einen bürokratischen Irrwitz und Größenwahn, den die Kieler auch in ihrer Stadt am Werk sahen. Ich glaube, man hätte den an sich sinnvollen, im Zusammenhang mit der sehr populären Neugestaltung des Schlossgartens stehenden Plan argumentativ gut vertreten können – wenn sich Ratsmitglieder gefunden hätten, die bereit gewesen wären zuzugeben, dass die Parkplatzsituation in der Innenstadt desolat und etliche Neubauprojekte der jüngeren Vergangenheit total verunglückt waren. Und dass das Innenstadtanliegen, das vermutlich die allermeisten Kieler beschäftigte, die Rettung des völlig verbauten »Alten Marktes« war. Doch da viele Ratsleute für Autofeindlichkeit und Baukatastrophen mit verantwortlich zeichneten, fiel es ihnen schwer, den Dialog in dieser Form zu führen.

Ein grundsätzliches Problem kommunaler Infrastrukturpolitik kam auch in Kiel vor: Hier wie überall brachte es den Verantwortlichen vergleichsweise wenigen Lorbeer, die vorhandenen Einrichtungen – Sportplätze, Schwimmhallen, Nahverkehr – sorgfältig zu pflegen und instand zu halten. Die Schwimmhallen in den Stadtteilen beispielsweise waren so lange vernachlässigt worden, bis es tatsächlich billiger erschien, ein teures neues Zentralbad zu bauen, als sie zu sanieren. Dass auf diese Weise Kinder auf dem Weg zum Schwimmtraining und ältere Badegäste quer durch die ganze Stadt würden fahren müssen, interessierte die Sportpolitiker dabei nicht. Sie waren stolz, Paten von etwas ganz »Neuem« zu sein.

Fairerweise muss man sagen, dass die Förderpolitik von Ländern, Bund und EU solche Fehlentscheidungen begünstigt. Es ist eher möglich, Mittel für neue Riesenschwimmhallen, Stadt-bahnprojekte, internationale Radwanderwege oder überdachte Fähranleger zu erhalten, als das nötige Geld für die Reparatur kaputter Schuldächer und leck geschlagener Schwimmbecken, das Auffüllen von Schlaglöchern oder Sportplatzsanierungen aufzutreiben. Außerdem sind viele Förderprogramme Danaergeschenke: Das vermeintlich viele Geld, das da zu bekommen ist, verführt die Kommunalpolitiker zu Projekten, für die die Gemeinden in erheblichem Umfang komplementäre Mittel aufbringen müssen. Obwohl sie das Problem, für das ihnen hier eine Lösung angeboten wird, vielleicht gar nicht hatten.

Mich trieb die Hoffnung an, dass ich in den sechs Jahren meiner Amtszeit in Kiel und von Kiel aus – zum Beispiel in den Gremien des Deutschen Städtetages – zu einer Diskussion würde beitragen können, die diese Förderpraxis in Frage stellt. Ich hätte gern eine Politik des »Erhalts vor Neubau« befördert, und ich glaube, dass viele Bürgerinnen und Bürger das begrüßt hätten.

Zugleich wollte ich nicht fanatisch an der Privatisierungs- und Personalkürzungsideologie der vergangenen Jahre festhalten. Der falsche Personalabbau führte häufig dazu, dass von der Stadt für extrem teures Geld externe Gutachten eingekauft werden mussten, etwa in Rechts- oder Energiefragen. Und manche ausgegründete, aber vormals städtische Einheit war in erster Linie dazu da, Schulden zu verstecken oder unverhältnismäßige Geschäftsführergehälter zu rechtfertigen. Auch wenn natürlich die Ratsleute gern Aufsichtsratsposten in den städtischen Eigenbetrieben und Beteiligungen einnahmen. Aber auch hier hatte ich mir vorgenommen, dass wir an wirklicher Kontrolle der Unternehmen und guter Vorbereitung der Aufsichtsratsmitglieder arbeiten wollten – es sollte nicht ums Prestige gehen, auch nicht um Krabbenbrötchen und Weißwein, sondern um verantwortungsvolle Aufsicht.

Schließlich war mir eine Sache wichtig, die vermutlich jeden halbwegs sensiblen Bürger interessiert: Ich wollte eine Kommunikation der Verwaltung nach außen erreichen, die sich in Briefen und Mitteilungen nicht obrigkeitlich und autoritär gab, sondern offen, vernünftig und verständnisvoll. Viel Energie investierte ich deshalb in die Bearbeitung allein der Briefentwürfe, die für mich gefertigt wurden. Mir war aber klar, dass ein grundsätzlicher Kulturwandel in diesem Bereich viel Zeit brauchen würde. Das lag nicht am bösen Willen der Verwaltung. Aber die normative Kraft des Immer-schon-so-gemacht-worden-Seins ist ungeheuer groß. Leider befleißigt sich auch die Kommunalpolitik – die intellektuell nicht immer Grund dazu hat – gegenüber den Bürgerinnen und Bürgern zu oft eines belehrenden oder besserwisserischen Tones, der normale Leute – Kleingärtner, Wissenschaftler, Unternehmer oder Sportler – auf die Palme bringt. Auch in dieser Frage wollte ich versuchen, ob sich ein von Vernunft und Respekt geprägter Stil durchsetzen ließe.

Mein Anspruch war es, systematisch einige Probleme anzugehen, die ich als politisch wache Bürgerin meiner Heimatstadt wahrgenommen hatte und die an den Wahlkampfständen und in Versammlungen tatsächlich diskutiert worden waren.

Ich wollte also ausdrücklich nicht wie ein Fettauge auf dem Strom des politischen Alltagsgeschäfts treiben und rein situativ auf das reagieren, was sowieso passierte. Ich wollte keine »Pressespiegelpolitik« machen, die sich allein an der zufälligen Drift der Berichterstattung orientierte.

Denn diese Versuchung ist natürlich da: In tausenderlei Fragen, die in der Verwaltung irgendwie und aus irgendeinem Grund behandelt werden, wird von der Verwaltungschefin eine Antwort erwartet. Man kann sich völlig in ihnen verlieren und hätte damit genug zu tun. Aber zielgerichtet voran bringt man so nichts. Um dem Handeln der Stadt eine Richtung zu geben, muss man Prioritäten setzen, sich auf drei oder vier Anliegen konzentrieren und diese ernsthaft und mit ganzer Kraft vorantreiben.

Dabei gibt es viele Felder politischen Handelns, die anspruchsvoll und schwierig genug, aber schlicht gesetzlich vorgegeben sind wie zum Beispiel der Rechtsanspruch auf einen Krippenplatz für Unter-Dreijährige. Die Kommune *muss* diesen Rechtsanspruch erfüllen. Das heißt, sie muss Erzieherinnen und Erzieher einstellen oder Verträge mit Einrichtungsträgern abschließen. Sie muss neue Krippen bauen oder bestehende Kindergärten erweitern. Sie braucht Richtlinien für die Arbeit mit den ganz kleinen Kindern und ein vernünftiges Anmeldesystem für die Eltern. Außerdem eine Planung, wie viele Plätze man realistisch benötigt, damit alle, die einen Platz wollen, ihn auch bekommen, ohne dass man dramatische Überkapazitäten schafft.

Wenn der Sozialdezernent und das Amt für Schule, Kinder- und Jugendeinrichtungen ihre Arbeit gut machen, dann funktioniert die Umsetzung dieser bundesgesetzlichen Vorgabe in der Praxis einigermaßen reibungslos. Die Eltern bekommen die gewünschten Plätze für ihre Kinder. Eine Klagewelle bleibt aus. Die Oberbürgermeisterin wird das in Richtung Presse (und Kommunalpolitik) gern als Erfolg ihrer Arbeit verkaufen, und ein Stück weit stimmt das ja auch. Aber eigentlich bedeutet dieser Erfolg nur, dass die Verwaltung funktionsfähig ist, dass sie ihren Job ordentlich macht. Der »Erfolg« ist nichts wirklich Eigenes. Wenn es mit rechten Dingen zugeht, müsste er in jeder Stadt gefeiert werden können. Mir war es darüber hinaus wichtig zu beleuchten, was in dieser Blackbox »Krippe« eigentlich geschieht. Gerade bei den ganz kleinen Kindern unter drei Jahren fällt Eltern die Entscheidung für eine Fremdbetreuung oft schwer: Ihr Kind kann ja nicht einmal erzählen, was es den ganzen Tag erlebt hat. Ich wollte mir selbst ein Bild von der Arbeit in den städtischen Einrichtungen und in den Einrichtungen der von uns geförderten Träger machen, deshalb besuchte ich oft Kitas und versuchte, auch mit persönlichem Einsatz, Medienberichterstattung über den Krippenalltag zu provozieren. Ich wollte eine ehrliche Diskussion über Qualität, denn natürlich ist nicht jede Kita gut geführt, nicht jede Erzieherin an der richtigen Stelle. Die Politik neigt gerade bei

Betreuungs- und Erziehungsthemen dazu, ein wenig selbstgefällig auf Kennzahlen zu blicken – die Eltern aber interessiert nicht nur der Betreuungsplatz selbst, sie lieben ihre Kinder und wollen, dass es ihnen gut geht. Hier sah ich eine Chance, mit Bürgerinnen und Bürgern wirklich (und nicht nur in einem bevormundenden Spiegelstrich-Modus) ins Gespräch zu kommen. Aber so ein Prozess braucht selbstverständlich Zeit und ist für Einrichtungen und Verwaltung mühsam und ungewohnt.

Kiel wächst

Nun bilde ich mir keineswegs ein, dass die Schwerpunkte, die wir in Kiel über das Tagesgeschäft hinaus zu setzen versuchten, wahnsinnig überraschend oder für niemand anderen entwickelbar gewesen wären. Das Thema Wohnungsnot beispielsweise spielte im Bundestagswahlkampf 2013 in ganz Deutschland eine Rolle. Aber Knud hatte bereits für meinen Wahlkampf 2012 das Konzept von Kiel als »wachsender Stadt« formuliert. Es reagierte auf typische Großstadtentwicklungen: Die Städte weisen eine positive Zuzugsbilanz auf, wenn sie attraktive Bildungs-, Kultur- und Arbeitsmarktangebote machen. Das führt aber auch zu erheblichen sozialen Verschiebungen in den Innenstädten. In manchen Stadtteilen finden junge Familien, Studierende und Einkommensschwache bald keine Wohnungen mehr. In Kiel stiegen die Mietpreise in manchen Gegenden um 15 Prozent und mehr. Analog zu Hamburg, wenngleich in angemessen kleinerem Maßstab, suchte Knud nach Maßnahmen, die das Wachstum zur Chance werden lassen konnten. Die Stadt sollte nicht nur nach Kennzahlen größer werden, sondern darüber hinaus für alle Bewohner lebenswert bleiben.

Das bedeutete auch eine neue Selbstwahrnehmung für Kiel, das sich in den vergangenen Jahren vorzugsweise als niedergehenden Industriestandort empfunden hatte und erst einmal richtig zur

Kenntnis nehmen musste, dass es vor allem durch internationale Forschungs- und Bildungseinrichtungen gerade neue Attraktivität gewann. Und dann mussten aus dem Zuzugstrend Konsequenzen gezogen werden: Wir brauchten neue Wohnungen, bezahlbar und barrierefrei. Für die Zukunft möglichst flexibel und in die jeweilige Quartiersstruktur und ihre Entwicklungsmöglichkeiten eingepasst.

Nun hatte die Stadt ihre kommunale Wohnungsgesellschaft mit 11 000 Wohnungen im Jahr 1999 privatisiert; eine Entscheidung, die zu dieser Zeit, und angesichts der damals schon angespannten Haushaltslage, richtig erschienen sein mag, die Stadt aber als Akteur auf dem Wohnungsmarkt praktisch neutralisiert hatte.

Im Wahlkampf hatte ich noch gedacht (und auch gesagt), dass ich mir die Gründung einer neuen Wohnungsbaugesellschaft vorstellen könnte. Das war nicht aus der Luft gegriffen: Maßgebliche Vertreter der SPD-Ratsfraktion hielten dies für einen gangbaren Weg. Im Amt wurde mir jedoch immer klarer, wie wenig Kiel die Mittel für irgendeine substanzielle Initiative in dieser Richtung aufbringen konnte. Hinzu kam, dass ja eine öffentliche Baugesellschaft immer auch einen Eingriff in die Betätigungsmöglichkeiten der privaten Bauherren und Investoren bedeutet. Nach vielen Diskussionen mit den Fraktionsfachleuten, im Stab, mit dem Leiter des Wohnungsamtes, mit dem Baudezernenten und dem Leiter des Stadtplanungsamtes, mit Vertretern von Haus & Grund und vom Mieterverein, mit Genossenschaften und Projektentwicklern kam ich zu der Überzeugung, dass wir uns lieber darauf konzentrieren sollten, Bauflächen zügig auszuweisen, Nachverdichtung zu ermöglichen und soziale Kriterien für die Flächenvergabe zu formulieren.

Bisher waren die städtischen Flächen meist zum Höchstpreis verkauft worden. Entsprechend wurde darauf gebaut. Die Investoren wollten trotz der Grundstückspreise Rendite sehen. Die Folge war ein problematischer städtebaulicher Trend: teure Betonklötze für Best Ager, Dreizimmerwohnungen mit Ausblick und

Dachterrasse für den Strandkorb. Wir brauchten aber dringend Wohnungen für Normalverdiener, altersgemischte Quartiere mit Supermärkten, Kindergärten, Schulen.

Ein Grundstück teuer zu verkaufen, bringt der Stadt einmal Geld, aber nachhaltiger ist eine planvolle Quartiersentwicklung. Knud machte sich deshalb daran, die beteiligten Ämter (Stadtplanung, Wohnungsamt, Immobilienwirtschaft, Bauordnungsamt) an einen Tisch zu holen, um geeignete Flächen auszuwählen und zu definieren, zu welchen Konditionen diese Flächen dann für Investoren ausgeschrieben würden. Die Stadt würde auf einen Teil des höchstmöglichen Erlöses verzichten, wäre aber in der Lage, solche Bauherren fördern zu können, die Wohnungen für Studenten oder junge Familien zu erschwinglichen Preisen bauen wollten.

Das hört sich einfach an. Bis daraus aber konkret Baugruben, Gerüste, Mauern, Dächer und Richtfeste werden, ist es ein mühsamer Prozess. Zunächst einmal musste innerhalb der Verwaltung klargestellt werden, dass Flächenverkauf und Baugenehmigungen künftig besonders schnell und entgegenkommend bearbeitet werden sollten und dass alle beteiligten Ämter sich dauerhaft koordinieren sollten. Zu diesem Zweck lud ich die Zuständigen in den Magistratssaal ein, wo wir um einen großen ovalen Holztisch herum saßen. Die meisten Mitarbeiter kannte ich schon, einige noch nicht. Jetzt ging es für mich darum herauszufinden, ob unsere Vorstellungen realistisch und ob sie durchsetzbar waren. Brauchten wir tatsächlich mehr Koordination und mehr Schnelligkeit? War die Einführung sozialer Kriterien möglich? Nahmen mir diese Fachleute, überwiegend Männer mit langjähriger Berufserfahrung in ihrem Bereich, mein Anliegen ab?

Dass der Baudezernent über diese Initiative nicht ausschließlich glücklich war, lässt sich leicht erklären: Wegen der Flächen würde es natürlich Krach geben. Politischen Krach. Es ist klar, dass diejenigen Bürger, die bereits ein Haus oder eine Wohnung haben, nicht scharf darauf sind, dass die hübsche Grünfläche vor ihren

Fenstern zugebaut wird. Neuausweisungen von Wohnungsbauflächen sind fast immer ein Konfliktthema in den Stadtteilen. Und im Verhältnis zu den Ratsleuten. Ich war überrascht, wie schnell die Einwände kamen: Hatten wir nicht alle im Wahlkampf für mehr Wohnungsbau geworben? Jaha, das hatten wir – aber bitte nicht in *meinem* Wahlkreis, nicht ausgerechnet hier, nicht auf dieser Wiese! Verständlich, die Ratsherren hätten ja den Ärger vor Ort. Schließlich gelang es meinen Mitarbeitern mit viel Zuwendung und Geduld und guten Worten und gänzlich unterdrückten Flüchen, einen Konsens jedenfalls über eine gewisse Zahl von Bauflächen herzustellen.

Von Seite der Investoren wurde mir wiederholt bestätigt, was für ein willkommener und nötiger Impuls diese Initiative sei. Und das war dann auch das Nächste, was wir taten: Wir luden Investoren zu einem »Runden Tisch Studentisches Wohnen« ins Rathaus ein. Dabei waren Genossenschaften und Projektentwickler, von denen wir wussten, dass sie sich für diesen Baubereich interessieren würden. Ich skizzierte unsere Analyse des Wohnungsbedarfes in Kiel. Es fehlte ja nicht generell an Wohnraum, sondern vor allem an preiswerten Wohnungen für Studenten und junge Familien. Drei Unternehmen waren von unserer Initiative so angetan, dass sie sich bereit erklärten, gemeinsam mit der Stadt eine Pressekonferenz zu geben: Der Bau von 600 Wohneinheiten für Studierende sollte dort bekannt gegeben werden.

Die *Kieler Nachrichten* bejubelten die Aktion. Die Opposition im Rat aber schnaubte. Ich wolle mich mit fremden Federn schmücken, hieß es von CDU und FDP: Die Studentenwohnungen wären doch ohnehin gebaut worden.

Ja, natürlich wären sie das. Irgendwann. Es ging doch nicht darum, selbst mit Maurerkelle und Mörtel loszuziehen und Studentenwohnheime aufzumauern. Es ging darum, dass ich – und das hatten manche Vorgänger eben nicht getan – hier einen erkennbaren Schwerpunkt gesetzt hatte, dass Verfahren beschleunigt wurden und die handelnden Personen voneinander wussten; dass die Unternehmen das Gefühl bekamen, mit ihren Projekten willkommen zu sein. Die Pläne und das positive Presseecho lösten einen kleinen Boom aus: Neue Investoren meldeten sich, weil sie gehört hatten, in Kiel tue sich etwas. Und dabei war unser Ziel, zuerst einmal erschwinglichen Wohnraum zu schaffen, überhaupt kein Hindernis. In Zeiten extrem niedriger Zinsen war selbst eine Rendite von vier Prozent immer noch eine gute Geldanlage.

FDP, Linke und CDU mochten sich naturgemäß über diesen Erfolg nicht freuen. Schließlich sahen sie ihre Aufgabe als Opposition darin, die Stadtspitze zu kritisieren, gelegentlich auch wider besseres Wissen.

Ein CDU-Ratsherr bestritt in der nächsten Ratsversammlung, dass es in Kiel überhaupt Wohnungsmangel gebe, und quälte sich den Satz ab: »Frau Gaschke, kommen Sie zu Verstand!« Das hielt er sicher für ausgefeilte Oppositionsrhetorik. Sie müsste natürlich an einem abprallen. Aber ich fand die Formulierung eigenartig kränkend, nicht nur weil unsere Zahlen stimmten und fast das gesamte Fachpublikum uns recht gab, sondern auch, weil die CDU zwei Tage später ihre Kommunalwahlplakate aufhängte. Darunter solche, die die Bekämpfung von Wohnungsnot versprachen.

Warum also mangelte es mir an Verstand, wenn ich genau dies zu tun versuchte? Ich kann bis heute nicht begreifen, warum viele Kommunalpolitiker diesen antidiskursiven Stil für attraktiv hielten. Publikum zu Ratssitzungen lockten solche leerlaufenden Rituale jedenfalls nicht an. Die Galerie blieb regelmäßig leer.

Konversionsfragen

Wenn wir oft beklagten, dass Kiel nur noch wenig innerstädtische Bauflächen übrig hat, so stimmt das nur zum Teil. Seit dem Ausbau zum Reichskriegshafen ist Kiel eine Militär-, vor allem natürlich eine Marinestadt gewesen. Und wie in vielen anderen Städten in Deutschland gibt es durch die drastische Verkleinerung der Bundeswehr gewaltige Konversionsflächen. Technische Marineschule, Schnellbootgeschwader, Zerstörergeschwader, Marinefliegergeschwader, Sanitätskommando, Wehrbereichskommando, Marinearsenal – all diese Institutionen wurden oder werden aus Kiel abgezogen. Dadurch werden riesige Liegenschaften, zum Teil in schönster Wasserlage, frei. Wenn die Bundesanstalt für Immobilienaufgaben (BIMA), die die Bundeswehrgrundstücke vermarktet, sich denn irgendwann entscheidet, sie freizugeben. Gegenwärtig tut sie das nur zum Verkehrswert. Dies ist für alle betroffenen Kommunen ein gewaltiges Problem. Es bedeutet, dass die eine öffentliche Hand (Bund) die andere öffentliche Hand (Kommune) unter den Druck setzt, Preise zu bezahlen, die sich die Kommunen in der Regel nicht leisten können. Gleichwohl haben sie unter Stadtentwicklungsgesichtspunkten natürlich ein Interesse daran, über solche Flächen verfügen zu können.

In Kiel ist das größte und spannendste Gelände, das in die Stadt integriert werden muss, der Fliegerhorst des ehemaligen Sea-King-Marinefliegergeschwaders, eine 80 Hektar große Liegenschaft im Norden Kiels in bester Fördelage. Mehr als hundert Gebäude befinden sich auf dem Grundstück, darunter ein elegantes Offizierskasino mit großem Festsaal und einem Kaminzimmer mit Delfter Kacheln.

Die zivile Entwicklung dieser Fläche könnte in Kiel schlagartig sowohl den Mangel an Wohnbau- wie an Gewerbeflächen beseitigen. Doch bei meinem Amtsantritt finde ich eine festgefahrene Situation vor, diesmal ist es ein Konflikt innerhalb von Rot-Grün: Die Sozialdemokraten haben sich darauf versteift, dass sie an diesem Standort Industrie ansiedeln wollen, beispielsweise für den Bau von Windkraftanlagen. Die Grünen favorisieren eine Mischbebauung mit Wohnhäusern und kleinerem Gewerbe. Das scheint vernünftig, denn für eine Stadt am Meer bietet Kiel außergewöhnlich wenige dem Wasser wirklich zugewandte Wohnmöglichkeiten. Und es ist auch nicht so, dass ein Konzern vor der Tür stünde, der hier nun mit Gewalt ein Stahlwerk errichten wollte.

Tatsächlich könnte die Stadt hochzufrieden sein, wenn sich in dieser Lage ein maritimes Viertel entwickeln würde – mit Mehrfamilienhäusern, Bootsstegen (einen Sportboothafen gibt es dort schon), mit Winterlagern für Boote, kleineren Werften, Segelmachern, Restaurants und meeresorientierten Betrieben wie zum Beispiel einer ortsansässigen Firma für Algenprodukte. Je öfter wir darüber sprechen, desto mehr gelingt es, die SPD von ihrem Schwerindustrie-Trip abzubringen. Der rot-grüne Koalitionsvertrag favorisiert dann die Mischlösung. Damit können konkrete Planungen für das riesige Gelände endlich beginnen.

Das ist gut, denn die Bevölkerung wartet gespannt darauf, was die Stadt an dieser Stelle vorhat. Und bei den umliegenden Ortsbeiräten erfahre ich auch, was die betroffenen Bürger von ihrer bisherigen »Beteiligung« halten: Es sei doch vollkommen sinnlos, höre ich, die Leute wie Kindergartenkinder am Küchentisch ihren »idealen Stadtteil« malen zu lassen. Man wolle endlich konkrete Vorschläge, zu denen man sich verhalten könne. Nicht nur an dieser Stelle bekomme ich den Eindruck, dass »Bürgerbeteiligung« häufig als Alibi-Veranstaltung betrieben wird. Man muss sagen können, man habe es gemacht, schert sich aber nicht wirklich um die Ergebnisse. Es sei denn, diese Ergebnisse entsprechen zufällig dem, was Ratsmehrheit oder Verwaltung sowieso gerade wollen. Dann kann aus einem zusammengewürfelten Zufallsplenum mit dreißig Teilnehmern schnell der vermeintlich allgemeine Volkswille werden. Ein Amtsleiter gesteht mir zudem augenzwinkernd: In der größten Not könne man auch nach Ende einer Beteiligungsveranstaltung noch von den Bürgern verteilte Sympathiepunkte »umkleben«.

Alle Kommunalpolitiker sind für Haushaltskonsolidierung. Überall. Fast alle sind aber auch für zusätzliche Stellen, über die sie bestimmen können. Deshalb war ich mit der rot-grünen Ratsmehrheit von Anfang an uneinig darüber, ob wir ein zusätzliches viertes hauptamtliches Dezernat brauchten oder nicht. Sie meinten ja. Ich hatte allerdings gesehen, wie erfolglos die ehemalige sozialdemokratische Wirtschaftsdezernentin auf ihrem Posten gekämpft hatte, bis sie sich erfolgreich in eine andere Großstadt wegbewarb. Mein Eindruck: Wer in Kiel unternehmerisch tätig war, wollte die Chefin sprechen – vielleicht in dem durch die Direktwahl beförderten Glauben, dies sei die Person, die am Ende Knoten durchschlagen und missliebige Verwaltungsentscheidungen per Dekret aufheben könne. Ich fand es daher sinnvoller, die Funktion (ohne zusätzliche Bezüge) selbst zu übernehmen, das Amt für Wirtschaft zu stärken und die Wirtschaftsförderungsstrukturen neu zu ordnen, als zusätzlichen – teuren – Overhead zu schaffen, der letztlich redundant sein würde. Da wir uns noch vor der Kommunalwahl befanden, gelang mir dieser Überraschungscoup. Aber glücklich darüber waren die Fraktionen nicht. Hatten Rot und Grün doch seit 2008 in geheimen, von keinem Parteitag je gebilligten »Anlagen« und »Nebenabreden« zu ihren jeweiligen »Kooperationsverträgen« solche zusätzlichen Posten munter festgeschrieben und untereinander verteilt. Das Erste, was sie in der Interimszeit nach meinem Rücktritt taten, war es denn auch, Verabredungen über neue Dezernentenstellen zu treffen.

Einstweilen aber war ich die Ansprechpartnerin für die Unternehmen, und das funktionierte erstaunlich gut. Zum Jahresempfang der Wirtschaftsförderungsgesellschaft kamen 500 Gäste – es war brechend voll, ein weiteres Zelt musste aufgestellt werden. Offensichtlich wollte sich »die« Kieler Wirtschaft ein Bild von der neuen Zuständigen machen. Und offensichtlich gelang es mir, den richtigen Ton zu treffen, indem ich Kiels Stärken als Bildungs- und Forschungsstandort mit Lebensqualität herausstellte, die Probleme des demografischen Wandels offen ansprach und die Anforderungen benannte, die eine durchaus industriell geprägte Großstadt an ihre Verkehrsanbindungen stellte – namentlich mehr überregionale Zugverbindungen und einen schnelleren Transfer zum Flughafen Hamburg. Schon, dass ich unseren von Schwarz-Grün arg gestutzten kleinen Bedarfsflughafen nicht als antiökologische Teufelsanlage betrachtete, brachte mir Pluspunkte. Dabei gab sich, glaube ich, niemand der Illusion hin, dass ich an der Infrastruktursituation schnell viel würde ändern können. Es reichte erst einmal, dass man sich in der Zustandsbeschreibung einigermaßen einig war.

Und diese Erfahrung machte ich immer wieder, während ich große und kleine Betriebe rund um die Förde besuchte, vom Weltmarktführer für Veterinärmedizinprodukte über den modernsten europäischen Textilservice und die Nachbarschaftsbäckerei bis zum U-Boot-Hersteller. Die Unternehmer und Geschäftsführer erwarteten meist gar nichts Unrealistisches von der Stadt. Sie wollten hauptsächlich, dass man ihre unternehmerische Initiative mit Wertschätzung zur Kenntnis nahm – und nicht als Erstes aufzählte, was aus Verwaltungssicht alles ausgeschlossen sei.

Wirtschaftsförderung, lernte ich in diesen Monaten, bestand vor allem aus Bestandspflege, aus Aufgeschlossenheit und Interesse für die Leistungen und die Probleme der Unternehmen, aus der Schaffung eines freundlich-ermöglichenden Klimas. Sie bestand auch darin, Unternehmen nicht ohne Vorwarnung mit neu gestalteten Straßenkreuzungen anzuspringen, die zwar für Fußgänger hübsch anzuschauen waren, aber 500-Mitarbeiter-Firmen aus Versehen die einzige Zufahrt für ihre Lastwagen versperrten.

Die unternehmerischen Entscheidungen, auch für Neuansiedlung, mussten die Firmen schon selbst treffen. Man konnte nur dafür sorgen, dass es gute Argumente für den Standort gab. Und dazu gehörte offenbar ganz wesentlich die Atmosphäre. Kleinkariere Belehrungen durch Politiker wurden da als weniger hilfreich empfunden.

Fast lustig war, dass ich bei etlichen Firmen, die ich besuchte, zuerst als Medienberaterin gefragt war. Viele taten sich schwer mit der lokalen Monopolzeitung, die nach ihrer Wahrnehmung nur über ihre Pannen und Probleme berichtete, Erfolge aber kaum je vermelden wollte.

Wir experimentierten mit neuen Gesprächsformaten (zumindest neu für Kiel): zum Beispiel Abendessen mit Vertretern der maritimen Wirtschaft. Die informelle Atmosphäre in kleinerer Runde, das ansprechende, wenn auch bescheidene Essen in einem alten Hafenspeicher – diese neuen Akzente kamen gut an. Unter den Anwesenden waren allein zwei Werftchefinnen – auch das unterschied die Veranstaltung von den üblichen Wirtschaftsrunden, die oft von älteren Herren dominiert wurden, deren aktive Zeit schon länger hinter ihnen lag.

Auch zu anderen Wirtschaftsthemen, etwa der Befreiung des Alten Marktes (eines schönen innerstädtischen Platzes) von grauenhaften Siebzigerjahrepavillons, lud ich die Unternehmer, die mit der Vermietung dieser Bausünden Geld verdienten, zu einem Essen ein, um über Alternativen zu diskutieren. Die Umgestaltung des Platzes konnte ein Schlüssel sein, um der gesamten von dort ausgehenden Fußgängerzone einen neuen Impuls zu geben. Plötzlich kam Bewegung in ein Thema, das in Kiel seit Jahren als hoffnungslos festgefahren gegolten hatte. Viele Unternehmer waren nicht nur am Geld interessiert. Sie wollten als Kieler etwas für ihre Stadt tun, wenn man ihnen aufgeschlossen begegnete.

»Versprechen Sie niemals Schilder«

Eine Sache, eine geheimnisvolle Sache gab es, die sich fast alle Firmen von der Stadt wünschten. Ich hatte darauf einen frühzeitigen Hinweis erhalten, den ich jedoch nicht sofort zu deuten wusste.

Auf einem meiner allerersten Empfänge im Rathaus war ein kleiner, kompakter Mann mit Bart und Prinz-Eisenherz-Frisur an mich herangetreten, der in einem Fantasy-Film den König unter dem Berg hätte spielen können. Tatsächlich handelte es sich um den Leiter des Tiefbauamtes. Halblaut und aus dem Mundwinkel heraus raunte er mir den Satz zu: »Versprechen Sie niemals Schilder!« Danach verschwand er wieder, als sei er fortgezaubert worden.

Das sagte mir erst einmal nichts. Erst als ich fünf, zehn, fünfzehn Betriebe besucht hatte, fing ich an, ein Muster zu erkennen. Denn diese Betriebsbesuche verliefen alle ähnlich: Anmeldung am Tor. Besucherausweis. Kennenlernen von Geschäftsführung und Betriebsrat bei Keksen und Powerpoint-Präsentation. Betriebsrundgang mit Kittel und Schutzbrille. Abschlussrunde. Und dann, fast immer, wirklich fast immer die letzte Frage: Ob es? Vielleicht? Möglich sei? Ein Schild aufzustellen, das die Existenz der Firma schon auf der Schnellstraße verrate? Oder andernorts in der Stadt?

Offenbar existiert auf Seiten des Tiefbauamtes der unverrückbare Gestaltungswille, die Ausfallstraßen der Stadt nicht durch eine Vielzahl von unterschiedlichen Firmenschildern verschandeln zu lassen. Und auf Seiten der Firmen gibt es den ebenfalls nicht unverständlichen Wunsch, die Allgemeinheit davon in Kenntnis zu setzen, dass sich in Kiel überraschenderweise eine große Niederlassung des Bayer-Konzerns befindet.

Hier, wie in vielen politischen Fragen, sind Kompromisse gefragt. Ich verspreche niemals Schilder. Ich verspreche niemals Geld. Ich verspreche niemals Turnhallen. Aber ich tue, was ich kann.

Aufsichtsräte

Manchmal ist es ein politischer Sieg, eine zusätzliche Funktion oder Zuständigkeit zu erhalten. Und manchmal ist es ein Sieg, eine solche loszuwerden. Von meinem Amtsvorgänger erbte ich sage und schreibe 29 Aufsichtsratsmandate, Beirats- und Kuratoriumsposten. Nun schreiben manche Stiftungen oder Organisationen einfach den Oberbürgermeister als »geborenes« Mitglied in ihre Satzungen, und es ist dann schwierig, eine solche Position abzulehnen, ohne unhöflich zu sein. Gleichwohl sind so viele Kontroll- und Aufsichtsfunktionen natürlich absurd. Kein Mensch kann sie neben dem Totaljob des Rathauschefs in verantwortungsvoller Weise ausfüllen.

Überhaupt ist es eine relativ fahrlässige Fiktion anzunehmen, nur weil man ein Wahlamt errungen hat, verstehe man automatisch etwas von Sparkassenaufsicht, Stadtwerkeaufsicht, Müllverbrennungsanlagenaufsicht. Aber praktisch alle Beteiligten machen sich und anderen genau dies vor. Sie können keine Bilanzen lesen, kennen oft die Märkte und Produkte nicht. Trotzdem stimmen sie bei gehobenem Catering über Millionensummen ab; an ihre gesetzlichen Pflichten werden sie dabei nicht immer gern erinnert. Gerade bei den Aufsichtsgremien der Sparkasse, die häufig und lange tagten, fiel mir das unglückliche Spannungsverhältnis zwischen komplexer Materie und amateurhafter Aufsicht auf. Für unsere Arbeit im Risikoausschuss und im Verwaltungsrat waren wir auf die Schulungen angewiesen, die die Sparkasse selbst anbot. Keiner oder kaum einer von uns hatte die fachlichen Voraussetzungen, um wirklich unabhängig und kritisch nachfragen zu können.

Gewiss, in einem bestimmten Sparkassenjargon ließ sich leicht mitparlieren – »Oh, oh, Sparkasse XY, das sieht ja ganz düster aus« –, aber in Wahrheit hätte uns der oberste Sparkassenchef erzählen können, was er wollte. Das tat er sehr charmant: Gern machte er den Damen in den Aufsichtsgremien Komplimente über ihr Verständnis und ihren tiefen Einblick in Sparkassendinge. Wahrscheinlich machte sein Vorstand untadelige Arbeit. Aber auch angesichts der vielen Defizite politischer Kontrolle von Landesbanken wollte ich hier eine wirkliche, professionelle Risikokontrolle.

Es gelang mir, ein ehemaliges Vorstandsmitglied der schleswig-holsteinischen Investitionsbank zu gewinnen: Er würde meine

Funktion in den Gremien der Sparkasse übernehmen. Mit dieser Unterstützung konnte ich dann ernsthaft die politische Verantwortung tragen. Ich verzichtete damit auf eine ansehnliche Aufwandsentschädigung, hatte aber das gute Gefühl, dass nun ein Fachmann im Verwaltungsrat saß, dem gegebenenfalls Fehlentwicklungen aus eigener Kenntnis auffallen würden. Ich glaube, dass dieser Weg richtig war: Die Aufsichtsräte kommunaler Unternehmen und Beteiligungen müssen vielleicht nicht durchgängig mit Fachleuten besetzt sein. Aber eine rein politische Besetzung ist definitiv ein unnötiges Risiko.

Zoff mit Ramsauer

Ein Erfolg fiel mir zu, ohne dass ich ihn geplant hätte oder sonderlich stolz darauf wäre. Im April 2013 hielt die Bundesregierung ihre Nationale Maritime Konferenz in Kiel ab. Das ist ein großes Ereignis mit Wirtschaftsführern, Staatssekretären, Militärs, Ministern und sogar der Bundeskanzlerin. Gesprochen wird naheliegenderweise über maritime Themen.

Ein Thema, das die örtlichen Schiffsmakler, die Lotsen und andere Vertreter der Hafenwirtschaft sehr umtrieb, war der schlechte Zustand des Nord-Ostsee-Kanals (NOK). Ganz abgesehen davon, dass er seit Jahren auf Begradigung und Vertiefung wartete, um den immer größer werdenden Containerschiffen gerecht zu werden, waren die alten Schleusenanlagen an beiden Enden des Kanals schadhaft und mussten grundsätzlich saniert werden. Weil immer öfter Schleusenkammern ausfielen, kam es häufiger zu »Frachterstaus« auf der Förde. Das ist kein lokales Problem. Auf der meistbefahrenen künstlichen Wasserstraße der Welt steuern ebendiese Frachter den Hamburger Hafen an, weil dort ihre Ladung gelöscht und auf die Schiene verladen wird. Ein gesperrter Kanal bedeutet Risiken für die gesamte deutsche Wirtschaft.

Der damalige Bundesverkehrsminister Peter Ramsauer hatte am 17. April 2012 einen demonstrativen Spatenstich getan, der zeigen sollte: Jetzt geht es los mit dem Kanalausbau. Die damals bereits im Bundeshaushalt zur Verfügung gestellten Mittel waren allerdings ein Jahr später wieder aus dem Haushaltsplan verschwunden. Gleichzeitig hatte Ramsauer im Vorfeld des Bundestagswahlkampfes besonderen Einsatz für die bayerische Infrastruktur versprochen. Das hatte an der Küste für Unmut und Misstrauen gesorgt.

In Kiel überlegten wir nun, ob die Nationale Maritime Konferenz nicht der Anlass für eine spektakuläre Aktion zugunsten des NOK-Ausbaus sein könnte. Ich wollte am liebsten zu einer Schiffsdemonstration vor den Schleusen aufrufen. Der städtische Hafenkapitän klärte schon einmal, ob für eine Demonstration auf dem Wasser andere versammlungsrechtliche Vorschriften galten als auf dem Land. Doch leider konnten sich die wohlerzogenen Schiffsmakler am Ende zu dieser Protestgeste nicht durchringen.

So blieb mir nur die Möglichkeit, wenn ich es denn überhaupt tun wollte, die Problematik des Kanals in meinen beiden Grußworten anzusprechen: einmal vor vielen hundert Zuhörern und der Kanzlerin in der »Sparkassen-Arena«, einmal abends beim Empfang für die Konferenzteilnehmer in einem Fährterminal. Bei der ersten Ansprache verwendete ich ein Churchill-Zitat: Der britische Premierminister hatte den Kanal wegen seiner großen strategischen Bedeutung für Deutschland nach dem Zweiten Weltkrieg unter alliierte Aufsicht stellen lassen wollen. Ich fragte rhetorisch, ob eine solche Maßnahme heute vielleicht helfen würde, die Ausbesserungsarbeiten zu beschleunigen.

Am Abend sprach ich Ramsauer, seinen folgenlosen Spatenstich, die umgeschichteten Millionen und die bayerische Infrastruktur dann mit sanfter Ironie direkt an. Rückblickend muss ich sagen: Das war wahrscheinlich, nein, sogar sicher ungastlich von mir, da der Angesprochene sich gegen ein Grußwort ja nicht per Erwiderung wehren konnte. Es zeigte sich vielmehr, dass der Minister meine humorvoll gemeinte Bemerkung überhaupt nicht komisch fand, sondern höchst erregt und empört die Veranstaltung verlassen wollte. Der stets um den guten Anschein bemühte Ministerpräsident hielt ihn – zweifellos mit freundlichen Bemerkungen über mich – zurück, und Ramsauer blieb. Aber ich hatte meinen ersten Eklat.

Ich schlief in dieser Nacht schlecht und kam zu dem Schluss, dass ich mich bei Minister Ramsauer entschuldigen musste. Die unilaterale Form meines Angriffs war unfair gewesen, und das tat mir leid. Ich trat also am zweiten Konferenztag auf Ramsauer zu und bat ihn um Verzeihung: Ich habe ihn unter keinen Umständen persönlich verletzen wollen. »Meinen Sie das auch im Ernst?«, wollte er wissen. Ich bejahte, und er erklärte die Angelegenheit für erledigt.

Interessant fiel das Urteil der Öffentlichkeit über diesen Vorfall aus. Viele Bürger und insbesondere Vertreter der Wirtschaft lobten die offenen Worte; Politiker aller Parteien hingegen neigten dazu, meine Kritik eher als Foul zu werten. Die *Kieler Nachrichten* wurden offenbar überschwemmt von einer Welle von Leserbriefen, deren Autoren mir zustimmten, es begrüßten, dass endlich mal jemand Klartext rede, und nur kritisierten, dass ich es überhaupt für nötig gehalten hätte, mich zu entschuldigen. Der eine der beiden *KN*-Chefredakteure kommentierte meine Offenheit anerkennend. Alle paar Meter wurde ich auf der Straße angesprochen und bekam symbolisches und tatsächliches Schulterklopfen.

Ich hatte dennoch weiterhin ein schlechtes Gewissen. Aber es zeigte sich eben auch, dass sehr viele es positiv aufnahmen, dass sich jemand einmal nicht streng an die vorgegebene »Politikerrolle« hielt. Es wagte, an unvorhergesehener Stelle etwas Echtes zu sagen.

Sprottenplatten und Bürgernähe

Es gab weitere populäre oder populistische Erfolge, ohne dass ich sie besonders geplant hätte. Da war zum Beispiel das Problem der Sprottenplatten. Ein Wahrzeichen – und etwas fragwürdiges Genussmittel – der Stadt sind geräucherte »Kieler Sprotten«: kleine recht salzige Fische, die man im Ganzen von der Mittelgräte ablutscht (wenn man so etwas mag). Im Zuge der steten Innenstadtverschönerung hatte ein Künstler in den frühen achtziger Jahren ein Bronzerelief mit mehreren nebeneinanderliegenden Sprotten entworfen. Diese Tafeln konnten engagierte Kieler Bürger für eine Summe erwerben, die der beabsichtigten Verschönerung zufloss. Die Platte wurde dafür mit ihrem Namen graviert und in den Bodenbelag der Fußgängerzone eingelassen, was ganz hübsch aussah. Leider zeigten die Bronzetafeln die Neigung, durch Abnutzung sehr glatt zu werden, so dass sie bei Regen, Eis und Schnee zu gefährlichen Rutschfallen wurden, die etliche Passanten ins Straucheln oder gar Stürzen brachten.

Ein älterer Mitbürger hatte es zu seiner Mission gemacht, die gefährlichen Kleinkunstwerke zu bekämpfen – mit tatkräftiger Unterstützung der *Kieler Nachrichten*. In diesem Zusammenhang hatte er auch an mich einen Brief geschrieben. Nun ist es ganz unmöglich, dass eine einzelne Oberbürgermeisterin ganz allein ihre Post beantwortet. In der Woche gehen sicher 150 Schreiben im Rathaus ein, die um eine Stellungnahme der Stadtspitze bitten. Die Briefe werden auf die Fachämter verteilt, und dort macht jemand einen Antwortentwurf.

Da ich selbst pampige oder unverständliche Behördenbriefe schrecklich fand und auch immer damit rechnete, dass Bürger sich über bürokratische und obrigkeitliche Antworten beschweren würden (wobei ich völlig auf ihrer Seite war), versuchte ich, alles, was ich persönlich unterzeichnete, auch zu lesen und eventuell abzuändern. In der Sprottenplattenfrage hatte ich den Antwortentwurf schon einmal ans zuständige Amt zurückgegeben, weil er mir zu sehr danach klang, dass selbst schuld sei, wer auf den Dingern ausrutschte, da er offenbar nicht die nötige Vorsicht habe walten lassen.

Irgendwann aber lässt in der täglichen Flut von Vorgängen und Schriftstücken die Widerstandskraft nach, und bei der zweiten Wiedervorlage unterschrieb ich den Sprottenbrief, obwohl ich ihn im Ton immer noch nicht angemessen fand.

Und es kam, wie es kommen musste. Der ältere Mitbürger ärgerte sich (natürlich) und gab den Brief (natürlich) an die *Kieler Nachrichten,* die mangels anderer Skandale anprangerten, wie bürokratisch und obrigkeitlich ich mit vernünftigen Bürgeranliegen umginge. Ich nahm diese Kritik an. So nebensächlich das Thema auch sein mochte: Es ging um die richtige Haltung der Verwaltung gegenüber den Bürgern. Dann sollten eben die Sprotten ein Symbol dafür sein.

Ich setzte mich also hin und schrieb einen fünfseitigen Brief – selbst, mit der Hand, und versuchte, darin zu erklären, wie es in einem riesigen Apparat dazu kommen kann, dass nicht jede Antwort perfekt und freundlich ausfällt. Auch mit diesem Brief ging der (diesmal begeisterte) Bürger zur Zeitung: Und die lobte nun überschwänglich meine unglaubliche Bürgernähe, was sicher auch übertrieben war. Aber wiederum wurde deutlich: Die authentische Reaktion und das schlichte Zugeben von Fehlern oder Pannen war etwas, wonach es offenbar eine öffentliche Sehnsucht gab.

Broken Windows

Bei einem wichtigen Thema, das mir sehr am Herzen lag, war die Zeit für ein Ergebnis zu knapp. Aber wenigstens konnte ich einen Anfang machen. Wie vermutlich jede Großstadt hat auch Kiel soziale Brennpunkte: einen in der klassischen Trabantenstadt aus den siebziger Jahren, einen im alten Werftarbeiterviertel. Mit dem

Niedergang der Werftindustrie war dieser von der Bebauung her eigentlich schöne und stellenweise unzerstörte Stadtteil abgesunken. In den unsanierten Häusern konzentrierten sich inzwischen Hartz-IV-Empfänger, Alleinerziehende, Menschen mit den unterschiedlichsten Suchtproblemen. Außerdem war er über viele Jahre der bevorzugte Ort für den Zuzug von Migranten gewesen. Es gab eine funktionierende migrantische Infrastruktur mit Einzelhandel, Märkten, Gastronomie, Moscheen, Reisebüros und Rechtsanwälten, doch von einer Gentrifizierung wie etwa in Berlin-Kreuzberg war das Viertel weit entfernt.

Bestimmend für das Bild des Stadtteils waren zwei deprimierende Eigenschaften: die Trinker- und Drogenszene vor einem zentral gelegenen Supermarkt und eine architektonisch vollkommen misslungene Fußgängerbrücke, die den Stadtteil über eine mehrspurige Schnellstraße hinweg mit der Innenstadt verbinden sollte. In der Stadtpolitik herrschte der resignative Konsens, dass das Viertel mit Projekten vollkommen überversorgt sei. Und tatsächlich fand sich dort alles, was einem zur Quartiersverbesserung einfallen würde, vom Mehrgenerationenhaus über die bezuschusste Fahrradwerkstatt bis zum ebenfalls geförderten Internet-Radiosender. Es gab nur keinerlei Evaluation, was diese Maßnahmen tatsächlich bewirkten. Und die Kennzahlen im Bereich der Arbeitslosigkeit und der Abhängigkeit von Transferleistungen waren stabil schlecht. Jedes Jahr verschluckte das Gebiet rund 80 Millionen Euro, ohne dass irgendetwas besser wurde.

Im OB-Stab war uns klar, dass wir wahrhaftig auch nicht den Königsweg für die Lösung aller sozialen Probleme des Stadtteils kannten. Aber wir versuchten immerhin, uns einen Überblick darüber zu verschaffen, was dort alles unternommen wurde. Und weil Symbole in der Politik wichtig sind, begannen wir mit einer Säuberungsaktion an der hässlichen Brücke. Diese Brücke endete auf hohen Stelzen praktisch im Nichts auf einem unbeleuchteten Parkplatz. Der Weg zur Innenstadt war einfach nicht zu Ende gebaut worden. Der Fahrstuhl, den Rollstuhlfahrer brauchten, um den Höhenunterschied zu überwinden, wurde regelmäßig vollgepinkelt und war eine Zumutung, die Brücke vermüllt und voller Graffiti. Die Beleuchtung funktionierte nicht, und der Weg in den Stadtteil hinein war von Gestrüpp umwuchert und unübersichtlich: ein klassischer Angstraum.

Am Ende waren fünf oder sechs Ämter an unserer Aufräumaktion beteiligt: Gebüsch wurde zurückgeschnitten, Lampen repariert, Graffiti entfernt, der Fahrstuhl gereinigt. Für ein verwahrlostes Parkhaus am Ende des Brückenweges, das als Drogenumschlagplatz diente, bemühte sich das Stadtplanungsamt um einen intelligenten Umbauplan. Wir folgten einfach der Überzeugung, dass man die Dinge nicht schlecht lassen muss, nur weil man sich lange daran gewöhnt hatte, dass sie schlecht waren. Die Kosten für die Instandsetzungsarbeiten waren vertretbar, die Wirkung im Stadtteil erheblich. Viele Menschen nahmen das neue Bemühen wahr.

Ich traf mich mit den Ärzten, die vor Ort Substitutionspraxen betrieben und häufig für die Konzentration von Suchtproblemen verantwortlich gemacht wurden. Wir planten eine Einladung an die Supermarkt-Trinkerszene: Konnte man nicht wenigstens versuchen, mit ihnen über die Wirkung zu sprechen, die sie auf ihre Mitmenschen entfalteten? Wir prüften die Möglichkeit, unter dem Dach einer bestehenden städtischen Gesellschaft verwahrloste Immobilien aufzukaufen, sie zu sanieren und sie zurück in den Markt zu geben.

Wir probierten Aktionen aus, die ein anderes Stadtteil-Selbstbewusstsein fördern sollten. So gab es in Kiel 2013 eine Sommeroper, Verdis *Troubadour,* die mit großem Aufwand live auf dem Rathausplatz gespielt wurde. Wir organisierten eine Großleinwand und ließen die Oper zeitgleich auf den zentralen Platz im »Problemviertel« übertragen – Hunderte von Menschen kamen und picknickten an langen, weiß gedeckten Tischen (ein Textilservice hatte Tischtücher hergeliehen). Als Oberbürgermeisterin musste ich auf dem Rathausplatz sein, konnte aber per Videobotschaft auch das andere Freiluftpublikum grüßen. Freunde und Kollegen versicherten mir, dass die Stimmung außerordentlich gewesen sei: gelöst, mediterran, fröhlich. Endlich ging es einmal nicht um Betreuung und Reparatur. Es war eben Hochkultur für alle.

Diese Gestaltungsmöglichkeiten, die, ohne die Welt zu kosten, eine kleine soziale Umwelt verbessern können, sind das, was Kommunalpolitik so einzigartig und faszinierend macht. Man muss sie nur sehen.

Führungsstil

Erfreulich war mein Verhältnis zum Personalrat der Stadt. Ich hatte den Eindruck, dass die Personalvertreter so viele schlechte Erfahrungen entweder selbst gemacht hatten oder von denen anderer gehört hatten, dass sie sich zunächst kaum vorstellen konnten, dass ich sie weder hinters Licht führen noch ihnen die nächste McKinsey-Gesundschrumpfung verpassen wollte. Sondern dass ich moderne Führung wirklich als Kooperation mit der Personalvertretung begriff. Leider war für unsere gemeinsamen Projekte – zum Beispiel für die Rekommunalisierung einiger in der Vergangenheit ohne Not privatisierter städtischer Leistungen – die Zeit zu kurz. Ich hätte auch gern einiges an der Personalgewinnung und -förderung verbessert, denn der öffentliche Dienst wird künftig überall hart um fähigen Nachwuchs kämpfen müssen.

Als ausgesprochen angenehm empfand ich die Zusammenarbeit mit der weiteren Führungsriege der Stadt, den mehr als zwanzig Amtsleitern. Auf sie, die zum großen Teil lange Verwaltungslaufbahnen hinter sich hatten, musste ich wie eine sehr ungewöhnliche Chefin wirken. Mir lag deshalb viel daran, ihr Vertrauen zu gewinnen und ihren Rat zu hören. Ich wollte die Amtsleiter ermutigen, offen ihre Meinung zu sagen – und gute

Vorschläge nicht aus der Sorge heraus für sich zu behalten, sie könnten dann sofort gezwungen werden, sie ohne zusätzliche Ressourcen selbst umzusetzen. Zum Teil kam mir der Umgang in der Verwaltung fast absurd hierarchisch vor. In der Sphäre, die ich kannte, gab es natürlich auch Chefgebaren. Aber in allererster Linie zählte das Argument und nicht die Position desjenigen, der es äußerte. Ein bisschen von dieser Atmosphäre wollte ich gern mitbringen, auch wenn ich dabei erlebte, dass manche Dezernenten höchst erstaunt reagierten, wenn schlichte Referenten auf einmal ihre Ansichten ausbreiten durften. Ich will mich als Chefin auch gar nicht idealisieren. Gewiss habe ich den einen oder anderen Mitarbeiter heruntergeputzt oder unabsichtlich verletzt. Natürlich ist die Alleinstellung an der Verwaltungsspitze eine dauernde Verführung zum Entwickeln von Chefallüren. Aber ich habe aufrichtig dagegen angekämpft. Ich habe mich zumindest bemüht, die Anliegen der Mitarbeiter zu jedem Zeitpunkt sehr ernst zu nehmen. Das Einzige, was bei mir eine gewisse Unversöhnlichkeit auslöste, war die Aussage, etwas sei definitiv immer so gemacht worden und könne definitiv nicht anders erledigt werden. Ich erlaubte mir regelmäßig, solche Behauptungen zu bezweifeln, und behielt jedenfalls manchmal recht.

Wirklich gut, konstruktiv und offen waren unsere Diskussionen auf einer Amtsleitertagung Ende Mai 2013. Ich war skeptisch gewesen, wie begeistert die Führungsleute von einer Wochenendtagung sein würden. Und manche sagten hinterher auch, dass sie zunächst wenig Lust verspürt hätten, dort in ihrer Freizeit zusammenzusitzen. Aber bald kamen Dinge auf den Tisch, die offenbar von allen Beteiligten seit Jahren als problematisch empfunden wurden. Ich erläuterte meine ganz einfachen Führungsgrundsätze: Vertrauen statt Angst; Zusammenarbeit da, wo es sinnvoll ist; konkrete statt abstrakte Lösungen. Pragmatismus statt Ideologie.

Im Gespräch ging es dann um die Frage, warum die einzelnen Ämter nicht eigenständiger über ihre Mittel entscheiden dürften.

Ob die Corporate Identity im Layout von Broschüren immer so zentralistisch durchgesetzt werden müsse. Ob es irgendeinen realistischen Ansatz der Haushaltskonsolidierung gebe (es beruhigte und beunruhigte mich zugleich, dass die Fachleute hier auch nichts vollkommen Überzeugendes aus dem Hut zauberten).

Ein Punkt, der breiten Raum einnahm, war die Belastung, die viele Mitarbeiterinnen und Mitarbeiter empfanden, wenn sie mit der Ratsversammlung und deren Ausschüssen, aber auch mit Ortsbeiräten zu tun hatten. Man komme sich oftmals vor, als stehe man als Beschuldigter vor einem Untersuchungsausschuss, sagte ein Teilnehmer, dabei versuche man doch nur, seine Arbeit ordentlich zu machen. Ich konnte dieses Gefühl gut nachvollziehen. Ich riet zu mehr Selbstbewusstsein der Verwaltung und versprach, das von meiner Seite jederzeit zu unterstützen. Gespräche und Debatten zogen sich angeregt und fröhlich bis in einen ausgedehnten Bar-Abend hinein. Und ich glaube nicht, dass ich mir den Aufbruchsgeist nur einbildete.

KIELER WOCHE
Eine Unterschrift, die alles verändert

Der britische Schriftsteller David Lodge lässt in einem seiner Romane seinen Helden auf die letzte Gelegenheit zurückblicken, bei der er Sex hatte: Man ahnt ja nicht, dass es das letzte Mal sein würde, überlegt diese Figur wehmütig, sonst hätte man die Situation vielleicht anders gewürdigt.

Ich glaube, so ist es auch mit Schicksalstagen. Erst hinterher, wenn etwas geschehen ist, neigen wir dazu, nach frühen Zeichen und Warnungen zu suchen. Und natürlich habe auch ich mich gefragt: Habe ich irgendetwas übersehen an diesem 21. Juni 2013, der sich als *mein* Schicksalstag herausstellen sollte? Hat es Zeichen gegeben?

Selbst bei genauem Nachdenken finde ich keine. Eher ging es mir die ganze Zeit im Amt so, dass ich darüber staunte, dass *nichts* schiefging. Ich fühlte mich oft wie das HB-Männchen in der alten Zigarettenreklame: Solange ich nicht nach unten schaute, würde ich über den Abgrund laufen können. Solange ich mir nicht allzu klar machte, wie komplex meine Aufgabe war, von wie vielen Zufällen, Entscheidungen anderer, eigenen Urteilen, politischen Großmoden, gutem oder bösem Willen in Politik, Verwaltung, Medien und Öffentlichkeit ich abhängig war, würde ich weiterarbeiten können.

Andererseits: Am 20. Juni hatte ein Lokaljournalist ein Porträtfoto meiner Hände gemacht. »Hände der Region« hieß sein Projekt. Er wollte die Hände zeigen, die in Kiel etwas festhielten oder bewegten, verhinderten oder ermöglichten. Ich trug die goldene Uhr meines Großvaters am einen und das Perlenarmband meiner Großmutter am anderen Handgelenk für dieses Foto. Und ich dachte flüchtig daran, wie stolz meine Großeltern auf mich gewesen wären. In den Fingern hielt ich meinen Montblanc-Füller, jenes Schreibwerkzeug, mit dem ich einen Tag später eine folgenreiche Unterschrift leisten würde. Aber wer sollte das wissen?

Der 21. Juni war der Tag, bevor in Kiel der alljährliche fröhliche Wahnsinn ausbrechen würde: die Kieler Woche. Sie ist so etwas wie der Karneval andernorts, nur ohne religiöse Wurzeln. Dafür wird mit fast religiösem Eifer beschworen, dass es sich bei der Kieler Woche um das größte Segelsportereignis der Welt handelt – mit 330 Starts und 3500 Seglern aus 36 Nationen. Die Mehrheit der rund drei Millionen Besucher nehmen allerdings eher die Volksfestaspekte zur Kenntnis: Die ganze Stadt ist voller Bier- und Bratwurstbuden, es gibt jede Menge Kleinkunst, offizielles Kulturprogramm, Konzerte.

Für die Offiziellen der Stadt ist die Kieler Woche ein gigantischer Veranstaltungsmarathon, und es ist unerlässlich, dabei permanent Enthusiasmus und gute Laune an den Tag zu legen. Gott sei Dank habe ich die Kieler Woche immer gemocht, auch schon in der Zeit, als ich für die *Kieler Nachrichten* als junge Klatschkolumnistin über die Empfänge zog und die Buffets rezensierte. Ich musste also nicht heucheln und es nur vermeiden, vor Erschöpfung irgendwo einzuschlafen.

Und ich wusste, dass ich mindestens zwanzig Ansprachen und Grußworte zu halten haben würde. Es war eine wunderbare Gelegenheit, große Teile der Kieler Bevölkerung direkt zu erreichen. Da ich wenigstens versuchen wollte, mehr als die üblichen Stereotype abzuliefern – Meer, Segeln, Internationalität, Völkerverständigung –, war also eine ordentliche Vorbereitung notwendig.

Der 21. Juni 2013

Die Kieler Woche ist die große Zeit des Kieler-Woche-Büros, dessen Mitarbeiter sich das ganze Jahr um die Vorbereitung und Organisation kümmern. Das reicht von der Auswahl des Kieler-Woche-Plakats (dessen notwendig maritime Motive dann immer auch Halstücher, Krawatten und Becher zieren) über die stets umstrittene Standvergabe (Verpflegungsstände bei der Kieler Woche sind begehrt wie eine Lizenz zum Gelddrucken) bis zu Sicherheit, Ordnung und Schutz der Jugend vor dem allgegenwärtigen Alkohol.

Irgendeiner meiner Vorgänger hatte eine tägliche Morgenbesprechung mit allen Verantwortlichen des Kieler-Woche-Büros eingeführt, vermutlich um bei Problemen frühzeitig gegensteuern zu können. Ich persönlich fand es überflüssig, jeden Tag morgens um halb acht über Organisationsfragen gebrieft zu werden, zumal hier ja echte Profis am Werk waren, die das Großereignis seit Jahrzehnten fest in ihrem logistischen Griff hatten. Dies allerdings war ein atmosphärischer Fehler! Denn so gut ich mit den meisten Rathausmitarbeitern zurechtkam: Die Ablehnung des Kieler-Woche-Briefings wurde als schwerer Fauxpas wahrgenommen. Ich hatte das falsch eingeschätzt: Irgendwann im Lauf des Tages müsste ich doch Reden durcharbeiten oder gewöhnliche Verwaltungsvorgänge zur Kenntnis nehmen, fand ich. Schließlich konnten wir ja nicht das ganze Rathaus wegen des partybedingten Ausnahmezustandes schließen. So gesehen begann der 21. Juni – nachdem ich zähneknirschend zugestimmt hatte, das Morgenbriefing wenigstens an diesem ersten Tag zu besuchen – vielleicht doch mit einem typischen Konflikt: meinem Widerwillen, Dinge einfach weiterzumachen, weil sie schon immer so gemacht worden waren. An diesem Morgen war ich jedenfalls erst einmal damit beschäftigt, gesträubte Federn zu glätten und zu erklären, dass es nicht um Desinteresse oder Missachtung ging.

Dann stand der verhängnisvolle Termin im Kalender: 9.15 Uhr, Jour fixe Dezernat III. Das war die regelmäßige Besprechung mit dem Kämmerer und wechselnden Mitarbeitern, oft – aber nicht dieses Mal – auch mit dem Leiter des Amtes für Finanzwirtschaft. Und natürlich mit demjenigen meiner Referenten, der für den Haushaltsbereich zuständig war. In einer klassischen Kurzgeschichte wäre diese Besprechung der sogenannte Wendepunkt, also jener Punkt in der Erzählung, an dem die Handlung, für den Leser und die Protagonisten zunächst unmerklich, eine neue, oft dramatische Entwicklung nimmt. Erst im Rückblick betrachtet wird die Bedeutung dieses Augenblicks deutlich.

Der Kieler Kämmerer ist geeignet, in einem dramatischen Moment aufzutreten, denn er besitzt große schauspielerische Begabung. Jahrelang spielte er in seiner Freizeit in einer lokal berühmten Kabarettgruppe. Sein Vortrag des Dubliners-Songs »Seven Drunken Nights« (mit allen! Strophen) beim bunten Abend der Rathausmitarbeiter bleibt unvergessen.

An diesem Morgen im Juni waren der Kämmerer und sein Referent beseelt von einem großen Erfolg. Die Stadt Kiel hatte seit 15 Jahren gegen einen örtlichen Unternehmer Gewerbesteuerforderungen gehabt, um die man ewig vor Gericht gestritten hatte – so dass neben der ursprünglichen Steuerschuld von vier Millionen Euro fast noch einmal so viel an Zinsen und Gebühren aufgelaufen war. Insgesamt ging es also inzwischen um fast acht Millionen Euro. Der Unternehmer hatte es ein ums andere Mal geschafft, nicht zahlen zu müssen; diverse Zahlungspläne waren gescheitert.

Seit 2008 war die Forderung gerichtsfest gewesen. 2009 wurde Torsten Albig, der schon 2003 als Kämmerer der Stadt mit dem Fall zu tun gehabt hatte, Oberbürgermeister. Doch weder 2009 noch 2010 oder 2011 entschloss sich die Stadt dazu, die gesamte Steuer- und Zinsschuld eintreiben zu lassen. Vielmehr teilte Albig dem Steuerschuldner eigenhändig unterschrieben mit, dass die Voll-

streckung ohne Sicherheitsleistung ausgesetzt werde. Am 25. Mai
2011 entschied Albig dann, dass das Amt für Finanzwirtschaft versuchen solle, einen Vergleich mit dem Unternehmer auszuhandeln,
der mindestens 50 Prozent der Gesamtforderung einbringen sollte.
Albig war zu diesem Zeitpunkt schon Spitzenkandidat der SPD
für die Landtagswahl 2012. Auch im Verlauf des Jahres 2012 gab
es weder eine Vollstreckung noch ein Vergleichsergebnis.

Ich trat Albigs Nachfolge als Oberbürgermeisterin am 1. Dezember 2012 an. Eine »Übergabe« der Amtsgeschäfte fand nicht statt.

Insofern erfuhr ich an jenem 21. Juni 2013 zum ersten Mal
von dem Vergleich, den die Fachverwaltung ausgehandelt hatte
und über den der Kämmerer so hoch erfreut war: Der Schuldner
würde nun mithilfe seiner Bank die eigentliche Steuerschuld von
rund vier Millionen Euro in Raten begleichen. Die aufgelaufenen
Zinsen und Gebühren würden ihm erlassen werden.

Allerdings sei es wichtig, diese Vereinbarung schnell zu treffen, sagte der Kämmerer, denn alle bisherigen Erfahrungen mit
dem Schuldner hätten gezeigt, dass jederzeit eine Kehrtwende
möglich sei. Also müsse man den Sack jetzt zügig zumachen,
dann werde die erste Rate von 80 000 Euro in Kürze bei der
Stadt eingehen.

Ich konnte diese Argumentation gut nachvollziehen. Sie
schien mir plausibel. Ich sah keinen Grund, mir nach diesem
Vortrag die 15 Jahre alte Gewerbesteuerakte kommen zu lassen,
um – als Nicht-Juristin – noch einmal selbst zu prüfen, ob die
Fachleute alles richtig gemacht hatten.

Ich kannte den fraglichen Unternehmer persönlich nur von
einer kurzen Begegnung. Als Kielerin wusste ich aber von seinem
schwankenden Ruf. Warum könne so jemand, der doch gerne
seinen Wohlstand demonstriert, nicht alles bezahlen?, wollte ich
wissen.

Weil sein Firmenimperium in keinem gesunden Zustand, sondern von Insolvenz bedroht sei, lautete die Antwort. Wenn man

alles vollstrecke, drohe sein Klinikunternehmen mit 120 Mitarbeitern in die Pleite zu schlittern. Die Stadt hätte dann kaum noch eine Chance, wesentliche Teile der Forderung einzutreiben. Außerdem seien derartige Vergleiche durchaus üblich, auch andernorts. Manchmal sei dies im Gewerbesteuerdschungel der einzige Weg, der öffentlichen Hand tatsächlich Geld zu sichern.

Ich verstand das als eine Frage ökonomischer Rationalität. Die Stadt war zur Wirtschaftlichkeit ihres Verwaltungshandelns verpflichtet. Zwar hatte sich 15 Jahre lang niemand darüber beschwert, dass aus diesem Gewerbesteuerfall keine Einnahmen zu verzeichnen waren (weil auch kaum jemand davon wusste), aber die Stadt durfte diesen Zustand nicht endlos in die Zukunft fortschreiben. Kein Unternehmen würde dies tun. Und andere Kommunen auch nicht.

Ich ging selbstverständlich davon aus, dass die Fachverwaltung mit dem von der Ratsversammlung gewählten Kämmerer an der Spitze in den vergangenen Jahren auf rechtlich sauberer Grundlage gearbeitet hatte. Also unterschrieb ich die vorbereitete Vorlage, die die Ratsfraktionen über die Vergleichsvereinbarung informierte.

Ein Steuerdeal?

Wenn man bedenkt, was für abenteuerliche Dinge Journalisten später über »meinen« angeblich persönlichen »Steuerdeal« schrieben, ist es auf eine bittere Weise beinahe witzig, sich die tatsächliche Situation am 21. Juni 2013 noch einmal konkret vor Augen zu führen: Ich hörte in der Besprechung mit dem Kämmerer zum ersten Mal von dem ausgehandelten Vergleich. Ich hatte in der Sache von mir aus nichts veranlasst oder auf den Weg gebracht. Ich hatte nie mit dem Steuerschuldner über seine Angelegenheit gesprochen; ich hatte nicht einen Buchstaben mit irgendjemandem verhandelt. Der Kämmerer und seine Mitarbeiter legten mir ein für die Stadt offenbar günstiges Ergebnis vor. Sie konnten

Nachfragen überzeugend beantworten. Mein eigener Fachreferent hatte keine Einwände.

Das ist kein »Deal« – also kein anrüchiges Geschäft auf Gegenseitigkeit. Doch die konsequente Verwendung des Wortes »Deal« in den Medien suggerierte später, ich hätte von dem Vergleich irgendwelche Vorteile gehabt oder es hätte in der Sache irgendeine Initiative von mir gegeben. Ich bin nicht auf hohen Absätzen ins Büro gestöckelt und habe nach möglichst spektakulären Steuerfällen verlangt, die ich willkürlich entscheiden wollte, um mir die Langeweile zu vertreiben. Aber so – nach persönlicher Willkür der unterbelichteten Oberbürgermeisterin – klang es in der Presse. Und das über Wochen. Das war verhängnisvoll.

Viel Aufhebens ist später von Opposition, Medien und der »Kommunalaufsicht«, also der sozialdemokratischen Landesregierung, um den Umstand gemacht worden, dass es sich um eine sogenannte Eilentscheidung, also eine Entscheidung der Oberbürgermeisterin anstelle einer Entscheidung der Ratsversammlung, gehandelt habe. Dazu ist zweierlei zu sagen: Erstens kamen solche Entscheidungen in technischen Fragen öfter vor. So kann ich mich erinnern, einige Wochen zuvor für zwei Millionen Euro einen gebrauchten Schlepper »gekauft« zu haben – nicht weil *ich* mir das ausgedacht hatte, sondern weil die städtische Schlepp- und Fährgesellschaft gerade jetzt dieses günstige Geschäft machen konnte. Auch in dieser Frage musste ich mich auf die verantwortlichen Fachleute verlassen: dass wir tatsächlich einen – und diesen – Schlepper, jetzt, zu diesem Preis brauchten. Die Ratsversammlung wurde anschließend unterrichtet, niemand hatte ein Problem.

Zweitens hatte der Kämmerer selbstverständlich zugesagt, alle Fraktionsvorsitzenden im Rat zügig über den Steuervergleich zu informieren, und anhand der Vorlage zur nächsten Sitzung dann auch die gesamte Ratsversammlung. So ist das Prozedere bei dieser Art von Verwaltungsakten.

Ich habe mich natürlich später gefragt: Hätte ich mir die 15 Jahre umfassende Steuerakte dieses Falls doch kommen lassen müssen, um sie selbst durchzuarbeiten, bevor ich unterschrieb? Auch in vielen anderen Entscheidungssituationen im Rathaus geht es um hohe Kosten (die übrigens nicht zuletzt dadurch entstehen können, dass man keine Entscheidung trifft). Oft geht es um die Richtung, die die Verwaltung mit ihrer Arbeit einschlagen soll, oft um Personalfragen mit erheblichen Konsequenzen für Menschen. Wenn man sich nicht wenigstens einigermaßen auf die Arbeit der gewählten Dezernenten und ihrer Fachverwaltungen verlassen wollte, käme die Entscheidungsfindung im Rathaus zum Erliegen. Dann bräuchte man keine Dezernenten. Die Alternative wäre eine konsequente Absicherungspolitik nach dem Motto: Wer wenig vertraut und wenig entscheidet, produziert die weniger sichtbaren Fehler. Manche machen das so.

Ironischerweise hatte mein Amtsvorgänger, der sonst nicht immer entscheidungsfreudig gewesen war, gerade in diesem Fall durchaus mehrere Entscheidungen selbst vertreten: zunächst, dass die Schuld ohne Sicherheitsleistung vom Vollzug ausgesetzt werden solle. Und dann, dass ein Vergleich *gesucht* und also wiederum die Steuerschuld *nicht* vollstreckt werden solle. Und zwar über weitere Jahre nicht. Ich wüsste immer noch gern, warum er sich so entschied. Weil er genau den Argumenten folgte, die auch ich später zu hören bekam, und weil er diese Argumentation genau wie ich plausibel fand? Oder gab er selbst aus anderen Gründen diese Richtung vor? In den Akten findet sich dazu nichts. Faszinierend (und erschütternd) war es später zu beobachten, wie konsequent Medien, Ratsmehrheit und Opposition sich weigerten, Albigs Verantwortung für den Weg, den die Verwaltung jahrelang gegangen war, überhaupt nur zur Kenntnis zu nehmen. Und wie konsequent seine Kommunalaufsicht bei ihrer späteren »Prüfung« des Falles einzig und allein die historische Sekunde meiner Unterschrift betrachtete, die Geschichte der Vorlage, die ja nur aufgrund *seiner* Entscheidungen zustande gekommen war, aber ausblendete. Diese »Prüfung«, die angeblich die »vollständige Rechtswidrigkeit« des Vergleichs feststellte, war nicht nur an diesem Punkt fehlerhaft. Sie diente in meinen Augen nur einem Zweck: Albig aus allem herauszuhalten, mich aber zu erledigen.

An diesem Freitag im Juni ahnte ich von all dem noch nichts und freute mich über den Erfolg des Kämmerers. Ich hegte keine Befürchtungen, sondern hatte das Gefühl, am Ende daran mitgewirkt zu haben, der Stadt ein halbvolles Glas Gewerbesteuer zu sichern. Ein Grund eher für Zufriedenheit als für Kummer.

Im Programm ging es weiter mit einer Rücksprache mit dem Baudezernenten, einem Gespräch mit dem Stadtpräsidenten (Protokollfragen der Kieler Woche), danach gab es ein Mittagessen mit dem Hauptgeschäftsführer der Industrie- und Handelskammer und einen Fototermin für die Zeitung mit den Kieler-Woche-Hostessen – besonders strahlenden städtischen Mitarbeiterinnen, die auf Empfängen und Veranstaltungen aushalfen, angetan mit einem Lächeln und dem Kieler-Woche-Halstuch zum maritimen Outfit.

Es folgte ein Telefontermin mit einem Mitarbeiter des Innenministeriums, der uns helfen wollte, Fördermittel des Landes für sozialen Wohnungsbau abzurufen.

Nach dem Telefongespräch waren zwanzig Vorlesepaten zu einem Besuch auf den Rathausbalkon eingeladen. Und schließlich (mit einer Pause zum Umziehen) gab es, auf Einladung des Stadtpräsidenten, ein offizielles Essen für die Delegationen aus unseren Partnerstädten.

Der schicksalhafte 21. Juni war also vorübergegangen, ohne dass ich ihn einstweilen als schicksalhaft erkannt hatte. Der 22. Juni 2013 war dann ein typischer Kieler-Woche-Großkampftag – und ein Tag, der für die typischen Probleme stand, die ich mit meinem Amtsvorgänger, dem jetzigen Ministerpräsidenten, hatte.

In einer idealen Welt hätte dieser Amtsvorgänger – ohne jede Öffentlichkeit – das Gespräch mit der Nachfolgerin gesucht, auf Probleme hingewiesen, vor Fallen gewarnt, Personal empfohlen und bei Unerledigtem seine Vorstellungen geschildert. Nach außen hingegen hätte er sich zurückgehalten. Es gilt als goldene Regel, dass man dem oder der »Neuen« ein Jahr lang die offiziellen Termine überlässt, damit er oder sie sich ein eigenes Standing erarbeiten kann. Dies gilt sogar für Nachfolger von anderen Parteien.

Torsten Albig machte es genau umgekehrt: Intern gab es von ihm aus kein Gespräch. Öffentlich aber nahm er in Kiel zumindest gefühlt mehr Termine wahr als ich als Oberbürgermeisterin. Nun muss man fairerweise sagen, dass er ja nicht Oberbürgermeister im Ruhestand, sondern amtierender Ministerpräsident war. Natürlich wurde er eingeladen, und natürlich ließen sich nicht alle Veranstaltungen höflich vermeiden. Aber als er selbst zum Anschneiden des längsten Kieler Erdbeerkuchens eilte, bekam ich doch das Gefühl, dass *Unterstützung* in einem neuen Amt anders aussehen könnte. Und ich begann mich zu fragen, wann dieser Politikprofi eigentlich Zeit fand, seinen neuen Job zu machen oder etwas anderes zu tun, als auf die Überschriften im Pressespiegel zu reagieren.

Torsten Albig ist einen wesentlichen Teil seines Berufslebens Pressesprecher gewesen. Pressesprecher von Oskar Lafontaine, Pressesprecher von Hans Eichel, Pressesprecher einer Bank, Pressesprecher von Peer Steinbrück. Beim Land Schleswig-Holstein hatte er seine Laufbahn zunächst im höheren Dienst der

Steuerverwaltung angefangen, war dann stellvertretender Leiter der Landesfinanzschule, später für einige Jahre Kämmerer der Landeshauptstadt Kiel. Wenn er für etwas wirklich Fachmann war, dann möglicherweise für Steuerfragen und ganz bestimmt für zielgerichtete Pressearbeit. Aber Spindoktor für andere, für wirklich Mächtige zu sein, empfand er vielleicht auf die Dauer als unbefriedigend.

Er selbst hatte eigene politische Verantwortung angestrebt – als Oberbürgermeister und später als Ministerpräsident. Dass er mir eine derartige Verantwortung nicht zutraute – oder vielleicht eher: mir in seiner Nachfolge misstraute –, wurde bei jeder Begegnung von neuem deutlich.

Insofern erlebte ich die Kieler Woche, die uns, nötiger- und unnötigerweise, immer wieder zu gemeinsamen Auftritten zwang, als eine gewisse Prüfung. Zumal ich seine spezielle Art der Repräsentation ablehnte: Auf den ersten Blick erschien sie pathetisch und werbend, auf den zweiten jedoch weitgehend inhaltsleer und auf seltsame Art eitel.

Der 22. Juni begann erst einmal ohne den Ministerpräsidenten: Das internationale Städteforum zum Thema »Das Übereinkommen über die Rechte von Menschen mit Behinderung und seine Umsetzung in Kiel und den Partnerstädten« in der Sparkasse hatte ihn wohl doch nicht locken können. Anschließend ging es zum »Feldempfang« des Reservistenverbandes, einer zünftigen Veranstaltung mit sehr guter Erbsensuppe und Blasmusik. Hier sollte ich in offizieller Funktion reden, protokollarisch natürlich nach dem Ministerpräsidenten, der am Tisch kaum ein Wort mit mir sprach und es weitgehend mir überließ, den Umsitzenden den Anschein unseres halbwegs freundlichen Umgangs miteinander zu vermitteln. In seiner Rede kam wie immer zu häufig das Wort »stark« vor. Auch »die Menschen« hatten darin viele Auftritte, in diesem Fall waren es die starken, die mutigen, die großartigen

Menschen, die sich im Süden Schleswig-Holsteins jüngst gegen das Elbhochwasser gestemmt hatten, was ihn, den Ministerpräsidenten, sehr bewegt habe: Es sei eine Ehre, solche starken Menschen zu kennen, und so weiter.

Ich sprach über die Bundeswehr in Kiel im Besonderen – und im Allgemeinen über ihre weitere Reduzierung, die mir schon fast zu sorglos und übermäßig geplant zu sein schien.

Zum Lunch waren wir beide auf das amerikanische Kriegsschiff »Mount Whitney« eingeladen, als Gäste der ranghöchsten Admiralin der amerikanischen Navy. Ich fand ausgesprochen interessant, was sie über die Vereinbarkeit von Familie und Dienst bei den Streitkräften sowie die amerikanische Neuorientierung in den pazifischen Raum hinein sagte. Albig hingegen tat sich, so kam es mir vor, sichtlich schwer mit der Unterhaltung.

Den nächsten Termin hatte ich wieder für mich, und zwar ganz und gar: Es ging um die Eröffnung der sogenannten »Spiellinie«, eines Kinder-Kultur-Festivals während der Kieler Woche, in das die Stadt regelmäßig 100 000 Euro investierte – gut angelegtes Geld, denn dieses Riesen-Happening mit Lagerfeuer und Stockbrot, mit Lehmhüttenbau und buntem Lampionfestival, mit Vorlesezelt und Freilichtbühne, mit Mal- und Zimmer- und Näh- und Töpferwerkstätten war für viele Kinder und Eltern das nichtkommerzielle Highlight eines ansonsten doch sehr kommerziellen Volksfestes.

Jeden Tag tobte auf den (zu Beginn der Woche grünen, an ihrem Ende matschbraunen) Hügeln gegenüber dem Kieler Landtag das Leben. Zur feierlichen Eröffnung traten traditionell »Max & Mülli« auf, zwei singende Charaktere im Dienste des Abfallwirtschaftsbetriebes, die auf pädagogische Weise Werbung für Mülltrennung machten und sich größerer Beliebtheit erfreuten, als ich es für möglich gehalten hätte.

Für das Eröffnungszeremoniell hatte ich nichts: kein Stehpult, keinen Zeitplan, keine Information zu »Max & Mülli«, keine

Ahnung, ob die hier versammelten Kinder und Eltern überhaupt wussten, wer ich war und was ich hier wollte. Es klingt vielleicht banal, aber es ist gar nicht so einfach, sich in einer solchen Situation selbst vorzustellen und allgemein den richtigen Ton zu treffen.

Zum Kieler-Woche-Empfang im Rathaus und zur Eröffnung vor 10 000 Menschen auf der Rathausbühne traf ich Torsten Albig wieder. Inzwischen war es 18 Uhr geworden.

Es kostete mich einigen Mut, vor 10 000 Leuten zu reden. Man bekommt die Stimmung in der Menge sehr direkt mit. An diesem Abend war sie freundlich; in anderen Jahren waren hier durchaus Redner ausgebuht worden, und auch 2014 gab es wieder Buhrufe. Freunde, die im Getümmel unterwegs waren, berichteten später, die Leute hätten mein »cooles« Fleckentarn-T-Shirt zum eleganten Jacket gemocht. Und die Formulierung, die Kieler Woche sei wie »Weihnachten, Erdbeereis und Hitzefrei«. Auch meine Aufforderung: »Passt gut aufeinander auf!« kam offenbar an. Ein Journalist fragte mich hinterher, ob sie für mein Politikverständnis insgesamt stehe? Natürlich nicht allein. Aber es ist nicht der schlechteste Grundsatz. Und er wird verstanden.

Nachdem auch der Ministerpräsident zu »den Menschen« gesprochen hatte, blieb nur noch ein Empfang auf der Liste: bei der HSH-Nordbank, die Land und Stadt in der Vergangenheit schon großen Kummer gemacht hatte. Mich hatte es immer etwas gewundert, dass die städtische Politik gegenüber einem so volatilen Gewerbesteuerzahler so ehrerbietig war – vielleicht lag es ja am besonders guten Buffet.

Die Kieler Woche läuft weiter, mit Terminen, Terminen. Das renommierte Kieler Institut für Weltwirtschaft vergibt gemeinsam mit Stadt und Land seinen »Weltwirtschaftspreis«. Institutsleiter Dennis Snower träumt davon, rund um sein *Global Economic Symposium* ein »Davos des Nordens« aufzubauen. Warum nicht?

Internationale Forschungseinrichtungen und weltweit vernetzte Unternehmen haben wir genug. Was wir brauchen, sind Selbstbewusstsein, entschlossene Antiprovinzialität und Ideen.

Beim traditionellen Regattaessen des Kieler Yacht-Clubs, wo die Dichte der Goldknöpfe an blauen Blazern die höchste in ganz Deutschland sein dürfte, sitze ich dem fast 100-jährigen Berthold Beitz gegenüber. Er sieht unglaublich elend aus. Ehrlich gesagt frage ich mich, ob der Ehrenbürger der Stadt Kiel – er war Testamentsvollstrecker des Krupp-Erbes, Vorsitzender des Kuratoriums der Alfried Krupp von Bohlen und Halbach-Stiftung und Vizepräsident des Internationalen Olympischen Komitees (in letzter Funktion ist er Kiel und dem Kieler Yacht-Club verbunden) – den ersten Gang überstehen wird. Tatsächlich stirbt Beitz wenige Wochen später auf Sylt. An der Trauerfeier zu seinen Ehren kann ich auf dem Höhepunkt des heraufgezogenen Skandals nicht mehr teilnehmen.

Auch an diesem Abend hält Torsten Albig eine eigenartige Rede. Mir kommt es vor, als ob er immer besonderen Wert darauf legt, frei zu sprechen, sich dann aber leicht in komplizierte Ecken manövriert. Beim Regatta-Essen zum Beispiel ist Beitz eindeutig der wichtigste Ehrengast; sein Mut bei der Rettung Hunderter jüdischer Zwangsarbeiter ist unvergessen. Es gibt aber noch einen anderen Kieler Ehrenbürger, den ehemaligen »Commodore« des Yacht-Clubs aus Olympiazeiten, der bei keiner offiziellen städtischen Veranstaltung fehlt. Albig sagt zu Beitz mit seiner dramatischen Vita wenig, verbeißt sich hingegen in den Lebenslauf des olympischen Regattaorganisators, so als ob er selbst immer noch Kieler Oberbürgermeister und Kiel sein Hauptthema wäre. Ich muss das ja nicht verstehen, aber ich sehe, dass meine Tischnachbarn es auch nicht tun.

Anlässlich der Kieler Woche gibt es einen Empfang des Ministerpräsidenten für das diplomatische Korps aus Berlin. Viele Jahre lang fand diese bunte und sehr repräsentative Veranstaltung auf einem Schloss statt, das als »Landeskulturzentrum« ausgebaut worden war. Der frühere SPD-Ministerpräsident Björn Engholm pflegte seine Gäste mit Free-Jazz-Darbietungen herausragender Künstler zu prüfen, bevor er ihnen etwas zu essen und zu trinken gab. CDU-Ministerpräsident Peter Harry Carstensen schaffte die Musikprüfung ab und bat die Besucher gleich zum Aperitif auf die Rasenfläche hinter dem Schloss (was eine geheime Mehrheit der jedes Jahr geladenen Gäste durchaus positiv bewertete). Das Protokoll der Staatskanzlei fand es gelegentlich lustig, meinen Mann und mich an denselben Tisch zu setzen wie Ralf Stegner und seine Frau. Das führte natürlich zu einer sehr entspannten Atmosphäre beim Essen. Aber ich verdanke dem Humor der Staatskanzlei auch besonders interessante Gespräche mit argentinischen Militärattachés und Hamburger Weihbischöfen.

In diesem Jahr begleitet mich Alfred, mein Stabschef, zu dem Empfang. Mein Mann hält sich wegen der Sitzung des Bundestages in Berlin auf, und für eine *Amtsträgerin* ist es gar nicht so einfach, allein bei offiziellen Anlässen aufzutreten. Als Gast von Torsten Albig macht es ohnehin nicht so wahnsinnig viel Spaß: Gefeiert wird inzwischen in der zugigen Scheune, die zum örtlichen Freilichtmuseum gehört. Dass er mich offiziell begrüßen muss, steigert die Laune des Gastgebers offenkundig nicht. Für jemanden, der allem Anschein nach sehr um sein Image bemüht ist, scheint mir Albig kein guter Schauspieler.

Einer der seltsamsten und in gewisser Weise wunderbarsten Kieler-Woche-Termine ist der CDU-Empfang, den die Partei in einem der Kieler Ruderclubs abhält. Es gibt Bier und zünftige Schmalzbrote, und die Überraschung – auch die Freude – darüber, dass ich mich als SPD-Oberbürgermeisterin zu diesem Ereignis angemeldet habe, ist erkennbar. Ich habe ein wirklich nettes Grußwort vorbereitet, denn es geht mir um gute, konstruktive Beziehungen zur oppositionellen Union. Freilich ist der Umgang mit den Christdemokraten nicht ganz einfach, weil sie in Kiel in mindestens drei (wenn nicht vier) Fraktionen gespalten sind und man immer etwas aufpassen muss, was man mit wem bespricht. Auf dem Empfang begrüße ich in meinem Grußwort zum Beispiel erst einmal meine CDU-Amtsvorvorgängerin, was der CDU-Kreisvorsitzende, der in ein anderes Lager gehört, sicher aus Versehen vergessen hat.

Auch den Kreisvorsitzenden kenne ich schon aus Zeiten, als ich noch bei den Jusos war. Und ich erinnere ihn in meinem Grußwort an das einzige Mal, an dem ich seinetwegen weinte: mit 20 Jahren, in einer Diskussion über Atomkraft, bei der er, so habe ich es in Erinnerung, einfach die besseren Argumente zu haben schien. »Aber das seht ihr in Berlin ja heute auch anders, nicht wahr?«, spiele ich auf Merkels Energiewende an. Gelächter im Saal.

Ich bemühe mich auch im Alltagsgeschäft um die CDU. Ich sorge dafür, dass sie den Aufsichtsratsposten bei den Stadtwerken wieder bekommt, der ihr als zweitstärkster Fraktion nach guter Übung zusteht – die rot-grüne Ratsmehrheit hatte sich darüber nach der vorletzten Kommunalwahl ein bisschen sehr großzügig hinweggesetzt. Das ist Gegenstand von »Nebenabsprachen« zum Kooperationsvertrag zwischen Rot und Grün gewesen, die ich problematisch finde.

Ich greife Vorschläge aus CDU-Anträgen auf, da ich nicht dafür bin, sie nur deshalb abzulehnen, weil sie nicht von meiner Partei kommen. Ich bin manchmal unglücklich über die SPD, weil sie im Rat auch an vernünftigen CDU-Anliegen kein gutes Haar lässt. Ich bin höflich zu meiner CDU-Amtsvorgängerin und versuche sie in städtische Projekte einzubeziehen, bei denen sie uns helfen kann, zum Beispiel durch gute Kontakte zu potenziellen Sponsoren.

Ich denke, dass wir letztlich zum Wohle unserer Stadt, in der wir alle gern leben, konstruktiv zusammenarbeiten sollten.

Und deshalb trifft es mich in jedem einzelnen Fall – und wird mich in der Skandalisierung der Steuerentscheidung noch härter treffen –, wenn ich merke, dass die CDU eigentlich doch keinen Partner auf der anderen Seite möchte. Sondern einen Regierungs-Punchingball, auf den die tapfere Opposition eindreschen kann. Jemand, der »zu Verstand kommen« muss, dem man schlicht auf der ganzen Linie und für alles die Kompetenz abspricht, der unnötig die Redezeit der Ratsversammlung verbraucht, wenn er Rechenschaft ablegt.

Manche Ratsleute, gerade die alten Schlachtrösser, sind stolz darauf, wenn sie sich in der Ratsversammlung Abscheu und Empörung um die Ohren hauen und hinterher doch einträchtig Bier trinken gehen. Aber, mit Verlaub: Ich glaube nicht, dass das Spiel heute noch so gespielt werden *sollte*. Das Desinteresse der Öffentlichkeit und die schwindsüchtige Wahlbeteiligung sprechen jedenfalls nicht dafür, dass ein modernes Publikum diese Schaukämpfe mag. Sie dienen auch nicht der didaktischen Darbietung von Argumenten, denn häufig sind die Positionen kaum zu unterscheiden.

Ich habe diese gespielten Attacken nur sehr schlecht ertragen. Und ich nehme mir die Meinung heraus, dass sich hier eher die eingefahrenen Kommunikationsrituale ändern müssen als meine Empfindlichkeit. Viele Profijournalisten (sonst die ersten, die Politikverdrossenheit beklagen) haben mir diese Haltung im Verlauf der Kieler Affäre als naiv und ahnungslos ausgelegt. Erstaunlich: Soll alles so bleiben, wie es ist? Ist alles gut? Sind alle zu Recht von Politik begeistert? Es wird sich etwas ändern müssen, und das hat auch mit der brachialen Inszenierung von Konflikten zu tun.

Irgendwann geht dann auch die längste Kieler Woche der Welt zu Ende. Nach allen Regatta-Begleitfahrten (für die offiziellen Teilnehmer eine Prüfung, weil man stundenlang auf einem Boot festsitzt, auch wenn man anderes zu tun hätte; trotzdem hatte ein Kieler Staatsanwalt sich vor Jahren nicht entblödet, eingeladene Ratsleute und Amtsleiter wegen »Vorteilsnahme« zu verfolgen), nach einer Ansprache beim NDR-Feuerwerksempfang, war schließlich alles vorbei. Endlich brach der Juli an.

Mein Urlaub sollte am 4. Juli beginnen. Mein Mann und ich fuhren wieder nach Kroatien, in einen kleinen Ort auf der Insel Brác, wo wir auch vor fast genau einem Jahr unsere Sommerferien verbracht hatten. Damals hatte ich mit Blick auf die Fischerboote und die bunten Fische im kristallklaren Wasser Kommunalpolitik gebüffelt – Haushalt, Parteiprogramme, die lesenswerte Zeitschrift »Der Neue Kämmerer«. Ein Jahr lang hatte ich nun fast ohne Unterbrechung Wahlkampf gemacht, die Wahl gewonnen, Leute und Themen kennengelernt, Konflikte zu lösen versucht, öffentliche Auftritte absolviert, Fehler gemacht, Fehler beseitigt, um Vertrauen gekämpft, vertraut, argumentiert, geredet, gestritten. Ich konnte eine Pause gebrauchen.

Ich lief viel durch die Pinienwälder an der Felsküste zur Adria. Ich schlief, ich las, ich saß mit Begeisterung in Kneipen herum, ich schwamm fünf Mal am Tag. Und während Hans-Peter vormittags seine Materialien für den im September bevorstehenden Bundestagswahlkampf bearbeitete, begann ich, einen längeren Artikel darüber zu schreiben, welchen merkwürdigen Zumutungen, unvergleichlichen Erfahrungen und überbordenden Erwartungen man in einem Wahlamt wie dem des Oberbürgermeisters ausgesetzt ist. Ich wollte diesen Text den ehemaligen Kollegen von der *Zeit* anbieten. Ich fand, so etwas hatte ich weder je erlebt noch je geschrieben. Aber mindestens die 300 000 Menschen, die in Deutschland kommunalpolitisch engagiert sind, müssten damit etwas anfangen können. Ich kam nicht mehr dazu, diesen Text an meine Ex-Zeitung zu schicken. Nach meiner Rückkehr hatte ich andere Probleme.

Aber der Urlaub war sehr schön. Nur gelegentlich telefonierte ich mit dem Büro, und Alfred hatte auf den ersten Blick keine beunruhigenden Nachrichten. Ich war froh, einmal weg zu sein. An einem Ort, wo niemand mich kannte. Niemand etwas wollte. Niemand sich dafür interessierte, ob ich Shorts trug oder in der Öffentlichkeit Wein trank. Einmal murmelte Alfred etwas von einer Akteneinsicht, die die CDU beantragt habe. Das war gewissermaßen schon die schwarze Gewitterwolke, die in Otfried Preußlers Kinderbuch Unheil verkündend am Himmel über dem Haus der *Kleinen Hexe* erscheint. Aber der Himmel über Kroatien war blau. Ich hatte Ferien, und ich ahnte nichts.

ALBTRAUM
Du kannst nicht entkommen

Es gibt einen entsetzlichen – und umstrittenen – Film von Michael Haneke: *Funny Games*. Darin spielen Ulrich Mühe und Susanne Lothar ein Ehepaar, das bei einem Urlaub am See von einem Albtraum heimgesucht wird. Zwei junge Männer dringen in ihr Ferienhaus ein und entfesseln ohne erkennbaren Grund eine Orgie der Gewalt und Erniedrigung. Am Ende töten sie das Paar und dessen Sohn fast beiläufig und ziehen weiter zum nächsten Grundstück.

Haneke versteht seinen Film als einen Beitrag zur Sensibilisierung der Zuschauer für sinnlose Gewaltdarstellungen. Kritiker werfen ihm vor, just die Bilder zu produzieren, die er vorgeblich ablehnt. Man muss sich in diesem Streit gar nicht entscheiden, um von dem Film zutiefst beeindruckt zu sein. Mühe und Lothar treten als normale, wohlerzogene, bürgerliche Menschen auf. Nichts in ihrem Leben hat sie vorbereitet auf zum äußersten entschlossene Gewalt, die nur um ihrer selbst willen geschieht. Als sie merken, was vor sich geht, und endlich aufhören, höflich zu sein, ist es längst viel zu spät.

Besonders schrecklich ist eine Szene, in der Haneke die realistische Erzählebene verlässt: Susanne Lothar bekommt in einem Moment, in dem ihre Peiniger abgelenkt sind, ein im Wohnzimmer herumliegendes Gewehr zu fassen und schießt einem der Täter in den Bauch. Als der andere Täter der Bedrohung gewahr wird, greift er nach der Fernbedienung und spult die Filmszene, in der sich alle gerade befinden, ein Stück zurück. Dann erschießt er Ulrich Mühe.

Dieses Gefühl von Ohnmacht, dieses Gefühl, die Rettung in Reichweite zu haben und sie doch nicht erreichen zu können – das ist der Stoff, aus dem Albträume sind. Oh, und auch das ungläubige Erstaunen, wenn man auf Vernichtungswillen trifft. Den meisten Menschen ist Vernichtungswille hoffentlich eher fremd.

Ich habe Teile dessen, was ich im Sommer und Herbst 2013 erlebte, als Albtraum empfunden. Und ich weiß von anderen Menschen, die im Zentrum von Skandalisierung gestanden haben, dass es ihnen ähnlich geht. Bis heute habe ich manchmal das Gefühl, ich könnte eines Morgens aufwachen und feststellen, dass all das, was mir immer noch unfassbar erscheint, in Wirklichkeit gar nicht passiert ist. Aber die Fernbedienung hielten in meinem Fall andere in der Hand.

Hart am Wind

Nach den Sommerferien gab es noch einmal einen Moment von harmloser Freude an einem der repräsentativen Aspekte des Oberbürgermeisterjobs: Vom Lübecker Bürgermeister Bernd Saxe war ich zum »Rotsponcup« herausgefordert worden, einem Yachtrennen vor Travemünde, in dem es um eine Fünf-Liter-Flasche Rotspon, den in Lübeck gelagerten Bordeaux, geht. Es handelte sich bei dieser Regatta um eine Tradition aus dem 19. Jahrhundert, die Saxe 2004 wiederbelebt hatte.

Das ist ein Auftritt, der nicht viel und zugleich doch eine ganze Menge bedeutet. Lokalradio, Lokalfernsehen, Lokalzeitungen berichten ausführlich davon. Man kann schöne Bilder produzieren. Oder eben blöde. Die megateuren America's-Cup-Yachten werden von professionellen Crews gesegelt, und es wird einem im Vorfeld glaubhaft versichert, man müsse schlicht gar nichts können. Doch dann steht man plötzlich doch am Ruder und muss entscheiden, wie hart man an den Wind geht. Dann spielt Gewinnen plötzlich doch eine Rolle – aus Spaß und Wettkampfgeist und weil plötzlich und unerwartet so etwas wie Lokalpatriotismus aufkommt. Kiel gegen Lübeck. Dass wir bei einer Halse fast das Bojenboot umnieten, wird mir als kühne Taktik ausgelegt. Wie auch immer, Kiel gewinnt. Und es gibt schöne Bilder. Kann natürlich sein, dass Saxe, der alte Gentleman, mich hat vorbeiziehen lassen. Torsten Albig hat er im vergangenen Jahr geschlagen.

Meine Truppe und ich machen noch einen kurzen Bummel über die Travemünder Woche, um dort vielleicht Ideen für unsere Kieler Woche zu klauen. Es fällt auf, dass sie in Lübeck – wie auch bei ihrem Weihnachtsmarkt – einen Weg gefunden haben, teilweise schönere, qualitativ hochwertigere Stände anzulocken, als wir sie in Kiel haben. Das ist, wie Bürgermeister Saxe beim abschließenden Regattaessen versichert, das Ergebnis eines jahrelangen Diskussionsprozesses mit den Schaustellern.

Der Albtraum beginnt dann mit einem Besuch des CDU-Fraktionsvorsitzenden bei mir. Manche Leute halten diesen Mann für eher schlecht gekleidet, seine Fähigkeit zur Tücke für beachtlich und seine Macho-Attitüde für unerträglich. Ich mag ihn eigentlich ganz gern, auch wenn er eine enervierende Art hat, mich in Ratssitzungen, in denen er mir direkt gegenübersitzt, anzustarren.

Auf jeden Fall ist er niemand, der einem den Schlaf rauben sollte. Ich hatte mich ja in der Vergangenheit wirklich bemüht, die CDU höflich zu behandeln. Auch in diesem Gespräch, das an einem heißen Tag Ende Juli auf dem angenehm schattigen Rathausbalkon stattfindet, mache ich deutlich, dass ich eine bessere Zusammenarbeit mit der Union als früher für gut vorstellbar halte.

Als letzten Punkt unseres freundlichen Gesprächs ruft er die Steuerentscheidung vom Juni auf, über die ihn der Kämmerer informiert hat. Er und ein Fraktionskollege hätten da inzwischen

Akteneinsicht genommen, sagt er, und leider weise die Akte erhebliche Lücken auf. Insbesondere sei unklar, warum man sich mit dem Schuldner überhaupt verglichen und warum man die große Summe so lange gestundet habe – nur um dann so hastig und an der Ratsversammlung vorbei zu entscheiden. Die Unterrichtung seiner Fraktion durch den Kämmerer sei außerdem unzureichend gewesen, und die Sache müsse dringend noch einmal angeschaut werden. Ich müsse verstehen, dass sie das nicht auf sich beruhen lassen könnten.

Ich empfinde es als anständig, dass er mich unter vier Augen über seine Bedenken in der Steuerangelegenheit informiert. Könnten das erste Früchte eines vertrauensvolleren Umgangs miteinander sein? Andererseits wird mir hier ein Sachverhalt als gänzlich negativ geschildert, den meine zuständigen Fachleute als absolut positiv und nützlich für die Stadt bewertet hatten. Haben sie sich geirrt? Habe ich ein für die Stadt seit 15 Jahren schwebendes Verfahren glücklich zum Abschluss gebracht – oder habe ich Mist unterschrieben?

Die Angst, etwas Falsches zu unterschreiben, dürfte vielen Inhabern öffentlicher Ämter vertraut sein. Man ist so ungeheuer abhängig von der Arbeit des Apparats. Und gleichzeitig ist man verpflichtet, keine Entscheidung, die die eigene Unterschrift tragen soll, leicht zu nehmen. In diesem Fall war ich eigentlich sicher, das Richtige getan zu haben.

Es gab nur einen Weg zu klären, wo wir standen. Am Tag nach dem Besuch des CDU-Fraktionsvorsitzenden bat ich den Leiter des Amtes für Finanzwirtschaft, den persönlichen Referenten des Kämmerers (der Kämmerer selbst war noch im Urlaub) und den Sachbearbeiter, der seit vielen Jahren mit dem Fall befasst war, zu mir. Hier saßen nun, neben dem Rechtsamtsleiter, meinem Stabschef und meinen Referenten, Jahrzehnte von finanzwirtschaftlicher Verwaltungserfahrung und begründeten vehement ihr Vorgehen und den Vergleich.

An einen Satz, den ich auch sonst in dieser Sache im Rathaus immer wieder zu hören bekam, erinnere ich mich besonders gut: »Herr Albig wollte das so.« Bei mir dachte ich, dass seine Entscheidung, einen Vergleich suchen zu lassen, für ihn typisch war: in vollem Einklang mit seinen Konfliktvermeidungsstrategien bei anderen Themen. Mit der Enttäuschung, wenn die Konfliktvermeidung dann doch nicht funktionierte, mochten dann andere zurechtkommen.

Hätte er konsequent sein wollen, dann hätte Torsten Albig versuchen müssen, den Schuldtitel ab 2009 vollstrecken zu lassen, nachdem er rechtskräftig geworden war. Aber tatsächlich hatte sich der Steuerjurist Albig offenbar von den gleichen Überlegungen leiten lassen, die man mir vorgetragen hatte – dass der Spatz in der Hand besser als die Taube auf dem Dach sei. Hatte er die Rechtsgrundlage für eine Vergleichslösung und die daraus folgende jahrelange Stundung der Gesamtschuld überhaupt sorgfältig prüfen lassen? Oder war er durch das langwierige Verhandlungsverfahren, das erst zum Abschluss kam, als er schon wieder weg war, einmal mehr einem Risiko aus dem Weg gegangen? Ich weiß es nicht.

So oder so fiel dem Kämmerer und mir jetzt auf die Füße, womit Albig – und sein damaliger CDU-Kämmerer (mein Konkurrent im OB-Wahlkampf 2012) – die Verwaltung programmiert hatten: über Jahre den Vergleich zu suchen, nicht die Vollstreckung zu wagen.

Die Beamten zogen von dannen, mit dem Auftrag, noch einmal sauber zu prüfen, ob wir hier einen Fehler zu vertreten hatten oder nicht.

Im Folgenden hätte ich – aber auch der Kämmerer kam nicht darauf – unsere rot-grünen Fraktionen, vor allem aber CDU und FDP Federstrich um Federstrich über die interne Prüfung und Vorgeschichte der Vergleichsentscheidung informieren müssen. Stattdessen ging ich dem Tagesgeschäft nach. Mein Fehler war überdies, dass ich die Prüfung der Beamten zu lange laufen ließ, während zu viele Leute im Rathaus wussten, dass ich alarmiert war. Die CDU wusste das mit höchster Wahrscheinlichkeit auch. Und bis zu meinem misstrauischen Amtsvorgänger dürfte es sich ebenfalls herumgesprochen haben.

Wahlkampfmanöver

Am 19. August aßen wir abends in einem vietnamesischen Restaurant, um den Geburtstag unserer Tochter zu feiern. Unmittelbar zuvor hatte ich das einzige Vieraugengespräch meiner Amtszeit mit Torsten Albig gehabt. Der Termin war schwierig genug zu bekommen gewesen; ich verzichte auf eine Darstellung der recht amüsanten Umstände, da ich ohne Zeugen dorthin kam – wie bei einem Vieraugengespräch üblich.

Meine Tochter ist eine nüchterne Persönlichkeit. Sie neigt ganz und gar nicht dazu, Zeichen zu sehen oder Ahnungen zu haben. Trotzdem, so sagte sie mir Monate nach meinem Rücktritt, habe sie diesen Abend irgendwie als bedrohlich wahrgenommen; als eine Begebenheit, die einem zumindest im Nachhinein wie ein Wendepunkt vorkommt. Lag es daran, dass ich wegen der ganzen Steuersache bedrückt war? Lag es an der reizenden Gastwirtin, die sich für uns so viel Mühe gab, dass wir am Ende kaum selbst unser Essen aussuchen und eine halbwegs ungestörte Unterhaltung führen konnten? Jedenfalls war ein Schatten über dem Abend.

Und am nächsten Tag brauchte ich keine Irritation über eine diffuse Stimmung beim Abendessen mehr, um zu wissen, dass ich ein Problem hatte. Keine Ahnung, was ich von der CDU erwartet hatte: Aber irgendwie hatte ich gehofft, dass sie unsere internen Bemühungen, mögliche Fehler bei der Bearbeitung des Steuerfalls aufzuklären, ernst nehmen würde. Es ging mir ja nicht darum, irgendetwas zu vertuschen. Es ging erst einmal um die Frage, ob der Vergleich, den Torsten Albig auf den Weg gebracht, den die

Kämmerei ausgehandelt und den ich abgezeichnet hatte, nun zulässig war oder nicht.

Der Kämmerer und die Mitarbeiter seines Amtes für Finanzwirtschaft hatten sich bemüht, den Mitgliedern des Finanzausschusses möglichst lückenlose Transparenz über ihr Vorgehen und ihre Erwägungen zu verschaffen. Es gab eine Sondersitzung des Gremiums, in der alle Fragen umfangreich erörtert wurden. Eine zweite Sondersitzung wurde anberaumt. Doch am Ende war eben doch nicht so sehr die Klärung der Sachfrage von Interesse, sondern der jetzt gerade richtig anlaufende Bundestagswahlkampf (die Wahl würde einen Monat später am 22. September stattfinden).

Deshalb veröffentlichte die CDU-Ratsfraktion am 20. August 2013 einen Antrag für die Ratsversammlung am 22. August, den ich aus drei Gründen infam fand: Erstens durfte der Steuerfall in seinen Einzelheiten von uns nicht in der Öffentlichkeit dargestellt werden, weil das strafrechtlich geschützte Steuergeheimnis zu wahren war. Was aber durchaus öffentlich diskutiert werden konnte, war der Text des CDU-Antrages. Und der war, zweitens, allem Anschein nach daraufhin formuliert, einer bisher recht erfolgreichen SPD-Oberbürgermeisterin und ihrer Partei zu schaden. Es wurde ein »Sonderausschuss« der Ratsversammlung zur Untersuchung der Vorgänge des Steuervergleichs gefordert, analog zu einem parlamentarischen »Untersuchungsausschuss«. Einen Untersuchungsausschuss sieht die schleswig-holsteinische Gemeindeordnung überhaupt nicht vor, aber damit war dieser Begriff schon einmal in der Wahlkampfwelt.

Der dritte Punkt verletzte mich in einem vielleicht irrationalen Maße persönlich: Im Begründungstext wurde meine »Qualifikation« in Zweifel gezogen, »die Angelegenheiten der Stadt verantwortlich zu regeln«. Ich weiß nicht, ob es mir gelingt, zu vermitteln, warum mich dieser Dauertenor der Angriffe aus Teilen meiner eigenen Partei, aus den Medien und jetzt noch einmal schwungvoll aus der Opposition so zermürbte: Die Grundentscheidung, die Entscheidung für Vergleichsverhandlungen und *gegen* eine zügige Vollstreckung, hatte in dem Fall ein Steuerjurist getroffen, Torsten Albig nämlich. Fachleute, die ihr Berufsleben damit zubrachten, mit der städtischen Abgabenordnung zu hantieren, hatten sie unterschriftsreif gemacht und mir vorgelegt. Und jetzt lag es an *meiner* »mangelnden Qualifikation«, dass die Opposition Lücken in der Aktenführung sah? Es war Inkompetenz, dass die Stadt endlich Geld bekam?

Kompetenz hingegen wäre es gewesen, wenn die Stadt weiterhin kein Geld bekommen oder den Steuerschuldner in die Insolvenz getrieben hätte?

Ich weiß in meinen gelasseneren Momenten, dass der Vorwurf der Inkompetenz und die zur Schau getragene Verachtung der Opposition für die Rathauschefin zum üblichen politischen Repertoire gehören. Dass man darauf nichts geben sollte, dass das Geräusche sind, die Profis einfach weglächeln.

Aber in diesem Punkt war ich kein Profi und würde auch nie einer sein: Mich kränkten diese Zuschreibungen. Mich kränkte auch die Unterstellung irgendeiner bösen oder unlauteren Absicht. Ich hätte, wenn es Fehler gab, diese sofort korrigiert. Aber wir wussten zu diesem Zeitpunkt noch gar nicht, ob die Steuerentscheidung denn tatsächlich falsch gewesen war. Ehrlich gesagt, weiß das bis heute niemand genau.

Die rituellen persönlichen Angriffe in der politischen Auseinandersetzung nützten den Rollenpolitikern übrigens nichts. Die CDU in Kiel kam trotz ihrer Attacken nur auf ein bescheidenes Bundestagswahlergebnis von 30 Prozent Zweitstimmen (Bund: 41,5). Und das, obwohl im Wahlkampf fleißig Flugblätter verteilt wurden, die den Tenor hatten, die Partei meines Mannes plane in Berlin Steuererhöhungen, während ich in Kiel Steuergeld mit vollen Händen zum Fenster hinauswürfe. Wahrscheinlich war das den Wählerinnen und Wählern doch zu platt. Das legt später auch der Ausgang der Wahl meines Nachfolgers nahe:

Der CDU-Fraktionsvorsitzende, der die Oppositionskampagne gegen mich geführt hatte, erreichte als gemeinsam von CDU und FDP unterstützter OB-Kandidat nur 28 Prozent. Ein unterirdisches Ergebnis.

Manche Kollegen aus dem Journalismus haben mich im weiteren Verlauf der Affäre darüber belehrt, dass derjenige, dem es in der Küche zu heiß sei, dort eben nichts verloren habe. Ich halte diesen Klischeesatz für einen problematischen Sein-sollen-Schluss: Weil Politik so hart ist, muss man eben abgebrüht und zynisch sein! Wollen wir wirklich am liebsten von abgebrühten Zynikern regiert werden? Ich nicht.

Ein Gespräch mit einer Redakteurin der *Kieler Nachrichten* zum Antrag der CDU verlief zunächst ganz erfreulich: Ähnlich wie ich schätzte sie die Lage so ein, dass der Weg, den die Verwaltung schließlich gewählt hatte, tatsächlich die realistische Möglichkeit für die Stadt gewesen war, überhaupt an Geld zu kommen. Und so kommentierte sie die Ergebnisse der Kämmerei auch am Tag der Ratsversammlung. Doch die Überschrift über dem Aufmacher auf Seite eins lautete »Streit um Millionen-Deal mit Kieler Steuersünder«. Zu sehen war ein Foto von mir. Und damit war eine fatale Wahrnehmung in der Welt, die ein erfahrener Kommunikationsexperte sofort im Keim hätte ersticken müssen: zum einen, dass ich irgendetwas willkürlich und im Alleingang entschieden hätte; zum anderen, dass es um einen »Deal«, also ein zwielichtiges Geschäft, gegangen sei, der mir womöglich Vorteile bringe.

Die Unzuverlässigen

Wenn dieses Darstellungsproblem die einzige Front gewesen wäre, dann hätte ich mich vielleicht frühzeitig auf die Bekämpfung dieser gefährlichen Formulierung, dieses schiefen Bildes konzentrieren können. Aber Krisen zeichnen sich ja gerade dadurch aus, dass sie sich nicht auf eine einzige Schwierigkeit beschränken. Was in dieser Situation sehr schnell wieder deutlich wurde, war mein prekäres Verhältnis zu den Grünen. Sie mochten eine Koalition mit den Sozialdemokraten im Rat haben, aber ich war letztlich nicht *ihre* Oberbürgermeisterin. Wenn ich Schwierigkeiten hatte, dann war das ein willkommener Anlass zum Feilschen.

In der aktuellen Situation ging es um die Einlösung bestimmter Versprechen aus den leidigen geheimen Nebenabsprachen zum rot-grünen Koalitionsvertrag, die ich bis dahin nicht gekannt hatte und niemals gutgeheißen hätte. Die Grünen hätten gern einen zusätzlichen Aufsichtsratsposten bei den Stadtwerken gehabt, auf den sie keinerlei Anspruch hatten. Um das zu erreichen, sollte ich den Mehrheitsgesellschafter der Stadtwerke auf die anstehende Konzessionsvergabe für Gas, Wasser und Strom »hinweisen«. Was die Spitzen der beiden Fraktionen da als ein zwischen Ehrenmännern organisiertes politisches Machtspiel auffassten, konnte im Extremfall bedeuten, dass den Stadtwerken die Geschäftsgrundlage entzogen würde und dass Kiel sein neues Fernwärmekraftwerk nicht wie geplant würde bauen können. Dann würden nicht nur Millionenkosten entstehen, sondern die Kieler Bürger würden unter Umständen während des Winters auch einmal ohne Fernwärme auskommen müssen.

Ich war fassungslos, dass die Spitze meiner Kreispartei sich in diesem Punkt – wie auch bei der Einrichtung eines zusätzlichen, überflüssigen Dezernats – auf Geheimabsprachen eingelassen hatte. Das sind genau die Dinge, die normale Wähler, normale Bürger, aber auch die normalen Parteimitglieder immer argwöhnen – und die das Vertrauen in unsere Demokratie untergraben.

Die treibende Kraft bei diesem fragwürdigen Vorgehen war aber eben nicht die SPD-Ratsfraktion, die, obwohl doppelt so groß wie ihr Koalitionspartner, in fast allen Angelegenheiten eine eigenartige Willensschwäche an den Tag legte. Die Kieler Kommunalpolitik dominierten ganz eindeutig die Grünen, und ihre Rolle hatte ich bei meiner Analyse der Ausgangslage in der Tat unterschätzt. Die

Grünen hatten zwischen 2003 und 2008 die schwarz-grüne Koalition im Rathaus entscheidend geprägt, und sie waren tonangebend in der rot-grünen Koalition von 2008 bis 2013 gewesen. Und jetzt sollte es aus ihrer Sicht gern so weitergehen.

Bevor das Feilschen beginnen konnte, musste man natürlich erst einmal seine Macht demonstrieren. Die Grünen entdeckten also plötzlich (anlässlich des CDU-Antrags) ihr Herz für Oppositionsrechte und erklärten, dass sie sich geradezu moralisch verpflichtet sähen, einen »Sonderausschuss« zur Aufklärung des Steuerfalls einzurichten. Dass dieser »Sonderausschuss« im gesamten Bundestagswahlkampf als ein gegen mich gerichteter Untersuchungsausschuss interpretiert werden würde, störte sie anscheinend herzlich wenig.

Ich hatte allerdings nicht die Absicht, mich erpressen zu lassen. Insofern war ich innerlich sehr klar. Sie konnten sich gern durchsetzen. Aber dann würde ich zurücktreten.

Abgeklärtere Beobachter mögen das für eine Überreaktion halten, für unpolitisch, für allzu eigensinnig. Vielleicht haben sie recht. Ich hatte jedoch ein ums andere Mal erlebt, wie es nicht um die Sache, nicht um das vielzitierte »Wohl der Stadt«, nicht um normale Fairness im Umgang miteinander, sondern um grüne Befindlichkeiten und sehr persönliche Interessen gegangen war. Die erwähnten »Nebenabsprachen« zu den Kooperationsverträgen bedienten reichlich grüne Bedürfnisse, sei es bei Aufsichtsratsposten, sei es in der Stadtentwicklung. Und ich fand, meine eigene Fraktion müsse sich langsam entscheiden, ob sie sich von den Grünen die politische Linie im Rathaus vorgeben lassen wollte selbst dann, wenn es gegen die sozialdemokratische Oberbürgermeisterin ging.

Für die Ratsversammlung am 22. August schrieb ich eine Rede mit zwei alternativen Schlüssen, der zweite für den Fall, dass die SPD ihren grünen Koalitionspartner nicht von der Einsetzung des »Sonderausschusses« würde abbringen können. Sollte das eintreten, wollte ich mein Amt niederlegen. War diese frühe

Erwägung eines Rücktritts zu weich? Nach den herkömmlichen Regeln des Politikspiels ganz bestimmt. Andere hätten ein Was-wollt-ihr-dafür-haben-Paket geschnürt. Aber mir war diese Art von Gedeale – und hier verwende ich den Begriff mit Absicht – schlicht zuwider. Wenn das eine »schwache« Position ist, muss ich damit leben, halte das aber nicht für einen Fehler.

Meine Mitarbeiter hatten die zwei handschriftlichen Redeentwürfe aus dem Faxgerät gezogen und sie zum Abschreiben weitergereicht. Sie waren also im Bilde – und entsetzt. Am Morgen vor der Ratsversammlung saß ich bei meiner Friseurin, weil ich der Meinung war, dass man maximalen Ärger wenigstens mit ordentlichen Haaren durchstehen sollte, als mein gesamtes Büroteam plötzlich im Friseurladen auftauchte. Meine Mitarbeiter baten mich unisono, mich nicht aus dem Konzept bringen zu lassen und auf gar keinen Fall zurückzutreten. In der kleinen Pausenküche des Friseurgeschäfts hielten wir eine Krisensitzung ab. Und sie überzeugten mich, dass ich nicht aufgeben dürfe, dass sich alles zum Guten wenden, dass die Sozialdemokraten stehen und die Grünen letztlich einknicken würden. Ich glaube, von diesem Aufmarsch wird bei meiner Friseurin noch heute gesprochen. Und ich war wirklich gerührt.

Tränenrede

Meine Rede für die Ratsversammlung am 22. August ließ meine Frustration darüber erkennen, dass die Opposition ein mögliches Kieler Verwaltungsproblem für den Bundestagswahlkampf instrumentalisierte. Dass sie mir böse Absichten und Willkür unterstellte – und ich mich nur unzureichend verteidigen konnte, weil da die Kleinigkeit des Steuergeheimnisses zu bedenken war. Im Grunde war es eine Rede, die die rituelle, unechte Kommunikation in der Politik beklagte. Und ich glaube, diese Rede wäre einigermaßen in Ordnung gewesen, starker Tobak, aber in Ordnung, wenn mir beim Reden nicht die Stimme gekippt wäre und ich nicht ständig mit den Tränen hätte kämpfen müssen. Das ist natürlich, erstens, eine Todsünde für eine Frau: Heulsuse! Das hatte aber auch tatsächlich, zweitens, ein Element von Selbstmitleid, das einem Feld-Wald-und-Wiesen-Oppositionsangriff nicht angemessen war. Das muss ich zugeben. Ob ich deshalb alles verdient habe, was später passierte, ist eine andere Frage. Drittens lieferte meine Tränenrede natürlich alle passenden Bilder zur Illustration dessen, was sich danach ereignete. Eine *self-fullfilling prophecy?* Viertens hätte ich die Rede nicht selbst halten müssen, sondern der in allen Finanzsachen der Stadt Zuständige: der dem Rat verantwortliche Kämmerer.

Ironischerweise war ich in meinem Auftritt ausgerechnet durch mein häusliches Umfeld beeinflusst. Mein Mann hatte in der laufenden Wahlperiode in zwei Untersuchungsausschüssen des Bundestages (Kundus- und Drohnenaffäre) mitgewirkt. Immer wieder hatten wir zu Hause darüber gestritten, wie viel Eifer der Parlamentarier noch sinnvoll ist und wann das Durch-den-Wolf-Drehen der Minister unangemessen wird. Gerade in der Drohnen-Angelegenheit hatte ich den Eindruck gehabt, Verteidigungsminister Thomas de Maizière (CDU) habe das Beschaffungschaos weder persönlich noch mit Absicht herbeigeführt. Mein Mann meinte dazu, es sei aber ziemlich unwürdig, wie de Maizière die Schuld auf seine Mitarbeiter schiebe und jede Führungsverantwortung von sich weise.

Genau das – als Erstes auf die Mitarbeiter zeigen – wollte ich nicht. Und ich hatte diese Urangst: War mit meiner Unterschrift alles in meine Alleinverantwortung übergegangen? Hatte mich womöglich jemand hereingelegt? (Diese Frage wurde mir im Verlauf der Angelegenheit von außen oft gestellt.) Mein Versuch, alles auf mich zu nehmen, mag nobel gewesen sein, und auf irgendeiner Ebene der politischen Verantwortung auch richtig. Aber für mich selbst war das, was ich tat, maximal schädlich. Damit verzichtete ich darauf, auch dem letzten Begriffsstutzigen deutlich zu machen, dass ich mir den Gewerbesteuervergleich *nicht* ausgedacht und mit dem betroffenen Steuerschuldner *niemals* verhandelt hatte, sondern meinem Vorgänger und meinen Fachleuten gefolgt war. So war das Tor offen für die zerstörerische Redeweise von meinem »Alleingang« und meinem »Deal«.

Einen kurzfristig politischen Effekt hatten meine Beinahe-Tränen immerhin: Die CDU war ausgesprochen kleinlaut, die SPD solidarisch, und sogar die Grünen schienen ergriffen. Eine Grüne heulte in ihrem Wortbeitrag gleich mit.

Ratsmehrheit mit Gedächtnisschwund

Und dann tat die Ratsmehrheit aus SPD, Grünen und Südschleswigschem Wählerverband im nichtöffentlichen Teil ihrer Sitzung etwas, woran sie später nicht mehr gern erinnert werden wollte: Sie lehnte den Antrag der CDU, meine Entscheidung zum Steuervergleich rückgängig zu machen, ab. Damit hatte sich die Ratsversammlung – so die Rechtsauffassung unseres Rechtsamtsleiters (des führenden Gemeindeordnungskommentators zu diesem Thema in Schleswig-Holstein) – die Entscheidung nachträglich zu eigen gemacht. Jetzt war es auch *ihr* Vergleich. Die Ratsmehrheit tat das bei vollem Bewusstsein. Sie tat es in Kenntnis der ausführlichen Vorlage der Kämmerei. Nach Beratung im Finanzausschuss. Und nachdem die Fachzuständigen der Fraktionen Akteneinsicht genommen hatten. Eine mögliche rechtliche Unzulässigkeit einer durch mich vorweggenommenen Ratsentscheidung wäre durch ihren Mehrheitsbeschluss »geheilt«.

Es ist im Nachhinein besonders bemerkenswert, wie die rote und die grüne Fraktion in dieser Frage eine Kollektivamnesie erlitten, sich daran nicht mehr erinnern konnten (es steht natürlich im Protokoll dieser Sitzung) und das später mit der rechtlichen Prüfung betraute Innenministerium nicht einmal auf die Idee kam, dieser frühzeitige Mehrheitsbeschluss der Kieler Ratsversammlung vom 22. August 2013 könne etwas bedeuten. Gemeindeordnung und Hauptsatzung der Stadt sehen für eine Eilentscheidung des Oberbürgermeisters keine nachträgliche Zustimmung durch die Ratsversammlung vor. Diese muss nur informiert werden. Dann aber kann sie selbst entscheiden, ob sie von ihrem Rückholrecht Gebrauch machen und die OB-Entscheidung per Ratsbeschluss wieder aufheben will, wenn das aus der Mitte der Versammlung beantragt wird. Genau dies war geschehen: Der Aufhebungsantrag wurde gestellt – und mit der Mehrheit der Kieler Ratsversammlung zurückgewiesen. Die im Rat umstrittene Vergleichsentscheidung wurde also ausdrücklich (per Abstimmung mit Handaufheben) *nicht* zurückgenommen. Und das heißt: Sie wurde bestätigt.

Die *Kieler Nachrichten* waren so ratlos angesichts der Vorgänge im Rat, dass sie am nächsten Tag meine Rede im Wortlaut abdruckten. Für mich war dies günstig, denn so konnten sich viele Bürgerinnen und Bürger direkt ein Bild von meiner Sicht der Dinge machen. Die Reaktionen darauf – sowohl mir persönlich gegenüber als auch in Leserbriefen – waren überwiegend freundlich, verständnisvoll, abwägend. Im Prinzip hätte die Sache damit gut sein können.

Am Tag nach der Ratsversammlung hatte ich den KN-Chefredakteur und einen Lokalreporter bei mir sitzen. Was um Himmels willen denn gestern los gewesen sei, wollten sie wissen. Ob da nicht ein Rücktritt in der Luft gelegen habe? Ich sah keinen Sinn darin, ihnen von den permanenten atmosphärischen Störungen mit den Grünen zu berichten, also bestritt ich Rücktrittsabsichten; schilderte noch einmal, dass der Vergleich nicht auf meine Initiative hin zustande gekommen war; brachte noch einmal meine Enttäuschung darüber zum Ausdruck, dass die CDU in der Steuerentscheidung keinen Erfolg für die Stadt, auch kein kompliziertes verfahrenstechnisches Problem, sondern nur ein Wahlkampfthema sehen wollte; und betonte, dass die Verwaltung weiterhin auf Transparenz setze: Ich würde daher die Steuerakte der Kommunalaufsicht im Innenministerium übergeben, damit man dort beurteile, ob das Vorgehen der Kämmerei und meine Unterschrift rechtlich zulässig gewesen seien oder nicht. (Von der CDU nahm ich an, dass auch sie früher oder später die Kommunalaufsicht anrufen würde. Was sie dann auch tat.)

Das Pressegespräch an meinem Besprechungstisch war zäh, konfrontativ, mühsam. Aber in zwei Stunden gelang es mir – so habe ich es jedenfalls wahrgenommen –, die beiden mir gegenübersitzenden Journalisten zu überzeugen. Kein Alleingang; nicht meine Initiative; die Überzeugung, einen Erfolg für die Stadt erreicht zu haben; Transparenz. Und weil sie all dies als Standpunkt akzeptierten und am nächsten Tag auch so kommentierten, konnte ich es später nicht fassen, dass sie diesen einmal erreichten, gemeinsam festgestellten Sachstand einfach wieder fallen ließen, wohl deshalb, weil das Gegenteil die spannendere (wenn auch falsche) Geschichte war.

Es hört sich vermutlich so an, als seien wir den ganzen August über mit nichts anderem beschäftigt gewesen als mit der Steuerangelegenheit. Aber tatsächlich lief der normale Dienst, liefen die normalen Termine weiter, auch wenn wir gelegentlich in wechselnder Besetzung (Stab, Rechtsamt, Finanzwirtschaft, Rechnungsprüfungsamt, Pressestelle) in meinem Amtszimmer saßen und irgendeine Wendung der Angelegenheit berieten. Wir erwarteten, dass der äußere Druck, dass gleichermaßen das Skandalisierungsinteresse von Opposition und Medien mit dem Tag der Bundestagswahl nachlassen würde.

Die Macht des Innenministeriums

Wie in der Verwaltung üblich, ging nichts ganz schnell, aber alles ging seinen Gang. Bis die 15 Jahre dicke Steuerakte durchkopiert und tatsächlich fertig für die Übergabe ans Innenministerium war, gingen nach der Ratsversammlung noch etliche Tage ins Land. Am

5. September 2013 brachte dann ein Mitarbeiter die Akte persönlich ins Innenministerium – ein Weg von vielleicht 1,5 Kilometern quer durch die Kieler Innenstadt. Im Innenministerium: ein sozialdemokratischer Innenminister, seine sozialdemokratische Büroleiterin (die zurückgetretene Kieler Wahlkampfleiterin) und die sozialdemokratische Leiterin der Kommunalaufsicht, die meine innerparteiliche Gegenkandidatin gewesen war. Musste man von dieser Seite etwas besonders Schlimmes oder konnte man Fairness erwarten?

Ich glaubte immer noch, wir hätten ein Problem mit der CDU. Und vielleicht den Medien.

Der Akte beigefügt hatte ich ein Anschreiben an den Staatssekretär im Innenministerium. Darin erlaubte ich mir den Hinweis, dass mein Amtsvorgänger, der Steuerjurist Torsten Albig, im Mai 2011 die Kieler Verwaltung angewiesen hatte, einen Vergleich mit dem Steuerschuldner zu suchen, wenn dabei mehr als 50 Prozent der Forderung getilgt würden. Wir wollten dieses Schreiben auch an die Presse geben. Denn immer noch ging es darum, klarzumachen, dass ich keinen spontanen Einfall für einen »Alleingang« hatte – denn die Schlagzeilen zum »Gaschke-Deal« dauerten an.

Um nicht unfair zu sein, fragten wir Albig, ob er etwas gegen die Veröffentlichung einzuwenden habe: Einer meiner aktuellen (und seiner Ex-) Referenten rief ihn auf dem Handy an. Kein Problem. Stellte sich Albig seiner Verantwortung? Auf jeden Fall griffen die Medien diese Information auf: »Auch Albig wollte den Steuer-Deal«, lautete die (bis auf den »Deal«-Begriff) korrekte Überschrift auf der Titelseite der *Kieler Nachrichten* am 6. September 2013.

Von hier an hat die Angelegenheit nur noch wenig mit der CDU-Opposition zu tun. Von hier an geht es um einen Ministerpräsidenten, der sich mit aller Gewalt dagegen wehrt, zu seiner nachweisbaren Mitverantwortung in der Steuerangelegenheit zu stehen, die mir zum Problem geworden war. Von hier an geht es um eine Landesregierung, der nahezu jedes Mittel recht ist, um eine Oberbürgermeisterin, die den Chef dieser Landesregierung mit der Wahrheit belastet, aus dem Amt zu drängen.

Wie viel Pressearbeit im Hintergrund dazu nötig ist, kann man nur ahnen. Vor allem aber wird – zur Lösung eines innerparteilichen Konflikts – die Staatsmacht bemüht. Um meine Position unhaltbar zu machen, spaltet das Innenministerium ohne Not das Prüfverfahren zum Steuerfall auf, so dass es gleich zwei Mal negative Schlagzeilen geben kann: Denn beide unter der Verantwortung meiner ehemaligen Gegenkandidatin erstellten Gutachten fallen jetzt zu meinen Ungunsten aus. Nach der ersten Runde vernichtender Berichterstattung wird dann die Justiz bemüht, um mich als Person zu diskreditieren. Der Innenminister persönlich erhebt haltlose Nötigungsvorwürfe gegen meinen Mann und mich (die die zuständige Generalstaatsanwaltschaft in Hamburg später – aber eben erst viel später, nach meinem Rücktritt – umstandslos zurückweist). Das führt zu geradezu genüsslichen Artikeln und Sendungen über die Gefängnisstrafen, die potenzielle Nötiger zu gewärtigen haben.

Schließlich eröffnet die Staatsanwaltschaft Ermittlungen wegen »Untreue in einem besonders schweren Fall« gegen mich, die sich später als genauso haltlos erweisen wie die Behauptungen des Innenministers: Die Staatsanwaltschaft Kiel habe ohne »erforderlichen Verdacht« und ohne »tatsächliche Anhaltspunkte« ermittelt, stellt das zuständige Landgericht fest. Nur eben auch viel später, nach meinem Rücktritt. Zunächst gibt es wieder ausgedehnte, liebevolle Berichterstattung über die Gefängnisstrafen, die potenzielle Veruntreuer zu gewärtigen haben. Jeweils mit großen Titelseitenfotos von mir.

Dann reicht das Innenministerium den zweiten Teil seiner Aktenprüfung zum Steuerfall nach: alles falsch natürlich, alles komplett rechtswidrig. Dieses »Urteil« (das keines ist, sondern nur eine sich später an vielen Stellen als lückenhaft, fehlerhaft und fragwürdig erweisende Stellungnahme der Ministerialbeamten im Innenministerium) wird medial als eine Art letzter Schuldbeweis inszeniert: Die potenziell kriminelle Oberbürgermeisterin kann auch fachlich nichts. Über Albigs Verantwortung für den Vergleich, den die Fachverwaltung erarbeitet hat, fällt wiederum kein Wort. Und für den Fall, dass das alles noch nicht reicht, um mich zur Amtsaufgabe zu zwingen, erklärt der Innenminister im Zeitungsinterview, er werde mit mir keine Vieraugengespräche mehr führen, auch sei es für die sozialdemokratischen Ratsmitglieder »fast schon eine Gewissensfrage«, ob sie mich im Rat noch mit ihrer Stimme unterstützten.

Mir ist kein anderes Beispiel bekannt, in dem eine Landesregierung ihre Macht – die formelle wie die informelle – in ähnlicher Weise eingesetzt hätte, um eine unliebsame, direkt gewählte Oberbürgermeisterin aus ihrem Amt zu entfernen. Ich bin auch nach wie vor fassungslos angesichts des Umstands, dass weder Opposition noch Presse diesen, den *eigentlichen* Kieler Skandal erkannten. Allerdings ist dieser Fall von Machtmissbrauch auch so unerhört, dass er aus der Nähe vielleicht kaum zu erkennen ist. Jede einzelne »Maßnahme« der Landesregierung wirkte ja sogar auf mich – und um wie vieles leichter dann auf Berichterstatter? – zunächst wie ein weiterer, quasi naturgesetzlicher, auf jeden Fall nicht zu hinterfragender Schicksalsschlag. Aber fragen hätte man müssen. Fragen muss man auch jetzt. Ich bemühe mich im Folgenden um eine Darstellung der Ereignisse, wie ich sie damals erlebt habe, wobei mir viele Details eben noch nicht bekannt sein konnten. Eine Chronologie der Ereignisse, von denen wir heute wissen, findet sich auf Seite 247.

An dem Tag, nachdem wir die Steuerakte ans Innenministerium gegeben haben (damit klar wird, dass wir nichts verbergen wollen und freiwillig prüfen lassen, ob der Verwaltung ein Fehler unterlaufen ist); an dem Tag, an dem Torsten Albigs Name im Zusammenhang mit dem Steuerfall in den Medien erscheint, wird das Steuergeheimnis gegenüber den *Kieler Nachrichten* und dem NDR gebrochen: Sie wissen und veröffentlichen jetzt, dass es sich bei dem Steuerschuldner, mit dem die Stadt sich verglichen hat, um einen Klinikchef mit schillerndem Lebensstil und spekulativen Finanzanlagen handelt. Der Mann erscheint unsympathisch, ideal geeignet für eine Medienkampagne à la: Die Kleinen hängt man, die Großen lässt man laufen. Oder präziser: Diesen großen Steuersünder hat Frau Gaschke laufen lassen.

Das ist natürlich eine günstige Entwicklung für den Herrn Ministerpräsidenten, geeignet, seinen Teil der Verantwortung in dieser Sache zu überspielen. Wenn ein Pressesprecher so etwas hinbekommen hätte, würde man es anerkennend einen guten Spin nennen.

Befürchtet hatten wir seit der Versendung der von mir unterschriebenen Vorlage, dass das Steuergeheimnis verletzt werden könnte – schließlich kannten über fünfzig Ratsherren und Ratsfrauen sowie die Mitarbeiter der Fraktionsgeschäftsstellen jetzt den Klarnamen des Steuerschuldners. Aber mehr als zwei Wochen lang war nichts geschehen. Ausgerechnet am 5. und 6. September aber, nachdem Albig in der Geschichte genannt wurde, fühlten sich die Medien berechtigt oder verpflichtet, auf das Recht zu pfeifen und den Namen des Steuerschuldners zu nennen. Warum nur?

Als Stadt blieben wir an die Wahrung des Steuergeheimnisses gebunden – mochte uns der Betroffene nun sympathisch oder unsympathisch sein. Wir erstatteten also Strafanzeige gegen »Unbekannt«. Theoretisch konnte auch ein städtischer Mitarbeiter die Unterlagen weitergegeben haben. Das jedoch erschien mir unwahrscheinlich. Jeder einzelne hätte sehr gut gewusst, dass er seinen Job riskierte.

Aus Medienkreisen war indes später Interessantes zu hören: Für diese erste Berichterstattung hätten sie drei Quellen gehabt, hieß es. Ein Ratsmitglied von der einen oder von der anderen Fraktion mag dabei gewesen sein. Aber wer war die letzte, entscheidende Quelle? Spät aufgetreten und für die Medienveröffentlichung offenbar ausschlaggebend?

Es geht los

Von nun an gibt es in den Medien immer nebeneinander geschnittene und layoutete Bilder von mir *und* von dem schillernden Klinikchef: Das ist der Mann, dem *sie* Steuern erlässt, lautet die Botschaft. Auch jetzt hätte der entschlossene Einsatz eines Troubleshooters vermutlich noch das Schlimmste verhindern können. Aber meine neue Pressesprecherin ist erst seit wenigen Tagen im Amt. Und der Rechtsamtsleiter rät uns, in der ganzen Angelegenheit möglichst nichts mehr zu sagen: Steuergeheimnis!

Dass dies nicht ganz ideal ist, wenn sich ein Mediensturm zusammenbraut, muss einem Fachbeamten nicht klar sein. Aber mir. Auf jeden Fall verunsichern mich wechselnde Ratschläge aus unterschiedlichen Richtungen so, dass mein ohnehin schon leicht angeschlagenes Gespür für die Situation noch wackeliger wird. Was ist in dieser Lage richtig, was falsch? Ich spüre an mir Zeichen der Unsicherheit, die der Kommunikationswissenschaftler Hans Mathias Kepplinger so brillant in seinem Buch *Die Mechanismen der Skandalisierung* beschreibt: Warum sind die Journalisten alle so gegen mich? Wie können sie eine so falsche Geschichte erzählen? Das könnten sie natürlich nicht, wenn sie alle Fakten, eben die ganze Geschichte kennen würden!

Nein, dann könnten sie es nicht. Aber nur ich könnte ihnen die ganze Geschichte erzählen. Allerdings ist a) fraglich, ob sie mir Glauben schenken würden, wenn die Alternative viel spannender klingt, b) erhalte ich den dringenden Rat, mich nicht zu äußern, und c) empfinde ich inzwischen jeden Medienkontakt als unangenehm. Und das, verehrte Kollegen, nicht, weil Sie alle so scharfsinnig sind, so gut im Film, so sicher im Detail. Sondern weil ich Angst vor Ihnen bekommen habe. Weil Sie alles ganz genau wissen. Und weil Sie keine grau-schwarz-weiß gesprenkelte Wahrheit brauchen. Sondern eine einfache. Und einen Schuldigen. Und weil ich immer mehr den Eindruck habe, dass ich dieser Schuldige sein soll.

Am Sonntag, dem 8. September (Gott sei Dank gibt es keine lokale Sonntagszeitung), ist die Eröffnung des sogenannten Brunnenfestes in unserem Multikulti-Stadtteil. Hier ist die Wahlbeteiligung bei der Kommunal- und der Oberbürgermeisterwahl verheerend niedrig gewesen. Für die Bundestagswahl biete ich eine Wette an: Wenn es gelingt, die Beteiligung um fünf Prozent zu steigern, werde ich am Neujahrstag von hier aus in der Förde baden und anschließend auf dem zentralen Platz einen Döner essen. Das Publikum findet das witzig, die Stimmung ist gut. Aber man darf nicht vergessen, dass hier auch nicht der medienaffinste Teil der Kieler Bevölkerung lebt. Durch das, was ich langsam als Zermürbungskampagne gegen mich persönlich empfinde – Gaschkes Deal, Gaschkes Deal –, dürften hier die Wenigsten nachhaltig beeinflusst sein.

Am selben Tag findet auf dem Rathausplatz auch noch die Siegerehrung für den Kiel-Lauf statt, ein Event, das ein Kieler Sportgeschäftsinhaber ins Leben gerufen hat und an dem inzwischen 10 000 Menschen teilnehmen. Ich wäre auch gern die 10-Kilometer-Strecke mitgelaufen, aber in der gegenwärtigen Lage fühle ich mich nicht unbeschwert genug. Jetzt womöglich angestrengte Sportbilder, roter Kopf? Lieber nicht.

Ich habe aber eingewilligt, zusammen mit dem Sparkassendirektor die Siegerehrung vorzunehmen. Das ist ein wahrer Marathon im Pokale-Verteilen. Und dabei bitte immer fröhlich aussehen, auch wenn man bedrückt ist.

Bevor die Siegerehrung beginnt, habe ich ein eigenartiges Zusammentreffen mit einem städtischen Amtsleiter aus einem völlig unbeteiligten Ressort. Er raunt mir mit unheilschwangerer

Miene zu, dass ja »unsere« Entscheidung in der Steuersache wohl in allen Punkten falsch gewesen sei. Woher will der Mann das wissen? Unsere Kämmereileute sind nach wie vor der Meinung, dass sie ein gutes, rechtlich zulässiges Ergebnis erzielt haben. Unser Rechtsamtsleiter ist der Meinung, dass sich die Ratsversammlung die Entscheidung durch Ablehnung des CDU-Aufhebungsantrages mit Mehrheit zu eigen gemacht hat.

Es kann natürlich einfach Rathausgemurmel sein. Oder hat das Innenministerium drei Tage nach Eingang der Akte schon Erkenntnisse? Irritierend ist jedenfalls, dass am Montag, 9. September, Gerüchte im Landeshaus, dem Sitz des Landtags, die Runde machen: Muss die Kieler Oberbürgermeisterin zurücktreten? Wer fragt das? Auf welcher Erkenntnisgrundlage? Offiziell erklärt Torsten Albig den *Kieler Nachrichten*, er persönlich habe in der Sache keine Entscheidung getroffen. Auf die Gefahr hin, mich zu wiederholen: Das ist nicht richtig. Albig hat 2009 die Aussetzung der Vollziehung ohne Sicherheitsleistung dem Steuerschuldner persönlich mitgeteilt und sich am 25. Mai 2011 für Vergleichsverhandlungen und damit wiederum gegen eine zügige Vollstreckung der Steuerschuld entschieden. Er hat jahrelang mit der Angelegenheit zu tun gehabt.

Ich frage mich, wie es an einem anderen Ort, in einer anderen Partei, zwischen anderen Personen zugehen würde. Es ist ganz klar, dass mein Amtsvorgänger die Verantwortung für den Weg trägt, den die Verwaltung eingeschlagen hat. Selbst wenn er damit heute nichts mehr zu tun haben möchte, könnte er etwas sagen wie: Haariger Fall, erinnere mich dunkel, wie schön, dass die Stadt das jetzt endlich zum Abschluss gebracht hat. Das würde mich von dem Gaschke-Deal-Druck entlasten. Aber das sagt Albig nicht. Er sagt im NDR: »Ich bin ganz sicher, dass die Oberbürgermeisterin von Kiel sehr sorgfältig geprüft hat und sich auch sehr bewusst war, warum sie eine Eilentscheidung getroffen hat.« (Der letzte Halbsatz streut noch einmal Salz in die Wunden der Übervor-

teilung witternden Teile der Ratsversammlung.) Und der SPD-
Landesvorsitzende Ralf Stegner, wie immer etwas weniger subtil
als Albig, sagt den *Kieler Nachrichten:* Es gehe darum, ob Gaschkes
Entscheidung in der Sache und vom Verfahren her richtig gewesen
sei. Das prüfe jetzt die Kommunalaufsicht. Deshalb sei es »weder
zielführend noch fair, ihren Vorgänger ins Spiel zu bringen«.

Albig *hat* nichts mit der Sache zu tun. Albig hat mit der Sache
nichts zu tun, so lautet die Botschaft des SPD-Landesestablish-
ments. Selbst wenn das richtig wäre: Sind das die Formulierun-
gen, mit denen man einer in Bedrängnis geratenen Parteifreundin
helfen würde?

In Brest

Am Mittwoch, dem 11. September, breche ich zu einer gemeinsamen Reise mit dem Stadtpräsidenten in unsere Partnerstadt Brest
auf. Der deutschen Delegation gehören acht Personen an. Wir
haben Monate gebraucht, um den Reisetermin zu koordinieren.
Und ja: Ich gebe zu, ich sehne mich nach etwas Normalität. Deshalb fahre ich.

Objektiv betrachtet, ist es ein Fehler, in der Krise zu verreisen.
Es sieht immer nach Flucht aus – und wird von der Opposition
und den Medien garantiert so interpretiert. Es verunsichert die
eigenen Leute. Und man hat sowieso keine Freude daran, weil
ständig Wasserstandsmeldungen von zu Hause eintreffen, die
einem in der Fremde womöglich noch bedrohlicher erscheinen.

Immerhin hatten wir keine Journalisten im Tross. So konnten
wir wie geplant den größten Teil des Programms absolvieren, das
unsere reizenden bretonischen Gastgeber sich für uns ausgedacht
hatten. In normalen Zeiten hätte Kiel von diesem Austausch sehr
profitieren können. Die Franzosen haben ähnlich gewaltige Kon-
versionsprobleme bei ehemaligen Militärflächen wie wir, sie sind
weit fortgeschritten bei der Vernetzung von maritimer Wirtschaft

und Forschung. Sehr instruktiv – wenn auch etwas überraschend –
war die Erkenntnis, dass Haushaltsdefizite und Schulden hier mit
wesentlich weniger existenziellem Ernst diskutiert werden als bei
uns: Die sozialen Probleme, die gestalterischen Herausforderun-
gen für Stadtplaner mussten doch gemeistert werden, nicht wahr?
Es ist natürlich schön, wenn man Stadtpolitik in diesem Geist
gestalten kann. Aber es erklärt vielleicht auch ein wenig die finanzielle Lage Frankreichs.

Am ersten Morgen unseres Aufenthaltes waren wir zu einem
kleinen Empfang mit anschließendem Vortrag in das wuchtig über
Stadt und Hafen thronende Rathaus eingeladen. Der Bürgermeister kam fast anderthalb Stunden zu spät. Seit sechs Uhr morgens
habe er telefoniert, berichtete er uns erregt: Regionale und überregionale Medien versuchten gerade, ihm einen absurden Skandal
an den Hals zu schreiben!

Ich musste trotz allem Elend lachen über diese Duplizität der
Ereignisse. Und ich konnte mir vorstellen, wie wenig Monsieur
Cuillandre gerade jetzt eine deutsche Besuchergruppe brauchte.
Ihm wurde vorgehalten, Mitglied in zu vielen Aufsichtsräten zu
sein. Lächerlich!, sagte er: Als ob er das zu seinem Vergnügen tue!
Es sei doch verflixt noch einmal sinnvoll, dass der Bürgermeister
Mitglied in den Aufsichtsräten der städtischen Gesellschaften sei,
zum Beispiel beim Krankenhaus!

Ich weiß nicht, ob es bei ihm auch 29 Gremien waren, so wie
zu Beginn bei mir. Ich wollte aber nun auf gar keinen Fall mit
dem geprüften Mann über wirkungsvolle Kontrolle streiten. Seine
grundsätzliche Situation just im Augenblick konnte ich mehr als
gut nachfühlen.

Das französische Protokoll stellte alles in den Schatten, was
wir in Kiel hätten bieten können. Was natürlich auch mit der
französischen Esskultur zu tun hat. Am zweiten Abend waren wir
in ein Restaurant am Hafen eingeladen. In drei Holzdampfern,
die jeweils so groß waren wie Reisekoffer, wurden Meeresfrüchte

bis zum Abwinken gereicht: Seeigel, Crevetten, Austern, Riesen-krebse; es nahm kein Ende.

Ich bat die deutschen Mitglieder der Delegation nur halb im Scherz, keine Fotos von diesem Mahl nach Hause zu schi-cken: »Kieler Delegation« – oder wahrscheinlich eher: »Gaschke schlemmt Austern in der Steuerkrise« – wäre keine Zeile gewesen, die wir gebraucht hätten.

Ich fühlte mich in Frankreich immer wieder elend. Aber nicht wegen des übermäßigen Verzehrs von Muscheln. Sondern wegen der Nachrichten, die wir von zu Hause hörten.

Zum einen forderte nun die FDP zur Abwechslung versuchs-weise meinen Rücktritt. Ich hätte das nicht ernst nehmen dürfen. Ich hätte es für das wahlkämpferische Oppositionsposengedödel halten müssen, das es war – und hoffen müssen, dass die Partei am Wahltag die Quittung bekommen würde (die sie bekam).

Aber ich nahm es persönlich, was unprofessionell war. Ich fand eine Rücktrittsforderung für das mir zur Last gelegte »Ver-gehen« vollkommen unverhältnismäßig und konnte nicht verste-hen, was die Liberalen damit erreichen wollten – wenn es nicht die reine Lust am Zerstören war. War meine Amtsführung wirklich so schlecht, dass man ihre Beendigung fordern *musste,* nur weil man es *konnte?* Ich sehe schon wieder die Politikerklärer-Kollegen die Federn spitzen. Ja, ja, mag sein, dass Politik so ist. Aber *muss* sie so sein? *Sollte* sie so sein?

Während ich in Frankreich war, waren meine hochrangigen Genossen zu Hause in Richtung Presse nicht untätig. Was ich nicht als so problematisch einordnete, wie man es, mit etwas Abstand betrachtet, hätte tun müssen. Ich fand sie einfach bemerkenswert wenig hilfreich – an eine Intrige dachte ich noch nicht.

Doch am Donnerstag, dem 12. September – wir waren gerade beim skandalgeplagten Bürgermeister im Rathaus von Brest –, hörte ich, wie SPD-Landeschef Ralf Stegner sich wieder einmal in der Presse eingelassen hatte: Er rechne in »vermutlich 14 Tagen« mit einem Ergebnis der kommunalaufsichtlichen Prüfung (tatsächlich waren es dann 15 Tage). Die Prüfung fand im Innenministerium statt. Woher wollte der SPD-Landesvorsitzende zu diesem Zeitpunkt so präzise wissen, wann eine Abteilung des Innenministeriums mit ihrer Arbeit fertig sein würde? Ich als Betroffene wusste das nicht. Mir hatte niemand Zeitpläne unterbreitet. Wurde er etwa vorab über einen behördeninternen Vorgang informiert, über den ihm kein Beamter und auch nicht der Minister etwas hätte erzählen dürfen?

Stegner war selbst einmal Innenminister, der aktuelle Amtsinhaber Andreas Breitner war jetzt sein Stellvertreter im SPD-Landesvorsitz. Doch auch auf dieser Schiene durften eigentlich keine »Informationen« ausgetauscht oder diskutiert werden. Die Prüfung der zuständigen Beamten der Landesregierung sollte unbeeinflusst und unabhängig erfolgen.

Was hat Stegner in diesen Tagen noch mit Kieler Medien besprochen? Oder andere hochrangige Sozialdemokraten? Warum lautet der Kommentartitel im *Flensburger Tageblatt* am 12. September 2013: »Wann kommt der Rücktritt?« Warum kommentieren die *Lübecker Nachrichten* am selben Tag: »[…] führende Genossen ballen mittlerweile die Faust in der Tasche«?

Wer sind diese führenden Genossen? Warum äußern sie ihre Kritik nicht offen? Richtig: Weil das a) parteischädigendes Verhalten wäre. Und weil b) immer noch nicht sicher ist, auf wessen Seite die Öffentlichkeit steht.

Die Deiche sichern

Es ist natürlich auch nicht sehr sozialdemokratisch, derartige Einschätzungen anonym »unter zwei« (das bedeutet im Journalistenjargon: zitierbar, aber ohne Namensnennung) an die Medien zu geben. Aber so können »kritische« Journalisten das Spiel weiterspielen, das sie auch schon nach meiner Nominierung und nach meiner Wahl gespielt hatten. Große Berichte, Aufmacher ohne Quellenangabe. Tenor: Diese Seiteneinsteigerin ist ein Problem. Rückfragen: keine.

Auf der Frankreichreise gibt es reichlich Gelegenheit zum Gespräch mit dem Stadtpräsidenten, der zu diesem Zeitpunkt noch mitfühlend und loyal ist. Ich erzähle ihm, dass ich mich durch den ständigen Mediendruck inzwischen extrem belastet – und auch von der Fraktion etwas alleingelassen fühle. In einem für die SPD schwierigen Bundestagswahlkampf sei das Dauerfeuer gegen eine SPD-Amtsinhaberin potenziell schädlich. Niemand unternehme etwas. Mir komme es vor, als ob Fraktion und Partei sich zurücklehnten und interessiert zuschauten: Wie sie sich wohl schlägt?

Mit dem Stadtpräsidenten einige ich mich darauf, dass wir die gesamte Fraktion am Sonntagabend nach unserer Rückkehr, also am 15. September 2013, zu mir nach Hause einladen, um dieses Problem zu besprechen und um eine Strategie für die nächste Ratsversammlung (drei Tage vor der Bundestagswahl) festzulegen.

Die Fraktionsmitglieder kommen am Sonntagabend alle – und ich habe das Gefühl, dass ich sie mit meinen Argumenten erreiche. Ich schildere ihnen, wie es ist, Tag für Tag für Tag bei acht Mietparteien im selben Haus an einer *KN*-Titelseite vorbeigehen zu müssen, die das eigene Konterfei zeigt und dazu immer wieder »Deal«-Schlagzeilen bringt. Ich bitte sie um Unterstützung, weil ich es alleine nicht schaffen könne. Und ich berichte von meinen Lesefrüchten aus dem Kepplinger-Skandalbuch: dass man eine solche Skandalisierung, wie ich sie gerade erlebe, ohnehin nur schwer überstehen kann, aber wenn ja, dann unter zwei Voraussetzungen: dass eine Mehrheit der Öffentlichkeit nicht wirklich glaubt, man habe Unrecht getan; und dass die eigene Partei zu einem hält. Soweit wir das aus Zuschriften und den Reaktionen in Veranstaltungen und an Wahlkampfständen schließen können, sind die meisten Bürger keineswegs gegen mich.

Irgendwann nach zehn Uhr sind alle gegangen, und ich schaue auf mein Handy. Für kurz nach halb acht zeigt es einen »Anruf in Abwesenheit«; um 19.47 eine SMS von Ralf Stegner mit dem charmanten Text »Rückrufbitte«. Oh nein, denke ich. Man kann sich auch anders den Restabend verderben. Das kann bis morgen warten.

Einmischung

Kann es, aber nicht lange. Um 7.47 Uhr am nächsten Morgen, es ist der 16. September 2013, habe ich Stegner am Telefon. Es gibt viele Arten, den Tag besser zu beginnen. Aus Telefongesprächen im Wortlaut zu zitieren, ist heikel. Deshalb tue ich das an dieser Stelle nicht. Nur so viel: Das Gespräch ist so unerfreulich, kommt mir so bedrängend vor, wie es sich bei Ralf Stegner auch sonst gern anfühlt. Hier will jemand Druck machen – so empfinde ich Stegners Worte. Und wieder entsteht bei mir der Eindruck, Stegner kenne bereits zu diesem Zeitpunkt das Ergebnis der internen Prüfung bei der Kommunalaufsicht im Innenministerium. Werden mit ihm, der bekanntermaßen nicht mein Freund ist, interne Sachstände oder das Ziel der Prüfung erörtert? Er hat in der ganzen Angelegenheit keine Funktion, selbst wenn er SPD-Landesvorsitzender ist. Berät er gar die Kommunalaufsicht über den Tenor ihres Gutachtens? Kann das sein? Will er zumindest diesen Eindruck erwecken?

Ich rufe Innenminister Andreas Breitner an, der mich bisher in der ganzen Angelegenheit freundlich beruhigt hat. Ähnlich äußert er sich auch an diesem Morgen. Ich gehe also davon aus, dass noch nichts entschieden ist und dass Ralf Stegner das »Prüfergebnis« des Innenministeriums, das es noch gar nicht gibt, auch nicht kennt.

Immerhin hat mir Stegners Gute-Laune-Anruf etwas Kampfgeist wiedergegeben. Ich beschließe, in die Offensive zu gehen, und verabrede Interviews mit den Chefredakteuren von *Kieler Nachrichten* und *Flensburger Tageblatt*. Das ist auch nötig, denn Stegner gibt seinerseits munter Interviews. Am Montagnachmittag nach unserem Gespräch sagt er den SAT1-Regional-Nachrichten: »Die Frage, wer wann bei welcher Entscheidungsvorbereitung sich wie verhalten hat, ist komplett uninteressant. Im Augenblick geht es ausschließlich um die Entscheidung selbst. Form und Inhalt, das prüft die Kommunalaufsicht. Die hat das alleine zu bewerten. Sonst niemand. Dann kann man das kommentieren. Nicht vorher. Mit Landespolitik, mit dem Ministerpräsidenten hat das alles überhaupt nix zu tun. Und deswegen stellen wir den Zusammenhang auch nicht her.«

Der nicht ausgesprochene Subtext lautet: Wer es trotzdem tut, wer den Zusammenhang herstellt *wie Frau Gaschke,* setzt sich ins Unrecht. Und für die Kommunalaufsicht im Innenministerium ist es laut Stegner »komplett uninteressant«, wie es überhaupt zu dem Steuervergleich gekommen ist und welche Rolle Albig dabei spielt! Woher weiß Ralf Stegner, dass sich die Kommunalaufsicht dafür nicht »interessiert«? Ist es ihr Auftrag, sich nicht dafür zu interessieren? Das kann der Außenstehende Stegner aber doch gar nicht wissen. Oder formuliert er politische Erwartungen – wie seiner Meinung nach die Kommunalaufsicht vorgehen *sollte?* Jedwede Erwartung des SPD-Landes- und Landtagsfraktionsvorsitzenden dürfte die unabhängig prüfenden Ministerialbeamten und ihren Minister (zugleich stellvertretender SPD-Landesvorsitzender) allerdings keinesfalls kümmern. Tut sie auch nicht, oder?

Die Interviews mit *Kieler Nachrichten* und *Flensburger Tageblatt* werden am Dienstag, 17. September, geführt und verlaufen gut: Ich kann mein Anliegen vermitteln, dass ich nicht selbstherrlich gehandelt habe und Torsten Albig eine Mitverantwortung für den Weg trägt, den die Verwaltung eingeschlagen hat. Dass wir Transparenz wollen. Und dass selbst ein von der Kommunalaufsicht für fehlerhaft befundener Verwaltungsakt kein Rücktrittsgrund wäre. Ich muss ja zu diesem Zeitpunkt noch nicht davon ausgehen, dass das Innenministerium seine Einschätzung einseitig gegen mich zuspitzen wird. Und so kommentieren die *Kieler Nachrichten* dann auch am nächsten Tag: »Hat da jemand hinter vorgehaltener Hand über einen Rücktritt der Kieler Oberbürgermeisterin spekuliert?«

Am Dienstagabend bin ich allein zu Hause, erschöpft, aber einigermaßen guter Hoffnung, dass wir mit der SPD-Fraktion eine ordentliche Ratsversammlung hinbekommen und dass die am Mittwoch erscheinenden Interviews Tatkraft ausstrahlen werden. Und dann sind es ja nur noch wenige Tage bis zur Bundestagswahl – das sollte zu schaffen sein.

E-MAIL VON TORSTEN
Die Rolle des Ministerpräsidenten

Wenn der 21. Juni 2013 ein Schicksalstag war, der sich nicht gleich als solcher zu erkennen gab, dann ist es dieser Dienstag, der 17. September 2013, wohl ebenfalls. Und was an diesem Tag – an diesem Abend – passiert, ist noch schwerer zu vermitteln als die Tatsache, dass ich mir das Ergebnis im Steuerfall nicht selbst ausgedacht habe.

Um 19.22 Uhr an diesem Dienstagabend tut Torsten Albig etwas, was viele von uns heutzutage häufig tun: Er drückt auf »Senden«. Um 19.22 Uhr erreicht mich eine SMS des Ministerpräsidenten, die alles andere als eine *short message* ist: Ausgedruckt ergibt sie eineinhalb Seiten Text. Vermutlich handelt es sich um eine E-Mail, die mein archaisches Handy nur als SMS anzeigen kann. Torsten Albig hätte auch an meine offizielle Mailadresse bei der Stadt (susanne.gaschke@kiel.de) mailen können. Aber diese Mails, das weiß er, werden von den Mitarbeitern gelesen. Was mir der Ministerpräsident hier schreibt, ist jedoch nicht dienstlich. Es ist höchst vertraulich. Es betrifft nur die Dienstangelegenheit, die uns öffentlich gerade am meisten verbindet – oder trennt.

Wie diese E-Mail gemeint ist, darüber gibt es später kontroverse Diskussionen. Der freundliche Torsten Albig, der, so hat er es einer Journalistin von der *Süddeutschen Zeitung* in den Block diktiert, doch einfach »ein netter Kerl« sein will, vertritt den Standpunkt, er gebe hier einer Parteifreundin in Not nette

Überlebensratschläge. Die überwältigende Mehrheit der Journalisten (und der SPD-Ratsfraktion) wird sich dieser Deutung vom »netten Torsten« und seinen »netten Ratschlägen« später, als Albig die Mail selbst veröffentlicht, anschließen.

Nett oder nicht nett?

Wer mir als Leser in dieser Geschichte bis zu diesem Dienstagabend gefolgt ist, wird vielleicht verstehen, dass ich Albigs E-Mail ein bisschen anders lese. Und für *mich* ist sie geschrieben. Ich (und der Kämmerer) habe mit einem Fall zu kämpfen, der auf Albigs Richtungsentscheidung zurückgeht, zu der er sich nicht mehr bekennt. Auch andere Hinterlassenschaften Albigs haben mir im Amt schon Probleme bereitet. Es hat keine Amtsübergabe gegeben; mit Mühe ein Vieraugengespräch; kaum die bescheidenste öffentliche Höflichkeit. Und jemand auf Landesebene betreibt exzellenten Spin gegen mich.

Nun habe ich Albig öffentlich in die Mitverantwortung für den Steuerfall genommen, da soll er auf einmal freundlich werden und zu helfen versuchen? Das wäre schon erstaunlich, aber natürlich ist es möglich. Schauen wir uns also die komplette E-Mail, die mich an diesem Dienstagabend erreicht, an.

Liebe Susanne, ich weiß, dass die Tage keine leichten für Dich sind. Umso mehr geht es jetzt darum, wie Du da gestärkt raus kommst. Jede Schwächung der Kieler OB ist eine Schwächung für das Land. Niemand kann das wollen. Nachfolgend einige Hinweise, was man tun könnte. Schmeiß es weg, wenn es Dich nervt.
Wie ist der Sachstand?
– es sieht so aus, als ob Deine Entscheidung rechtlich angreifbar wäre. Sowohl, was Grundentscheidung als auch was Eilbedürftigkeit anbelangt. Spätestens Prüfung der KA

[Kommunalaufsicht] wird das wohl leider bestätigen. (Beihilfeproblem kommt dazu)
– eine ganz andere Frage ist aber, ob Deine Entscheidung nicht doch politisch vertretbar war.
– für die rechtl. Beurteilung wirst Du auf das Votum von 90 [Amt für Finanzwirtschaft] und Deinem Kämmerer zurückgegriffen haben. Die können falsch gelegen haben
– das ist bei so komplexen Sachverhalten immer möglich.
– eine andere Beurteilungs-Basis hattest Du aber nicht.
Für Dich war die Alternative »wertlose« Forderung über 7 oder »werthaltige« über 4 Mio. Euro. – Du hast für die Stadt entschieden. Kiel braucht jetzt Geld – nicht irgendwann. Das sind 3 Kitas! Dafür trägst Du auch Verantwortung! Deswegen hast Du entschieden.
Deine Lehren: – gemeinsam mit KA wirst Du sehen, wie künftig rechtl. Fehleinschätzungen – auch Position der KA ist nur eine Einschätzung – besser vermieden werden können.
– insbesondere ist Dir klar, dass künftig die Einbindung der SV [Selbstverwaltung = Ratsversammlung] sichergestellt werden muss! Ein dringender Rat: Keine weiteren Angriffe gg Presse. Keine SMS an Journalisten mit Bitte um Solidarität. Mach Presse-Hintergrund und lege alles offen. Erklär, was Du und warum Du es getan hast.
Fehler zu machen, lässt einen fast nie stürzen – nur der Umgang mit ihnen.
Nimm die Möglichkeit des Fehlers an und vertrete selbstbewusst und mit Rückgrat Deine Rolle als OB'in.
Du bist nicht die Ober-Justiziarin. Du bist OB'in! Du hast Dich für Kiel entschieden. 4 Mio Euro gesichert, wo bis dahin 0 Euro waren. Du baust Kitas, wo sich andere noch 10 Jahre gestritten hätten.
Du entscheidest, Du handelst – dabei geschehen Fehler. Du wirst daraus lernen und noch weniger Fehler machen. Aber

nie wirst Du Dich gegen Kitas und für einen Beitrag zu einem Rechtskommentar entscheiden. Lieben Gruss und erfolgreiche Sitzung morgen T.

Eine geradezu mitfühlende Einleitung. Dann die Botschaft: »Wie ist der Sachstand? – es sieht so aus, als ob Deine Entscheidung rechtlich angreifbar wäre. Sowohl, was Grundentscheidung als auch was Eilbedürftigkeit anbelangt. Spätestens Prüfung der KA [Kommunalaufsicht] wird das wohl leider bestätigen.« Woher weiß er das? Woher weiß der Ministerpräsident, wie ein angeblich noch offenes Verfahren im Innenministerium ausgehen wird? Albig schreibt nicht »Wie ist meine Einschätzung?« oder »Was kann schlimmstenfalls passieren?«, sondern ganz wie der Ministerpräsident, der Akten liest: »Wie ist der Sachstand?« So steht es gern über Sachstandsvermerken des Apparats: »Sachstand«. Er verklausuliert auch nicht besonders den »Sachstand«, den er offenbar kennt. Nicht »könnte sein«, sondern, »Es sieht so aus …«. Und dann im Indikativ: »Prüfung der KA wird das wohl leider bestätigen.« Kein Konjunktiv, wenngleich immerhin ein bisschen Girlande: »wohl leider«.

Später sagt Albig, er habe diese Erkenntnis aufgrund seiner juristischen Fähigkeiten und seiner früheren Arbeit als Oberbürgermeister gewonnen. Er habe sich in die Prüfung nicht eingemischt, sei auch nicht über Zwischenergebnisse informiert worden. Vor dem Innen- und Rechtsausschuss des Landtages (der am 2. Oktober tagen wird und in dem es kritische Fragen von Abgeordneten zu Albigs Rolle in dem Kieler Steuerfall gibt) sagt Innenminister Breitner: »[…] der Ministerpräsident hat nur die Information zum Stand des Verfahrens bekommen. Es gab weder eine Akteneinsicht durch den Ministerpräsidenten, noch habe ich vorab mögliche Prüfergebnisse mit ihm besprochen.« (Dieses Zitat findet sich auf Seite 13 im Wortlautprotokoll der Sitzung des Innen- und Rechtsausschusses vom 2. Oktober, ein-

sehbar unter: www.landtag.ltsh.de/infothek/wahl18/aussch/jur/
niederschrift_seite/) Und auf andere Fragen von Abgeordneten
sagt Breitner: »[…] es hat im Kabinett eine Information gegeben,
bei der der Ministerpräsident anwesend war.« Es sei aber ausschließlich um »verfahrensrechtliche Fragen« gegangen, »nicht
um Inhalte, nicht um Prüfergebnisse!« (Protokoll, S. 20). Also
gab es keinerlei inhaltliche Information aus den Akten, die nun
in der Kommunalabteilung des Innenministeriums liegen, an
den Ministerpräsidenten? Nein.

Oder doch? Viele Seiten weiter hinten geht es in dem Protokoll des Innenausschusses um die Frage, wie Albig selbst in den
städtischen Akten zum Steuerfall vorkommt. Er referiert »nach
meiner Erinnerung«, wie er sagt, sehr präzise – »erstens, zweitens,
drittens« – einen Aktenvermerk aus dem Jahr 2011, mit dem er
damals grünes Licht für den Vergleich gegeben hat. Von seiner
Unterschrift im Jahr 2009, mit der er die Vollziehung der Vollstreckung aussetzt und auf eine Sicherheitsleistung verzichtet: kein
Wort. Albig fährt fort: »Der Einzige, der genau sagen kann, wie der
Aktenvermerk lautet, wäre der Innenminister, weil er die Akten
eingesehen hat. […] Ich habe sie nicht eingesehen.« (Protokoll,
S. 36) Darauf Innenminister Breitner: »Ich kann zu dem besagten
Aktenvermerk nur die Aussage des Ministerpräsidenten bestäti-
gen.« (Protokoll, S. 37)

Der Ministerpräsident und sein Innenminister geben also zu
Protokoll, sie hätten sich nicht über »Inhalte« und »Prüfergebnisse« ausgetauscht. Aber der Innenminister persönlich sichtet die
Akten (es sind vier Bände) und kann sich laut Ausschussprotokoll an einen bestimmten Vermerk aus den drei Kieler OB-Jahren
von Albig, der dort auffindbar ist, genau erinnern. Hat er danach
gesucht? Oder nach anderen Hinweisen? Gesprochen mit Albig
hat er darüber ja nicht, sagt er.

Keine Befangenheit, nirgends

Warum sichtet der Innenminister persönlich die Akten? Er ist kein Jurist und kein Steuerexperte, sondern von der Ausbildung her Polizeibeamter. Das Prüfverfahren soll – das wird immer wieder betont – völlig unabhängig in der Kommunalabteilung, deren Leiterin meine SPD-Konkurrentin aus dem Sommer 2012, Manuela Söller-Winkler, ist, geführt werden: eine Fachprüfung ohne Einwirken des Ministers oder von sonst irgendeinem Dritten. Die Befangenheit der Abteilungsleiterin sei im Übrigen vom Haus selbst »formalrechtlich« geprüft worden mit dem Ergebnis, »dass eine Befangenheit aufgrund einer innerparteilichen Kandidatur nicht gegeben sein kann.« (Protokoll, S. 25; erstaunlich allerdings, dass sie laut Protokoll in diesem Fall trotz ihrer Unbefangenheit keine Unterschriften leisten soll.) Albig betont im Ausschuss ausdrücklich: »Die Kommunalaufsicht arbeitet unabhängig und lässt sich bei der Prüfung weder vom Innenminister noch vom Ministerpräsidenten beeinflussen.« (Protokoll, S. 5)

Einen fachlichen Grund für die persönliche Akteneinsicht des Ministers gibt es nicht. Aber gibt es einen politischen?

Selbst wenn Albig nicht über irgendetwas beunruhigt wäre, selbst wenn er nichts »Inhaltliches« über juristische Prüfergebnisse aus Söller-Winklers Abteilung erfahren hat, keinen »Sachstand« kennt, sondern aus eigener Einschätzung aus seiner OB-Zeit urteilt: Wie käme er dann dazu, mir mitzuteilen, dass *meine* abschließende Entscheidung »rechtlich angreifbar« sei? Es waren doch *seine* drei OB-Jahre 2009 bis 2012, in denen die alte Steuerschuld, obwohl inzwischen gerichtsfest vollstreckbar, *nicht* vollstreckt wurde. Wäre auch das dann »rechtlich angreifbar«? Wenn er sich nur erinnert, nicht Akten referiert: Wie steht er heute zu seiner damaligen Entscheidung? In seiner Zeit begannen die Vergleichsverhandlungen. Was er in seiner E-Mail mir zugutehält, begründet genauso gut seine eigenen Abwägungen in 2011: »politisch vertretbar«, »auf das Votum von 90 (Amt für Finanzwirtschaft) und den Kämmerer zurückgegriffen«, »andere Beurteilungs-Basis hattest Du nicht«. Aber das sagt er nicht öffentlich, weil sonst klar würde, dass seine Verwaltungsspitze diesen Weg für rechtlich gangbar gehalten hat. Andernfalls hätte ihn die Verwaltung nicht gehen dürfen und das Ergebnis wäre mir nicht ganz am Ende zur Unterschrift vorgelegt worden.

Albig ist an dem Zustandekommen des Steuervergleichs alles andere als unbeteiligt. Aber er will offenbar, koste es was es wolle, nicht in die öffentliche Skandaldebatte hineingezogen werden.

Genau so sind für mich Albigs als »gute Ratschläge« verkleidete Maßgaben zu verstehen: »Nimm die Möglichkeit des Fehlers an und vertrete selbstbewusst und mit Rückgrat Deine Rolle als Oberbürgermeisterin. Du bist nicht die Ober-Justiziarin. […] Finanzwirtschaft und Kämmerer können falsch gelegen haben – das ist bei so komplexen Sachverhalten immer möglich. – Eine andere Beurteilungsbasis hattest Du aber nicht. Für Dich war die Alternative ›wertlose‹ Forderung über sieben oder ›werthaltige‹ über vier Mio. Euro. – Du hast für die Stadt entschieden. Kiel braucht jetzt Geld – nicht irgendwann.« Du, du, du! Die Botschaft: Nimm alles auf dich! Wenn du das tust, dann geht es gut aus! Was nicht dort steht, ist für mich die logische Alternative zur Annahme der Albig-Version: Wenn du nicht alles auf dich nimmst, dann geht es auch nicht gut aus.

Der Albig-Text klingt wie das Konzept für meine Rede in der bevorstehenden Ratsversammlung. Am Ende der E-Mail heißt es: »[…] erfolgreiche Sitzung morgen«. Da hat Albig sich vertan, es geht um die Ratsversammlung »übermorgen«. Da werde ich in einer Aktuellen Stunde zum Steuerfall sprechen.

Alles könnte gut werden – in dem Albig-Konzept heißt es weiter: »[…] gemeinsam mit der Kommunalaufsicht wirst Du sehen, wie künftig rechtliche Fehlentscheidungen – auch die Position der

Kommunalaufsicht ist nur eine Einschätzung – besser vermieden werden können«. Freundlicher geht es gar nicht: Wir von der Regierung sind dazu da, dir zu helfen! Von juristischen Sanktionen, Disziplinarmaßnahmen oder gar Strafverfahren gegen mich, die unmittelbar bevorstehen, schreibt mein gut informierter Vorgänger, selbst Jurist und Steuerfachmann, hier nichts. Stattdessen: Wie ich »politisch« argumentieren könne.

Und dann der Satz, den niemand, der noch nicht sieht, wie die Geschichte weitergeht, als Drohung liest: »Fehler zu machen, lässt einen fast nie stürzen – nur der Umgang mit ihnen.« So wie die Geschichte tatsächlich weitergeht, kann man das jedenfalls im Nachhinein als Wink mit dem Zaunpfahl verstehen. Der richtige »Umgang«? Dazu hatte Ralf Stegner schon mehrfach alles Notwendige gesagt: »Mit […] dem Ministerpräsidenten hat das alles überhaupt nix zu tun.« (SAT1-Nachrichten vom Vorabend des Mail-Tages) Und: Es sei weder »zielführend noch fair, [meinen] Vorgänger ins Spiel zu bringen« (*Kieler Nachrichten*, 10. September).

Die E-Mail endet: »Lieben Gruß […] T.« Torsten ist mein Freund. Er will mir nur helfen.

Freunde sind wir nicht

Nach allem, was ich bisher mit ihm erlebt habe, fällt es mir bereits an diesem Abend schwer, das zu glauben. Und wie man wenig später sehen wird, liegen Albigs Nerven jetzt blank: Als er im Innenausschuss des Landtages am 2. Oktober nach unserem Verhältnis gefragt wird, antwortet er mit entlarvender Schärfe: »Herr Abgeordneter, Ihre Vermutung, dass wir eine parteifreundschaftliche Beziehung haben, folgt allein aus dem Umstand, dass wir in derselben Partei sind.« (Protokoll, S. 33)

Dass er sich so deutlich – und noch deutlicher – äußern wird, kann ich in diesem Moment natürlich noch nicht wissen. Aber die bisherigen Erfahrungen mit diesem Parteifreund lassen für mich nur eine Deutung zu: Hier geht es nicht um Freundschaft. Hier geht es um nachdrückliche Einmischung in eigener Sache. Ich soll, so verstehe ich ihn, übermorgen in der Ratsversammlung ein Stück aufführen, in dem mein Vorgänger, dessen Entscheidung und dessen Verantwortung nicht vorkommen. Das wäre der richtige »Umgang« mit dem »Fehler« – wenn ich nicht »stürzen« will. In Abwandlung einer englischen Redensart möchte ich sagen: Ich erkenne eine Drohung, wenn sie nackt vor mir herumtanzt.

Ich antworte Albig per SMS – tatsächlich kurz –, dass ich seine »Einlassungen« interessant finde und dass es dann ja »für uns beide sehr schwer« werde. Das ist, daraus will ich gar keinen Hehl machen, eine Kampfansage: Ich denke gar nicht daran, dich aus der Sache herauszulassen.

Diese Reaktion mag impulsiv gewesen sein, vielleicht aufrecht – taktisch klug war sie gewiss nicht. Denn jetzt ist Albig nicht nur gewarnt. Jetzt weiß er vermutlich auch, dass er mit seiner E-Mail gerade einen dicken Fehler gemacht hat. Dass man so etwas lieber nicht digital in die Welt setzen sollte. Und dass es jetzt um die Deutungshoheit über seine Ratschläge gehen wird. Guter Spin ist nun mehr gefragt denn je. Aber was könnte Albig besser? Ich kann natürlich nicht wissen, was er an jenem Abend des 17. September gedacht hat. Aber in Kenntnis der weiteren Ereignisse vermute ich, dass es etwas in der Richtung von »wollen mal sehen, für wen es schwer wird« gewesen sein könnte.

Ich versuche am selben Abend ein weiteres Mal, Innenminister Andreas Breitner zu erreichen, erwische aber nur seine Mailbox und hinterlasse meine Fragen: Ob denn doch schon alles entschieden sei? Ob es etwas gebe, das ich wissen müsste? Warum Torsten das Ergebnis der kommunalaufsichtlichen Prüfung schon zu kennen scheine?

Weil ich so irritiert bin, rufe ich danach auch noch die Büroleiterin des Innenministers an. Genau wie Andreas Breitner am

Vortag nach dem Stegner-Anruf beruhigt sie mich: noch nichts entschieden, keine Sorgen machen.

Am Mittwoch, dem 18. September 2013, erscheinen meine beiden Interviews in den *Kieler Nachrichten* und in den Zeitungen des Schleswig-Holsteinischen Zeitungsverlags. Ich entlasse darin Torsten Albig nicht aus der Mitverantwortung für den Steuerfall. Spätestens zu diesem Zeitpunkt muss Albig den Eindruck haben, dass sein »netter Ratschlag« vom Vorabend nichts fruchten wird.

Spießrutenlaufen

Donnerstag. 19. September. Noch drei Tage bis zur Bundestagswahl. Es ist klar, dass die Presse meinem Auftritt in der Ratsversammlung große Aufmerksamkeit schenken wird. Ich weiß nicht, ob irgendjemand, der noch nicht selbst Gegenstand einer medialen Skandalisierung geworden ist, sich vorstellen kann, wie sich Auftritte in einer solchen Situation anfühlen. Nichts, aber auch gar nichts in einer »normalen« Biografie bereitet einen darauf vor, selbst wenn man öfter öffentlich vorträgt oder zu größeren Menschenmengen spricht.

Das Blitzlichtgewitter, die eigenartig lauernde Haltung der Journalisten (wobei alle erwarten, dass man trotzdem ruhig und der Reihe nach in ihre Kamera schaut, in ihr Mikrofon spricht, auch wenn sie einen gerade am Tag zuvor verunglimpft haben) sind eine extreme psychische Belastung: Man kommt sich vor wie ein gehetztes Wild, das gleichwohl lässig erscheinen muss. Der Instinkt sagt: Flieh! Man steht allein einer Überzahl von Menschen gegenüber, die vielleicht gar nicht alle feindlich gesinnt sind, die aber wie ein Rudel Schiedsrichter jede Geste, jede Formulierung sezieren werden – und jedes Bild, mit dem das irgend möglich ist, gegen dich verwenden.

Als ich an diesem Donnerstag durch die getäfelte Seitentür in den Ratssaal trete, ist die Situation genau wie erwartet, das Rudel ist da. Freundlicherweise haben sich die Mitarbeiter meines Stabes einigermaßen eng um mich geschart, so dass ich mich nicht ganz so ausgeliefert fühle. Ich absolviere das Spießrutenlaufen einigermaßen ruhig. Die SPD-Leute geben sich Mühe mit Begrüßungen und Umarmungen. Mit den Grünen ist es wie üblich schwierig. Als ob sie zeigen wollten, dass sie mit mir eigentlich nichts zu tun haben.

Sehr aufmerksam verhält sich allerdings der grüne Bürgermeister. Er unterhält sich intensiv, fragt mich Dinge, zeigt auf Unterlagen. Alles Show, aber die einzige Show, die jetzt hilft. Und in Anbetracht all dessen, was er von mir an politischer Einmischung ertragen musste, ist das mehr als anständig von ihm.

Die CDU hat eine »Aktuelle Stunde« zum Steuerfall beantragt, dafür aber bemerkenswert wenige Redebeiträge vorbereitet. Die SPD verteidigt mich tapfer – noch. In weniger als vier Wochen wird sie, mehr oder weniger geschlossen, bereit sein, mich abwählen zu lassen. Einstweilen steht zumindest die sozialdemokratische Front.

Eine Rednerin setzt sich mit der Frage auseinander, ob Berichterstattung und politische Reaktionen auf unser Steuerproblem eigentlich exakt genauso ausfallen würden, wenn nicht eine Oberbürgermeisterin, sondern ein Oberbürgermeister Amtsträger wäre. Ich glaube, dass sie durchaus recht hat, dass Teile der Medien, Teile der Opposition und Leute wie der Ministerpräsident und der SPD-Landesvorsitzende durchaus Probleme mit selbständigen Frauen haben. Aber zumindest die beiden Letztgenannten haben über das allgemein Übliche hinaus vor allem ein Problem mit mir.

Ich schaffe es, dieses Mal eine ruhige Rede zu halten. Natürlich kommt der Ministerpräsident und ehemalige Oberbürgermeister wieder darin vor: »[...] Meine Damen und Herren, was kann jetzt eigentlich weiter passieren? Ich sehe drei Möglichkeiten. [...] Möglichkeit drei: Alles, was eine Sachbearbeiterin, ein Abteilungsleiter, ein Amtsleiter, ein Kämmerer, eine gesamte Fachverwaltung über

Jahre nach bestem Wissen und Gewissen versucht haben, war falsch. Alles war falsch. Der Weg, den Gert Meyer [der ehemalige Kämmerer] und Torsten Albig eingeschlagen haben, war falsch, und dass ich ihn mit dem [gegenwärtigen] Kämmerer Wolfgang Röttgers und den Fachkollegen aus der Verwaltung zu Ende gegangen bin, war auch falsch. Ich bin mir ganz sicher: Wenn das so käme, dann würden Gert Meyer, Torsten Albig, Wolfgang Röttgers und ich uns vor Sie hinstellen und würden Ihnen gemeinsam sagen: Wir bedauern diesen falschen Weg zutiefst, aber wir wollten das Beste für unsere Stadt erreichen. Und wir würden darauf vertrauen, dass Sie uns verzeihen, weil Sie wissen, dass Menschen, die handeln, nun einmal Fehler machen können, selbst wenn sie das Beste wollen.«

»Fehler, über die man stürzt«

Das ist natürlich nicht der »Umgang« mit der Sache, den Torsten Albig gemeint hatte. Das ist nicht das Theaterstück ohne Ministerpräsident, für das ich vielleicht Milde von der Landesregierung und eine undramatische Stellungnahme der Kommunalaufsicht als Belohnung hätte erwarten können. Es ist das, was ich nach Aktenlage und Vortrag meiner Mitarbeiter für die Wahrheit halte.

Die Mitarbeiter versichern mir, das sei ziemlich gut gegangen. Ich selbst habe nach Tagen im gesteigerten Stresszustand keine gute Eigenwahrnehmung mehr. Aber eine Etappe scheint erreicht zu sein.

Und ich nehme an, es liegt daran – an der Erschöpfung nach vielen schlaflosen Nächten; an den Rückenschmerzen, die mich seit Wochen plagen; an dem medialen Dauerfeuer seit 29 Tagen; an dem Verhalten Albigs und Stegners –, dass ich jetzt gleich einen der größten einzelnen Fehler in dieser ganzen Sache machen werde, den ich einzig und allein mir selbst zuzuschreiben habe.

Jeden anderen würde man in meinem Zustand nach Hause und ins Bett schicken. Ich würde selbst sehr gern nach Hause und ins Bett gehen. Da kommt die Pressesprecherin zu mir und flüstert mir zu, nun gebe es bei der Kieler Staatsanwaltschaft eine Anzeige gegen mich wegen Untreue. Untreue? Ich schüttele den Kopf. Das heißt doch, ich hätte einen Vorsatz gehabt, der Stadt zu schaden – was unter den gegebenen Umständen völlig absurd ist. Wer zeigt mich an?

Inzwischen habe ich (nicht nur am eigenen Fall) viel über die Arbeit von Staatsanwaltschaften gelernt – auch, dass der Betroffene fast nie der Erste ist, der irgendetwas erfährt. Ich habe auch gelernt, dass bei Skandalisierungen mit hoher öffentlicher Aufmerksamkeit fast immer etliche Strafanzeigen von besonders engagierten Mitbürgern gestellt werden und dass niemand sich darum allzu viele Gedanken macht. So scheint es auch in diesem Fall zu sein.

Aber für mich ist die Nachricht wie eine Hiobsbotschaft; ein weiterer Vorwurf, den die Presse hochziehen kann, um irgendwann später auf Seite 20 festzustellen, dass doch nichts dran war. Es ist das albtraumhafte Gefühl, dass ich gerade festeren Boden erreicht hatte und bis zur Bundestagswahl nichts Schlimmes mehr passieren würde – bis mir plötzlich, wie im Haneke-Film, jemand die Fernbedienung wegnimmt und zurückspult. Nach den bisherigen Erfahrungen mit der Berichterstattung der *Kieler Nachrichten* sehe ich die nächste Aufmachung förmlich vor mir: Strafanzeige gegen Gaschke. Natürlich mit Foto auf Seite eins.

Sehr gut möglich, dass sie es gar nicht getan hätten. Sehr gut möglich, dass die *Kieler Nachrichten* die Bedeutung einer diffusen Bürgeranzeige einzuschätzen gewusst hätten. Aber nach den vergangenen Wochen habe ich kein Vertrauen mehr. Ich tue, was ich niemals hätte tun dürfen: Ich rufe den *KN*-Chefredakteur an, um ihn zu bitten, jetzt nicht wieder einen Aufmacher daraus zu machen.

Falsch! Falsch! Falsch! Sozusagen der Christian-Wulff-Anruf bei Kai Diekmann – nur dass die *KN*-Geschichte (anders als die *Bild*-Geschichte über Wulffs Hauskredit) noch gar nicht geschrieben ist und dass ich nicht die Chefredakteurs-Mailbox, sondern den Chefredakteurs-Menschen erreiche. Und als *Mensch* versuche ich ihn tatsächlich zu erreichen. Ich bitte um Fairness. Wieder falsch. Denn erstens deutet er das – natürlich – so, als würde ich die bisherige *KN*-Berichterstattung damit unfair nennen. Was er selbstredend ganz anders sieht. Und zweitens mag er nun denken: Sie kritisiert mich, also versucht sie, Einfluss auf meine faire und objektive Berichterstattung zu nehmen. Das ist ein Anschlag auf die Pressefreiheit!

Der Innenminister fühlt sich genötigt

Seit Juni laboriere ich an einem Bandscheibenvorfall und habe nicht die Zeit für Physiotherapie und andere schmerzlindernde Maßnahmen gefunden. Jetzt reicht es mir, die Schmerzen sind schwer auszuhalten, niemand kann so arbeiten. Mein Orthopäde schreibt mich krank. Er behandelt konservativ und hat mich ohne Operation, mit Sport-Reha, bereits zweimal gut wieder hinbekommen. Aber in den vergangenen eineinhalb Jahren habe ich das Rückentraining vernachlässigt. Jetzt bekomme ich die Quittung. Ich beschließe, dass eine gute Woche Auszeit reichen muss – was von vornherein unrealistisch ist. In der Krise ist aber jegliche Abwesenheit für eine Woche unmöglich. Man muss vor Ort sein, um jede Entwicklung jederzeit kommentieren und die eigenen Leute zusammenhalten zu können. Die böswilligeren Berichterstatter unterstellen einem sofort, man ducke sich weg. Egal. Ich fahre nach Föhr und versuche dort, möglichst viel Therapie in neun Tage zu quetschen.

Ich werde vom 20. bis zum 29. September auf der Insel sein. In dieser Zeit passiert nicht viel – außer, dass Hans-Peter am 22. September mit einem der besten Wahlergebnisse im Norden in den Bundestag gewählt wird. Und dass er Innenminister Andreas Breitner am Montag, dem 23. September, persönlich trifft, um ihm

einen Ausdruck von Albigs E-Mail und einen handschriftlichen
Brief von mir zu geben, in dem ich, wie schon einige Tage zuvor
am Telefon, nach Albigs Rolle in Breitners Prüfverfahren frage, in
zugegeben hartem Ton:

»Sehr geehrter Herr Minister, lieber Andreas, mir wurde vom
Ministerpräsidenten am 17. September, 7 Werktage nach Eingang
unserer Prüfbitte zu einem Gewerbesteuerfall eine Mitteilung
gemacht, die für mich das gesamte Verfahren der unvoreinge-
nommenen fachlichen Prüfung durch die zuständige Abteilung
im Ministerium komplett in Frage stellt. Anbei die Mitteilung.
Mit freundlichen Grüßen [...]«.

Ich ging davon aus, dass Breitner Albigs E-Mail an mich, in
der dieser seine Sachstandserkenntnisse und hilfreichen Maß-
regeln ausbreitete, nicht kannte. Aber das Verfahren, um das sich
alles drehte, wurde in Breitners Ministerium geführt. Ich wollte
Albigs Einmischungsversuch nicht auf dem Dienstweg an den
Minister schicken, aber Breitner sollte wissen, dass da offenbar
jemand diskret mitspielte – der zufällig sein oberster Chef in der
Landesregierung war.

Man kann natürlich die Frage stellen, ob es professionell ist,
dass ein Ehemann in der Angelegenheit seiner Ehefrau einspringt.
Aber zum einen sind Menschen, die einander gern haben, nicht in
jedem Moment ihres Lebens professionell – und Hans-Peter sieht,
wie schlecht es mir geht. Ich bin nicht in Kiel, sondern krank und
auf Föhr. Zum anderen ist das auch lebensfremd. Wir alle kennen
einander seit vielen Jahren, waren zum Teil beinahe freundschaftlich
verbunden, gehören, falls sich jemand erinnert, derselben Partei an.

An jenem Montagnachmittag jedenfalls trinken Hans-Peter
und Andreas Breitner in dessen Dienstzimmer eine Tasse Kaffee.
Hans-Peter übergibt Andreas meinen Brief und fragt ihn, warum
Albig so eine E-Mail schreibe.

Am Abend desselben Tages um 19 Uhr treffen Andreas Breitner,
Torsten Albig, Ralf Stegner und Hans-Peter bei einer Sitzung des

SPD-Landesvorstandes wieder zusammen – von Streit ist in dieser Sitzung keine Rede.

Hans-Peter behält die Unterredung mit Andreas Breitner unter vier Augen als kurz und freundlich im Gedächtnis. Andreas Breitner hingegen wird sich acht Tage später, am 1. Oktober, in einer eigens einberufenen Pressekonferenz öffentlich erinnern, dass er sich in diesem Gespräch von Hans-Peter »genötigt«, also mit einem »empfindlichen Übel« (§ 240 StGB) bedroht gefühlt habe.

Am Mittwoch, dem 25. September, formuliert Andreas Breitner ein extrem unfreundliches Antwortschreiben auf meinen Brief, das am 27. September bei der Stadt eingeht: »[…] Verdacht […] weise ich entschieden zurück […] nicht legitim und unzutreffend. […] Unterstellungen […].«

Dieser Ton ist neu. Andreas Breitner hat sich mir gegenüber bisher eher anders verhalten. Er hat unter vier Augen keinen Hehl aus seiner differenzierten Meinung über Torsten Albig gemacht. Und er hat öffentlich davon profitiert, dass er als der sanfte, zuhörende und offene Politiker erscheint. In der Partei gilt er als Kronprinz, sowohl für eine mögliche Stegner-Nachfolge im SPD-Landesvorsitz als auch für eine denkbare Albig-Nachfolge, falls der Ministerpräsident zu Höherem berufen werden sollte. Wird er unter Druck gesetzt? Zu seiner neuen Schärfe hat er selbst offenbar ein ambivalentes Verhältnis: Im Innenausschuss sagt er später auf Nachfrage, er habe mir »kurz und verletzend« (Protokoll, S. 18) geantwortet. Der Lokalpresse fällt überhaupt nicht auf, dass das für einen zuständigen Minister in einem objektiven Prüfverfahren eine ungewöhnlich subjektive Äußerung ist. Nach Neutralität und Unvoreingenommenheit hört sich das jedenfalls nicht an.

Der Spiegel, mit seinem gut trainierten Gespür für Machtkämpfe und Intrigen, thematisiert danach in seiner Ausgabe vom 7. Oktober immerhin diese außergewöhnliche Wortwahl: »Jetzt geht es um viel mehr: um die bekanntesten Gesichter der

Landes-SPD, um die Frage, wer sein Gesicht verliert. Die Oberbürgermeisterin von Kiel? Der Ministerpräsident von Schleswig-
Holstein? Breitner selbst? Und so kommt der Innenminister [...]
auf einen Brief vom 23. September zurück, von Susanne Gaschke,
der Oberbürgermeisterin. Den habe er beantwortet, ›kurz und
verletzend‹. ›Kurz und verletzend‹? Nicht kurz und verlässlich,
kurz und verbindlich, hat Breitner tatsächlich kurz und verletzend gesagt? Ja, hat er, und nein, es war kein Versprecher. Es
gilt das gepfefferte Wort. Die kalte Wut ist wieder zurück in
Schleswig-Holstein.«

Dass Andreas Breitner mit seinem kurzen und verletzenden
Antwortschreiben nicht *nur* glücklich ist, klingt allerdings in einer
SMS an Hans-Peter an, die diesen am Donnerstag, 26. September
(drei Tage nach der »Nötigung«), um 21.43 Uhr erreicht: »Hallo
Hans-Peter, habe über unser Gespräch und den Brief samt Anlage
nachgedacht. Susanne hat mich dienstlich angeschrieben, deshalb
habe ich ihr in meiner Funktion förmlich geantwortet. Torsten
bitte ich direkt und nicht über mich anzusprechen. Es ist seine
SMS an Susanne und sie sollte ihm sagen, wie sie sie bewertet.«

Das ist nicht die Botschaft eines Genötigten an seinen Nötiger.
Aus ihr lässt sich lesen, dass es ihm ein wenig unangenehm ist, dass
er und was er in seiner Funktion als Minister geantwortet hat. Man
merkt, dass er das Problem gern vom Hals hätte.

Am Freitag, 27. September, bin ich eine Woche auf Föhr.
Meine Rückenschmerzen sind nicht wirklich besser geworden,
aber immerhin bin ich ein bisschen zur Ruhe gekommen. Die
Presselage hat sich – wie wir es für die Zeit nach der Bundestagswahl erhofft hatten – beruhigt.

Mein Vater hat an diesem Tag Geburtstag. Ich gratuliere ihm
morgens telefonisch. Meine Eltern, die ja auch in Kiel wohnen,
halten sich sehr tapfer angesichts der massiven Berichterstattung.
Auch sie berichten aus ihrem Umfeld eher von Zuspruch für mich
als von Empörung.

Um 10.40 Uhr hole ich Hans-Peter von der Fähre in Wyk ab. Wir wollen noch gemeinsam das Wochenende auf Föhr verbringen, am Sonntag zurückfahren. Wir haben eben die Ferienwohnung erreicht, als ein Telefonkontakt mit der Büroleiterin des Innenministers hergestellt wird.

Wie man es schwerer macht

Ihre Stimme klingt für mich roboterhaft, wie die Stimme von jemandem, der etwas Unangenehmes sagen muss und sich vorgenommen hat, das auf jeden Fall zu schaffen. Die Kommunalaufsicht, sagt sie, habe das Prüfverfahren aufgespalten und zunächst die formale Frage der »Eilentscheidung« (ohne Ratsversammlung) geprüft. Diese Entscheidung sei fehlerhaft, und das werde und müsse man jetzt unverzüglich der Presse mitteilen. Das Ergebnis zur materiellen Richtigkeit des Steuervergleichs folge später.

Ich bin fassungslos. Was soll das? Welche sachlichen und rechtlichen Gründe gibt es, plötzlich das Verfahren aufzuteilen? (Es gibt keine.) Wer zum Teufel zwingt sie dazu? Welche Folgen wird das haben, außer dass ich weiter pressemäßig durch den Wolf gedreht werde? Was will das Innenministerium damit erreichen – außer zwei Mal schädliche Schlagzeilen zu verursachen?

Ich frage, ob dieses Vorgehen etwas mit meiner Beschwerde über das Insistieren und die Einmischung von Stegner und Albig zu tun habe. Und warum man es mir so schwer mache? Ich frage, ob die Veröffentlichung zum jetzigen Zeitpunkt denn unbedingt sein müsse.

Die Antwort folgt einer bestechenden Logik: Das müsse so sein, weil das jetzt so entschieden sei.

Natürlich gibt es ein öffentliches Interesse an dem Fortgang der Sache. Aber ob man eine oder zwei Aufregungen produziert, ob man einen Formfehler realistisch bewertet oder dramatisch hochschreibt, das ist für den Betroffenen – also in diesem Fall für mich – von großer Bedeutung. Wie auch die Frage, ob dieses kostbare Prüfergebnis überhaupt stimmt: Die nachträgliche Abstimmung der Ratsversammlung und ihre heilende Wirkung ignoriert es geflissentlich. Das Innenministerium will an dieser Stelle nicht »helfen«, wie Torsten Albig es bei guter Führung in Aussicht gestellt hatte. Es hängt die Sache so hoch es nur geht.

Kurz darauf erreichen mich Informationen über bereits laufende Rundfunk- und Tickermeldungen. Im Landeshaus machen Gerüchte über die Entscheidung der Kommunalaufsicht angeblich schon seit zehn Uhr die Runde.

Dies passiert exakt 15 Tage, nachdem der SPD-Landesvorsitzende Ralf Stegner öffentlich vorausgesagt hat, mit dem Ergebnis der Prüfung rechne man in »vermutlich 14 Tagen«. Ist es die Quittung für meinen »Umgang« mit einem »Fehler«, den Torsten Albig mit zu verantworten hat, aber allem Anschein nach um Gottes willen nicht mitverantworten will? Ist es der Erstschlag, der verhindern soll, dass ich weiter hinter Albigs »freundschaftlicher« E-Mail und seiner Verwicklung in ein gänzlich »unabhängiges« Prüfverfahren des Innministeriums her frage?

So oder so, nach Wochen der Skandalisierungsmühle ist es zu viel für mich. Und deshalb mache ich jetzt – nach Tränenrede und Anruf beim Chefredakteur der *Kieler Nachrichten* – den dritten verhängnisvollen PR-Fehler in dieser Geschichte.

Ich will nämlich die Sache nicht mehr kommentarlos nach der Inszenierung der Landesregierung und ihres Super-Spindoktors laufen lassen. Also rufe ich Journalisten an, von mir aus. Und sage, dass es mir jetzt reiche. Dass ich die Einflussnahme von Stegner und Albig leid sei. Dass ich das Kommunalaufsichtsverfahren keineswegs mehr für ergebnisoffen hielte. Ich spreche von einer Intrige. Von alten Rechnungen. Von Kieler Verhältnissen.

All das ist wütend. Und politisch nicht klug.

Hätte ich mit jedem einzelnen Journalisten stundenlang zusammensitzen und Albigs E-Mail im Wortlaut diskutieren können – dann hätte die Sache vielleicht funktioniert. Aber nur sehr vielleicht. Denn die Mehrzahl der Journalisten tat sich ja schon schwer mit der Erkenntnis, dass der Steuervergleich nicht meine Idee war und dass Torsten Albig für den in seiner Amtszeit eingeschlagenen Weg die Verantwortung trug.

Wenn man das nicht sehen wollte, war es vermutlich auch schwer, sich vorzustellen, der nette Landesvater fingere vielleicht in irgendwelchen objektiv-rechtlichen Prüfverfahren außerhalb seiner Zuständigkeit herum – und bekämpfe eine Genossin. Und Albig war in Kiel und konnte vor Ort erklären, warum er doch nur helfen wollte – während sein Innenministerium gerade den schädlichsten Verfahrensweg eingeschlagen hatte, auf den man hätte kommen können. Etwas beunruhigt war Albig aber wohl doch darüber, dass ich Journalisten am Telefon eine etwas weniger positive Lesart seiner »privaten« Einmischung per E-Mail nahebringen könnte, dass auch andere sie als Drohung verstehen könnten. Vorsichtshalber ließ er dann am Nachmittag dieses 27. September selbst seine Regierungspressestelle den kompletten Wortlaut seiner netten als »SMS« versandten E-Mail veröffentlichen.

Im Innenausschuss des Landtages am 2. Oktober erklärt Albig später noch einmal sehr angelegentlich, dass es von ihm keinerlei Einflussnahme auf das kommunalaufsichtliche Verfahren gegeben habe: »[...] das einzige, was sie meinen konnte, war die SMS, weil es sonst keine Kommunikation zwischen Frau Gaschke und mir gab. Nach meinem Kenntnisstand hatte sie keinen anderen Hinweis darauf, dass es eine Einflussnahme geben könnte. Es kann maximal die Interpretation dieser SMS gewesen sein. Ich habe mich dafür entschieden und meinen Regierungssprecher gebeten, diese SMS öffentlich zu machen, um nicht Gefahr zu laufen, dass andere interpretieren, was ich persönlich-vertraulich geschrieben habe. Entsprechend haben wir diese SMS am Nachmittag, um 14:40 Uhr, an die Medien gegeben.« (Protokoll, S. 31)

Das scheint Albigs größte Angst zu sein: dass andere interpretieren, was er als »Halt-mich-da-raus!«-Warnung gesendet hat. Dass jemand nachforscht, ob es einen anderen Hinweis auf Einflussnahme gibt, den ich hätte kennen können, etwa eine Aussage von Mitarbeitern der Staatskanzlei. (Leider fragt kein Ausschussmitglied danach). Dass seine E-Mail im Kontext betrachtet vielleicht doch nicht ganz so gut aussieht und jemand fragt, ob es Erwartungen an die Kommunalaufsicht gab, wie ihre »Prüfung« ausgehen solle, und warum der Ministerpräsident so dringend *nicht* in der Steuergeschichte vorkommen will.

Die Obrigkeit hat immer recht

Mein Vorstoß bei der Presse muss schleunigst mit einer Gegeninterpretation eingefangen werden. Am Freitag, 27. September, dem Tag des vorgezogenen Teilprüfergebnisses aus dem Innenministerium, lautet die Linie noch: Schaut mal, totale Transparenz! Ich veröffentliche meine unschuldige, hilfreiche SMS!

In der Befragung durch den Innenausschuss am 2. Oktober ist die Deutung schon sehr viel aggressiver: Auf die Frage, warum ich denn die E-Mail als unfreundlich beziehungsweise als Zeichen für Einmischung aufgefasst haben könnte, sagt Albig: Um das zu verstehen, brauche man wohl »professionellen Rat« (Protokoll, S. 39). Ist das der Versuch, mich als eine Art Psycho-Fall darzustellen, während der Landesvater nur Gutes will? Der SPD-Landesvorsitzende Ralf Stegner hat diese Linie schon mehrfach in Interviews benutzt; er spricht von meinem »individuellen Fehlverhalten«, von »Fehlwahrnehmung« und »mangelndem Urteilsvermögen«, wenn ich Albigs Mitverantwortung thematisiere.

Das Presseecho auf den Freitag ist verheerend, sowohl was das Teilprüfergebnis der Kommunalaufsicht als auch was meinen Intrigenvorwurf angeht. Die E-Mail des Ministerpräsidenten finden die Journalisten erwartungsgemäß nett. Ich bekomme die Quittung für meinen »Umgang« mit dem, was die Kommunalaufsicht für falsch hält. Plötzlich klingt das wie ganz großes Drama: Die Landesregierung werde nun prüfen, ob auch ein Disziplinarverfahren gegen die Oberbürgermeisterin eingeleitet werden müsse, erklärt das Innenministerium.

Leute mit dickerem Fell sitzen Disziplinarverfahren profimäßig aus. Ich nicht. Mich regt die Ungerechtigkeit der Sache auf. Mich regt auf, dass ein Landespolitiker der FDP erklärt: »Ein Rücktritt der Oberbürgermeisterin ist unausweichlich.« Mich regt auf, dass Ralf Stegner die Losung für einen Schwenk der Berichterstattung weg vom Fall, hin allein zu meiner Person ausgibt: »Es handelt sich offenkundig um einen krassen Fall mangelnden individuellen Urteilsvermögens und gänzlich ungeeigneter Methoden der Selbstverteidigung durch haltlose Anschuldigungen gegen andere.« Die Kommentare der Zeitungen am Samstag, 28. September, handeln allesamt von Druck und Rücktritt, immer wieder Rücktritt. Ich habe keinen Zweifel, dass Torsten Albig und Ralf Stegner Letzteren für die beste Lösung halten.

Am Wochenende trifft sich die SPD-Ratsfraktion zu einer lang geplanten Klausurtagung in Schleswig. Ich hatte auch dorthin kommen wollen. Aber ich kämpfe mit den Rückenschmerzen. Und bin seelisch langsam am Rande meiner Kräfte. Dass ich nicht zu der Sitzung fahre, ist der vierte schwere PR-Fehler, den ich mache: Denn zu diesem Zeitpunkt wären die Fraktionsmitglieder vielleicht noch mit Argumenten zu erreichen gewesen. Ich hätte ihnen verständlich machen können, warum Albigs Einmischungsmail für mich in keiner Weise akzeptabel ist.

Indem ich nicht da bin, überlasse ich dem SPD-Kreisvorsitzenden das Feld, der, so wird mir berichtet, ziemlich einseitig gegen mich auftritt. Am Nachmittag ruft eine Ratsfrau an: Hans-Peter und ich müssten sofort nach Schleswig kommen, sagt sie: Dort geschähen unglaubliche Sachen. Ich müsste wissen, dass sie recht hat, müsste ihr dankbar sein. Aber ich bin erschöpft. Können unsere Ratsleute nicht selbst sehen, wie unanständig die Landesebene sich verhält?

Es fällt mir immer noch nicht leicht, mir vorzustellen, dass sie das nicht konnten. Die Ratsfraktion sieht offenbar etwas anderes als ich. Sie sieht zwei Genossen in herausgehobenen Positionen, die öffentlich streiten. Das ist das Schlimmste, was es für die SPD gibt: mangelnde Geschlossenheit. Der Steuerfall, eine richtige oder falsche Entscheidung, saubere Zuordnung der Verantwortung – das alles wäre vielleicht nicht so wichtig. Aber Streit in der SPD darf es nicht geben! Und so wie die Berichterstattung seit Wochen läuft, bin ich diejenige mit dem Problem. Und die Obrigkeit in der Partei (Ministerpräsident und Landesvorsitzender) spricht von morgens bis abends Machtworte: Albig! Hat! Damit! Nix! Zu! Tun!

Ich glaube nicht, dass es demokratisch gewollt sein kann, dass parteiinterne Kämpfe mit der Macht der Obrigkeit entschieden werden. Deshalb lade ich für Montag, den 30. September, um 11 Uhr zu einer Pressekonferenz ins Rathaus ein. Ich will meinen Standpunkt erklären. Ruhig und höflich.

Krisenmontag

Diesen Montag lohnt es noch einmal im Detail anzuschauen: unter der allgemeinen Fragestellung, was man sich antun möchte, um ein Amt zu behalten. Dass man vor einem solchen Tag nicht gut schläft, ist klar (man schläft überhaupt nicht gut in solchen Krisenzeiten, es ist ein stetes Wegdämmern und wieder Hochschrecken). Morgens um halb zehn gibt es zunächst – trotz allem muss ja der Alltagsbetrieb irgendwie weitergehen – einen Termin mit Vertretern des berühmten Handballvereins THW, des wichtigsten Kieler Fußballvereins und mit Kieler Kaufleuten. Die beiden Vereine wollen mit Unterstützung ihrer Sponsoren ein Internat für begabte

Nachwuchssportler gründen. Jetzt geht es darum, was die Stadt in Grundstücks-, Erschließungs- und sonstigen Fragen tun kann, um das Projekt zu unterstützen. Bei solchen Terminen besteht die Kunst darin, Begeisterung und Engagement für die wunderbare private Initiative zu zeigen, ohne sofort von städtischer Seite große finanzielle Zusagen zu machen.

Ich empfange die Herren bei Kaffee, Tee und Keksen im Max-Planck-Zimmer, einem düsteren Saal mit bis unter die Decke reichenden Bücherregalen, in dem einen spontan der Impuls überkommt, eine juristische Hausarbeit anzufangen. Ich merke meinen Gästen an, dass sie befangen sind: Vermutlich ist es für sie ein bisschen, als ob sie einem Krebskranken begegnen. Nach dem Leiden zu fragen, wäre unhöflich. Nichts zu sagen aber auch. Außerdem gibt es sicher eine Art Angst vor Ansteckung. Ich mache selbst ein paar Witze über die schaurige Presselage und meine Fehler (»Sie können ja hinterher sagen: Heute hat sie *nicht* geweint.«), und die Stimmung wird lockerer. Wir reden sehr konstruktiv über das sinnvolle Projekt und verabreden enge und unkomplizierte Zusammenarbeit mit den Mitarbeitern des Stadtplanungsamtes. Während sich die Versammlung auflöst, sagt mir einer der Unternehmer, wie sehr ihm die ganze Sache leidtue. »Erzählen Sie doch in der Pressekonferenz von unserem Internat«, rät er, »das ist doch gleich eine positive Nachricht.« Eine väterliche Hand auf der Schulter – es sind solche Gesten, die mich in diesen Tagen überraschen und freuen. Es gibt einige davon. Aber sie kommen nicht mehr von den eigenen Leuten.

Nach der Sitzung gibt es eine kurze Besprechung mit Stab und Pressesprecherin in meinem Amtszimmer. Alfred Bornhalm, mein Stabschef, ist zu diesem Zeitpunkt schon in einem eher verzweifelten Modus: Er glaubt nicht mehr, dass sich der Konflikt mit unserer Fraktion und mit den Grünen noch einfangen lässt. Aus alter Kenntnis der SPD weiß er, wie panisch sie auf Streit reagiert. Und aus Kenntnis der Grünen weiß er, dass alles seinen Preis hat – in der gegenwärtigen Lage wahrscheinlich einen unbezahlbaren. Das ist vermutlich richtig, hilft mir aber zehn Minuten vor einer Pressekonferenz, in der ich meine Handlungsfähigkeit unter Beweis stellen muss, nicht wirklich weiter.

Wir einigen uns auf eine deeskalierende, aber nicht opportunistische Linie: Kein Wort mehr von Intrige wie noch in den Telefongesprächen mit den Journalisten. Aber nach wie vor Verwunderung über die Aufspaltung des kommunalaufsichtlichen Prüfungsverfahrens und das Vorgehen der Landesregierung allgemein. Außerdem will ich das sachliche Problem, um das es doch eigentlich gehen sollte, wieder mehr in den Vordergrund holen: Was tun wir künftig in ähnlichen Fällen? Wir brauchen in Zukunft ein Gremium, das kleiner ist als die ganze Ratsversammlung, wenn es um (Steuer-)Fälle in ähnlicher Größenordnung geht.

Meine Pressesprecherin nickt mir aufmunternd zu. Flankiert von ihr und meinem Referenten Knud Andresen gehe ich den Flur entlang zum Ratsherrenzimmer, zum ersten Mal seit zehn Tagen wieder auf hohen Absätzen. Etwa in der Mitte des Weges durchzuckt ein stechender Schmerz mein rechtes Bein. Ich japse nach Luft. »Du wirst Dich mit den Dingern noch umbringen«, sagt die Sprecherin trocken.

Angesichts der Fernsehkameras und des Mikrofongestrüpps überflutet mich eine solche Woge von Adrenalin, dass der Schmerz vergessen ist. Ich lächle. Für jede Kamera einmal. Zu meiner eigenen Überraschung bin ich ruhig. Ich schildere, wie aus meiner Sicht die Fehlwahrnehmung entstehen konnte, ich hätte irgendetwas willkürlich und im Alleingang entschieden. Ich nehme das Wort »Intrige« zurück, entlasse Albig aber nicht aus seiner Mitverantwortung und zeige mich weiterhin irritiert über seine E-Mail. Auf die Frage, ob es ein »Schrei-Telefonat« mit Ralf Stegner gegeben habe, antworte ich: »Ach wissen Sie, Ralf Stegner schreit fast nie am Telefon.« Gelächter.

Insgesamt ist der Auftritt in Ordnung. Albig mag versuchen, mich als durchgeknallt darzustellen, aber die Journalisten nehmen eher einen Eindruck von Entschlossenheit mit.

Frage folgt auf Frage; irgendwann ist es vorbei. Wer ein Bild sucht: Man fühlt sich nach so einer Pressekonferenz, als sei man von jedem einzelnen Fahrzeug eines Militärkonvois überfahren worden. Ich weiß nicht, ob der Ausblick, bei jedem potenziellen Fehler, bei jeder Krise mit diesem Skandalisierungsdruck rechnen zu müssen, die Demokratie attraktiver macht.

Aber überlebt ist überlebt, und es gibt Mittagessen. Es ist immer noch recht warm, so dass wir draußen sitzen können. Eine Zeitblase, eine kurze Phase der Ruhe.

Um 16 Uhr trifft sich die SPD-Fraktion. Düstere Mienen, zerquälte Gesichter, distanzierte Begrüßungen. Oh Mann, denke ich, das kann doch nicht wahr sein: Wisst ihr eigentlich, wie es ist, allein im Trommelfeuer zu stehen? Von der eigenen Regierung an den Pranger gestellt zu werden? Lest ihr keine Zeitung? Allein die Schlagzeilen des Wochenendes lauteten: »Es wird einsam um Gaschke«, »Albig droht Rathauschefin mit Klage«, »Susanne Gaschkes einsamer Kampf« oder »Alle rücken von Gaschke ab«. Am heutigen Montag titeln die *Kieler Nachrichten:* »Gaschke droht Verlust der Rathausmehrheit«. Rathausmehrheit? Das sind die Leute, die hier sitzen. Sie könnten Albigs Mitverantwortung zur Kenntnis nehmen; einige von ihnen haben seine einschlägigen Unterschriften in der Akte ja sogar selbst gesehen. Sie könnten mir zugestehen, dass ich nicht allein den Kopf für Albigs Entscheidung hinhalten will.

Aber sie wollen nicht. Und auch der Kreisvorsitzende gibt sich als Exekutor eines einzigen höheren Rechts, und dieses Recht lautet: Streit ist böse. Und was ein sozialdemokratischer Ministerpräsident sagt, ist bestimmt wahrer als das, was eine sozialdemokratische Oberbürgermeisterin sagt.

Ich rede mit Engelszungen. Ich stelle den Kontext noch einmal klar. Erkläre, warum Albigs E-Mail eine Einmischung in das

Verfahren darstellt. Ein Ratsherr, der selbst einmal in der Kommunalaufsicht gearbeitet hat, unterstützt mich lebhaft: Der Apparat sei mehr als sensibel für das, was der Chef mutmaßlich wolle. Aber er ist der einzige Unterstützer. Ich weise darauf hin, dass ich die Auseinandersetzung heute in der Pressekonferenz nicht weiter eskaliert habe. Schildere den Druck, der seit Wochen auf mir lastet. Schildere meinen Tag. Und weise vorsichtshalber darauf hin, dass ich um 18 Uhr weg muss, weil ich das *Global Economic Symposium* des Kieler Instituts für Weltwirtschaft eröffnen muss. Mit Torsten Albig.

Aber das reicht alles nicht. Die Fraktion versteht den Konflikt nicht, will keinen Streit. Ein Ratsherr sagt: »Die Mail hast du falsch verstanden, Susanne. Das ist Torsten, dein Kumpel Torsten, der dir nette Ratschläge gibt.«

Der Spin hat funktioniert. Andere klagen, sie würden bei der Arbeit oft auf das Thema angesprochen, es sei so anstrengend, immer etwas dazu sagen zu müssen. Einer sagt gequält: »Ich will endlich wieder Kommunalpolitik machen.« Am Ende haben wir halbwegs Frieden, aber nur dank einer Intervention des Stadtpräsidenten. Der sagt, er habe zwar heute nicht direkt eine Entschuldigung von mir gehört, aber doch sehr maßvolle Worte. Das reiche ihm, um mich weiter zu unterstützen.

So weit sind wir schon. Meine eigene Fraktion braucht Gründe, um mich weiter zu unterstützen, weil ich es gewagt habe, auf einer Tatsache zu bestehen. Das ist nicht beruhigend.

Der Direktor des Instituts für Weltwirtschaft freut sich ausdrücklich, dass ich trotz aller Schwierigkeiten gekommen bin. Die größte Prüfung des Abends ist natürlich nicht die Rede vor einigen hundert ausländischen Wissenschaftlern. Die größte Prüfung ist es, Torsten Albig die Hand zu geben und dabei freundlich zu lächeln. Für ihn wohl auch. Die Kamera des NDR fängt das Zusammentreffen ein, und auch den Moment danach, in dem wir uns beide abrupt in unterschiedliche Richtungen wegdrehen. »Schwer vorstellbar«, kommentiert der Sprecher aus dem Off, »dass die beiden noch mal Freunde werden.« Stimmt. Torsten Albig hat dem NDR für dieselbe Sendung an diesem Tag gesagt, es sei vollkommen unerheblich, wie andere Menschen – also er – im Vorfeld entschieden hätten. Wer sich auf seine Weichenstellungen beziehe, der solle, »ähm, Gehilfin werden, aber nicht Oberbürgermeisterin«.

Ich halte den Vortrag. Dann will ich nach Hause. Im Foyer springt mich ein Kamerateam des Privatfernsehens an. Ob ich kurz …? Nein. Es ist jetzt wirklich genug.

An diesem Krisenmontag, dem 30. September 2013, passiert noch etwas. Ein Mitarbeiter aus dem Innenministerium schreibt unter den Stichworten »Vertrauliche Personalsache« und »Strafanzeige gegen Frau Oberbürgermeisterin Dr. Susanne Gaschke« einen Brief an die Kieler Staatsanwaltschaft. Darin bittet er um »Mitteilung, ob Sie gegen Frau Dr. Gaschke ein Ermittlungsverfahren eingeleitet haben oder noch einleiten werden«. Das klingt, als ob das Innenministerium erwartet, dass es so kommen wird. Zwischen meinen Intrigen-Vorwürfen gegen den Ministerpräsidenten und diesem Brief lag das Wochenende. Heute ist der erste Werktag danach.

Der beste Spin aller Zeiten

Am Dienstag, dem 1. Oktober 2013, fahre ich mit einer kleinen Kieler Delegation zu einer Konferenz der Union of the Baltic Cities in Finnland. Kiel ist Mitglied der Union. Ich soll dort einen Vortrag über Jugendarbeitslosigkeit halten. An dieser Reise ist alles falsch. Der Redeentwurf ist eine Katastrophe. Und die Routenplanung nicht minder: Der Flug geht von Hamburg über Düsseldorf nach Helsinki, dann weiter nach Mariehamn im Südwesten Finnlands. Als Umsteigezeit in Düsseldorf sind 40 Minuten eingeplant, was schon knapp wäre, wenn alles gut ginge. Aber an einem Tag wie diesem hat unsere Air-Berlin-Maschine aus Hamburg selbstredend eine halbe Stunde Verspätung. Zudem hat, wer auch immer hier für die Organisation zuständig war, einige von uns nur bis Düsseldorf eingecheckt. Dort angekommen rasen wir im Schweinsgalopp durch den Flughafen und erreichen sogar den Finnair-Schalter, als das Flugzeug noch am Gate steht. Ein Kollege hatte selbst online eingecheckt und kommt noch an Bord, aber für den Rest von uns kennt die Kaugummi kauende Finnair-Mitarbeiterin keine Gnade. Keine Bordkarte, keine Chance.

Ich könnte heulen. Es ist, als ob sich neben den politischen Verhältnissen auch sonst alles gegen uns wendet. Frustriert beobachten wir, wie der Kollege in der Finnair-Maschine verschwindet. Wenig später rollt sie Richtung Startbahn.

Wir machen uns ans Umbuchen. Gott sei Dank geht am Abend noch eine Maschine nach Helsinki, so dass wir trotz allem am nächsten Morgen rechtzeitig in Mariehamn sein können. Aber dann haben wir sieben Stunden Zeit, um sinnlos in Düsseldorf herumzuhängen.

Das Hauptproblem ist natürlich, dass ich weder in Düsseldorf noch in Finnland etwas zu suchen habe, wenn in Kiel eine veritable Krise wütet. Ob ich in Mariehamn über Jugendarbeitslosigkeit spreche oder in Estland ein Sack Reis umfällt, ist so herzlich egal, dass es dafür gar keine Maßeinheit mehr gibt. Obwohl ich die Reise in der Pressekonferenz und in der SPD-Fraktion als Routine, als normales Tagesgeschäft angekündigt habe, sind wir von jeder Normalität meilenweit entfernt. Auch mir selbst ist klar, dass ich flüchten will: weg von den ständigen Negativschlagzeilen, von den Unterstellungen und Vorwürfen, von den besorgten Gesichtern meiner Mitarbeiter, von der unverhohlenen Feindseligkeit, die mir aus Teilen der Landesregierung entgegenschlägt.

Die Regierung habe ich jedenfalls mit zwei Problemen in Kiel zurückgelassen: dem Fallout meiner Pressekonferenz, der darauf hinausläuft, dass es vielleicht doch weniger um die mir vom SPD-Landesvorsitzenden Stegner attestierten Fehlwahrnehmungen geht als um einen parteiinternen Machtkampf. Das zweite Problem ist die bereits zitierte Sitzung des Innen- und Rechtsausschusses des Kieler Landtages am 2. Oktober, auf der Ministerpräsident Albig und Innenminister Breitner den Oppositionsabgeordneten über ihre Rolle in der Affäre Auskunft geben müssen.

Beides ist nicht gut für den Ministerpräsidenten und seinen Kommunalaufsichtsminister. Beides braucht neuen Spin, um überspielt zu werden. Aber hier sind Profis am Werk. Natürlich fällt jemandem etwas ein.

Auf dem Flughafen Düsseldorf (den ich aufgrund unseres langen Aufenthaltes schon intensiv zu hassen gelernt habe) erreicht mich der Anruf eines Journalisten: Was ich denn zu den Nötigungsvorwürfen gegen mich und meinen Mann durch den Innenminister sage?

Ich bin erst mal sprachlos. Dann sage ich, dass ich nichts dazu sagen könne, weil ich die Vorwürfe überhaupt nicht kenne. Der Redakteur setzt mich ins Bild: Der Innenminister hat gerade auf einer Pressekonferenz behauptet, Hans-Peter und ich hätten ihm mit der Veröffentlichung von Torsten Albigs E-Mail gedroht – ich am Telefon vor vier Tagen, am 27. September (und auch eigentlich nicht ihm, sondern seiner Büroleiterin), Hans-Peter vor acht Tagen beim Kaffee in seinem Büro. Was wir mit der behaupteten Drohung hätten erreichen wollen, bleibt etwas vage – Unterstützung durch meinen Freund Albig vermutlich.

Ich sage dem Journalisten, dass, wenn es wirklich so sei, dass der Innenminister mich öffentlich einer Straftat bezichtige, dies sicher ein Fall für Anwälte sei und ich das erst einmal gar nicht kommentieren wolle.

Die Landespresse reagiert wie auf Kommando: Wenn der *Innenminister* einen so monströsen Vorwurf erhebt, dann muss er wahr sein! Zwei Kommentatoren schreiben am nächsten Tag, zwar hätten sie keine Kenntnis der Fakten, aber wenn der *Innenminister* diese Beschuldigung erhebe ... Und die FDP-Ratsfraktion fordert später aufgrund dieser »Tatsache« ein weiteres Mal meinen Rücktritt. Der Vorwurf hat sich gelohnt.

Die Diskussion ist jetzt noch weiter weg von »richtig oder falsch«, von »wer-wann-was-warum« im Steuerfall. Mit dem PR-Knaller »Nötigung« ist das Problem nun ganz vor der Haustür eines – vielleicht co-psychotischen? – Ehepaars abgeladen worden. Ein Zustand, der Ralf Stegner und Torsten Albig geradezu himmlisch vorkommen muss, ist endlich eingetreten: Hans-Peter und ich sind in der öffentlichen Wahrnehmung isoliert. Bis zu zehn Jahre Haft drohen kriminellen Nötigern, heißt es jetzt in der Presse. Dazu Fotos der mutmaßlichen Verbrecher, eine direkt gewählte Oberbürgermeisterin, ein direkt gewählter Bundestagsabgeordneter. So was gab es in Deutschland noch nicht!

Negative campaigning

Dabei hat Andreas Breitner die Sache ganz geschickt gehandhabt: Er hat keine Strafanzeige gegen uns erstattet (eine falsche Verdächtigung ist strafbar; § 164 StGB), sondern nur – am 1. Oktober vor seiner Pressekonferenz – mit dem Generalstaatsanwalt des Landes über seine negativen Gefühle telefoniert. Einen Brief hat er ihm auch geschrieben. Darauf scheint er richtig stolz zu sein. Im Innenausschuss spricht er am 2. Oktober davon, dass ihm die »hohe politische Brisanz« allein der Hinzuziehung des Generalstaatsanwalts »voll bewusst« gewesen sei (Protokoll, S. 22). Und stolz kann er auch sein, denn auf diese Weise gibt es nicht nur einmal, sondern gleich dreimal fette Schlagzeilen: Erstens, »Nötigung: Breitner klagt Gaschke an« (*Kieler Nachrichten*, 2. Oktober), anlässlich der Pressekonferenz des Innenministers. Mit Bild natürlich. Zweitens, als der schleswig-holsteinische Generalstaatsanwalt die Angelegenheit nach Karlsruhe weiterreicht:»Jetzt ermittelt sogar die Bundesanwaltschaft!« Und drittens, als Karlsruhe den Vorgang zuständigkeitshalber an Hamburg abgibt. Der Umstand, dass die Hamburger Behörde binnen weniger Tage erklärt, selbst *wenn* Breitners Behauptungen alle stimmten, läge kein Tatbestand der Nötigung vor, ist dann freilich keinen Aufmacher mehr wert. Ups, die ganze Sache stimmte gar nicht, obwohl doch der *Innenminister* sie behauptet hatte? Da wollten die Qualitätsjournalisten mal lieber nicht zu sehr in die Tiefe gehen.

Aber eines muss ich doch neidlos anerkennen: Die Nötigungsnummer war Weltklasse-PR. So macht man in Amerika *negative campaigning* gegen den politischen Gegner. Es wäre ziemlich bewundernswert, wenn der sympathische Innenminister da ganz alleine drauf gekommen wäre. Und es wäre interessant zu wissen, ob er mit dem Generalstaatsanwalt nur über seine gefühlte Nötigung gesprochen hat. Oder auch über andere Straftaten, die die gefährliche Kieler Oberbürgermeisterin begangen haben könnte – schließlich hatte es ja (wie immer in Fällen mit intensiver Presseberichterstattung) schon ein paar anonyme Bürgeranzeigen gegeben ...

Auf dem Weg zu seiner Geschichte hat es sich der Innenminister, auch das kann man dem hoch interessanten Innenausschussprotokoll entnehmen, mit dem Nachdenken durchaus nicht leicht gemacht:»Ist das [der Nötigungsvorwurf] überhaupt eine Information, oder bin ich schon ein bisschen kirre in dem Verfahren, wenn ich aus den Ereignissen der Vorwoche jetzt so einen Vorwurf konstruiere. Nachdem mich alle Mitarbeiter, die ich damit befasst habe, darin bestätigt haben, dass ich nicht kirre bin, habe ich die für mich, wie ich finde, richtigen Schlüsse gezogen und gesagt: Das kann ich so nicht auf sich beruhen lassen, weil zukünftig und für alle Zeit der Eindruck entsteht, wir wären durch Eheleute in einem kommunal- und disziplinarrechtlichen Verfahren beeinflussbar, und ich wäre beeinflussbar, weil die nicht wissen, welche Wirkung sie auf mich entfalten. [...] Ich glaube, jetzt ist deutlich geworden, welche Wirkung ich dort auf mich festgestellt habe. Jetzt ist auch der richtige Zeitpunkt, um den Gesamtkomplex disziplinar- und strafrechtlich zu würdigen.« (Protokoll, S. 23)

Im selben Ausschussprotokoll ist auch nachzulesen, wie Albig sich sofort wieder von der Darstellung seines eifrigen Ministers distanziert: »Ich kann Ihnen nicht erklären, warum man glauben kann, dass dies [eine Veröffentlichung seiner E-Mail an mich, SG] eine Drohung sein könnte« (Protokoll, S. 34). Sein im Ausschuss neben ihm sitzender Innenminister mag missliebige Parteifreunde willkürlich und zu Unrecht einer Strafverfolgung aussetzen – er, der Ministerpräsident, hat damit nichts zu tun. Er wäscht seine Hände in Unschuld. Es wäre ja auch wirklich unglücklich für ihn, wenn seine »freundschaftliche« E-Mail als Drohung und potenzieller Nötigungsanlass verstanden würde.

Breitner bleibt derweil tapfer bei der Linie seines ehrverletzenden Frontalangriffs: »Am Montag habe ich dann wieder angefangen, mich mit dem Thema Gaschke/Bartels zu befassen – auch in Anbetracht der Pressekonferenz der Oberbürgermeisterin, weil ich darüber natürlich auch informiert worden bin, dass sie erneut einen großen Teil der Vorwürfe wiederholt hat. Da habe ich mich selbst gefragt, was eigentlich in der letzten Woche passiert ist. Dann habe ich langsam angefangen, mich als Staatsorgan zu fühlen.« (Protokoll, S. 22)

Andreas Breitner hat sich als Staatsorgan gefühlt. Und er hat sich genötigt gefühlt. Letzteres hat er der Welt und dem Generalstaatsanwalt mitgeteilt. Was genau er diesem gegenüber behauptet hat, haben Schleswig, Karlsruhe und Hamburg mir und Hans-Peter als den öffentlich Beschuldigten nie mitgeteilt. Keiner von uns ist von irgendeiner Staatsanwaltschaft um eine Stellungnahme gebeten worden. Es gab ja auch nie ein förmliches Verfahren – weil es nichts anzuklagen gab.

Die schließlich zuständige Generalstaatsanwaltschaft Hamburg (deren in einem Staatsvertrag zwischen den beiden Ländern geregelte Zuständigkeit ein schleswig-holsteinischer Innenminister und ein schleswig-holsteinischer Generalstaatsanwalt kennen könnten) ließ den Vorgang nach meinem Rücktritt fallen wie eine heiße Kartoffel. Die Folgen für Andreas Breitner: keine. Kein Aufschrei in der Presse, keine Erklärung der Regierung. Keine Reaktion der Partei. Er bleibt einfach im Amt und tut, als sei nichts gewesen.

Heißt das: Landesregierungen in Deutschland dürfen auf diese Weise gegen jeden vorgehen, den sie zu diskreditieren wünschen? Oder liegt hier ein krasser Missbrauch staatlicher Macht vor? Ging es dem Innenminister, dem obersten Vorgesetzten von Polizei und Verfassungsschutz in Schleswig-Holstein, um lupenreine Rechtsstaatlichkeit oder handelte es sich um ein schmutziges Spiel? Muss einem diese Verfolgung gewählter politischer Akteure nicht Angst machen?

Das alles sind Fragen, die Pressevertreter stellen könnten, wenn sie ihrem aufklärerischem Auftrag gerecht werden wollten. Fragen, auf die man Antworten braucht, wenn man ein korrektes Bild der Vorgänge in Kiel zeichnen will.

Doch von den schleswig-holsteinischen Journalisten, die im Strahlungsbereich des brillanten PR-Mannes Torsten Albig arbeiten, stellt sie niemand. Und von den überregionalen Journalisten, die später in die vor Ort schon fertig erzählte Skandalgeschichte einsteigen, stellen sie die wenigsten. Beantworten tut sie keiner.

Die Folgen für uns: Wir diskutierten nicht mehr über Verantwortung im Steuerfall, sondern darüber, ob Gaschke/Bartels kriminell sind. Die Berichterstattung über den PR-Coup »Nötigung« füllt in einer Woche mehr Zeitungsseiten als der gesamte Steuerfall bis dahin.

Auf dem Flughafen Düsseldorf bin ich derweil fertig mit den Nerven. Hans-Peter bleibt ruhiger. Er kümmert sich um einen

Anwalt, einen ausgezeichneten Medienrechtler aus Hamburg. Der erwirkt binnen fünf Tagen bei der Hamburger Pressekammer eine einstweilige Verfügung gegen Andreas Breitner: Dieser darf seine Behauptungen erst einmal nicht weiter verbreiten. Das Innenministerium scheint geradezu konsterniert darüber, dass ein Gericht außerhalb des Landes in seinem Fall urteilen darf. Aber der Innenminister hat seine juristischen Gefühle nun einmal – unter anderem – in die Kameras des NDR gesprochen, und der hat seinen Hauptsitz nicht in Schleswig-Holstein, sondern in Hamburg.

Lange nichts gehört von: den Grünen

Mariehamn ist eine der typischen Kleinstädte in der finnischen Pampa, die hauptsächlich aus einer High-Street mit Outdoor-Geschäften, Burger-Bratereien, Bars und einem Seeufer bestehen. Die Konferenz ist natürlich für die Katz. In der Erinnerung sehe ich uns stets vor dem Konferenzzentrum auf und ab gehen und Krisentelefonate führen. Denn nun – wir hatten ja länger nichts von ihnen gehört – melden sich auch die Grünen wieder mal zu Wort.

Fürs Erste fordern sie, ich solle meine Finnland-Reise abbrechen. Zurück nach Kiel kommen und beweisen, dass ich den Innenminister nicht genötigt habe. Das ist eine interessante Umkehr der Beweislast: Normalerweise ist ja im Rechtsstaat der, der eine Behauptung aufstellt, beweispflichtig. Das gilt allerdings allem Anschein nach nicht vor der Presse. Und auch für die Grünen stellt sich die Frage, ob man den Nötigungsvorwurf unbesehen glauben kann, offenkundig nicht. Das liegt gewiss auch daran, dass unsere Beziehung in keiner Weise von Sympathie getragen ist: Wieder und wieder hatte ich deutlich gemacht, dass es mit mir geheime Sonderabsprachen über Posten und Lieblingsprojekte, Aufsichtsratsmandate oder die Politik der Stadtwerke nicht gibt. Von meinem Rücktritt können einzelne Grüne nur profitieren –

und mindestens vier Mal fordern die Grünen diesen denn auch.
Wie eine Diffamierungskampagne am Ende wirkt, bringt ihre neue
Fraktionsvorsitzende auf den Punkt: Ich genieße ihr Vertrauen
nicht mehr, sagt die 22-jährige Lehramtsstudentin, die den größten Teil der Krisenphase mit einem Praktikum auf einem anderen
Kontinent verbracht hat, treuherzig in die Kamera, »weil das alles
einfach zu viele Vorwürfe« seien.

Die Landesregierung, und insbesondere Andreas Breitner, hat
in der Tat dafür gesorgt, dass es bereits jetzt »viele Vorwürfe« gibt:
Teil 1 des aufgespaltenen Prüfverfahrens, dazu ein Disziplinarverfahren und nun der Nötigungsvorwurf. Nur dass es eben nicht
darauf ankommt, ob (und wie viele) Vorwürfe *erhoben* werden,
sondern ob sie stimmen.

Eigentlich müsste die SPD-Fraktion im Rathaus, müsste
die Kreispartei in dieser Situation eine Rücktrittsforderung
der Grünen als Koalitionsbruch bewerten. Aber zumindest
der Fraktionsvorsitzende (er arbeitet bei der Landesregierung)
und der Kreisvorsitzende (er sitzt im Landtag) wissen offenbar
längst, wo sie in dieser Angelegenheit stehen: auf der Seite von
Albigs Regierung. Von der SPD-Basis kommt durchaus freundliche Unterstützung. Man müsse doch erst einmal abwarten, ob
das alles so stimme, antworten sie auf Reporterfragen. Damit
sind wir – unter sehr viel schlechteren Bedingungen – wieder
da, wo wir vor meiner Nominierung angefangen haben. Basis
gegen Landesestablishment. Nur dass es natürlich selbst für die
zugewandtesten Ortsvereinsaktiven schwierig ist, loyal zu bleiben, wenn sich Tag für Tag eine Negativschlagzeile auf die andere
türmt – und die Anschuldigungen fast ausnahmslos von den
eigenen SPD-Spitzen vorgetragen werden.

Unsere kleine Delegation fährt nicht früher aus Finnland
zurück. Die Pressesprecherin der Stadt teilt mir am Telefon mit,
wir müssten bei der Rückkehr aus Helsinki am Donnerstag,
3. Oktober, am Flughafen in Hamburg mit Kamerateams rechnen.

Was, frage ich mich, erhoffen sich diese Fernsehteams am Donnerstagabend für Bilder? Bilder eines angeschlagenen Menschen, der irgendwie unsouverän und unglücklich zu einer Nötigung Stellung nimmt, die er nicht begangen hat? Nur, damit man dann wieder illustrieren kann: Die sieht aber unsouverän und fertig aus? Einen anderen Nachrichtenwert haben solche Bilder nicht. Und ich will sie nicht liefern. Also buche ich auf eigene Kosten die Flüge um. Allein, dass man glaubt, dies versichern zu müssen, obwohl es eine Selbstverständlichkeit ist, zeigt, wie gehetzt man sich in der Skandalisierungssituation fühlt: Alles kann einem plötzlich vorgehalten werden, jedes Naseputzen, jede Bewegung, jede Umbuchung, jeder Leihwagen.

Es geht immer noch schlimmer

Nüchtern betrachtet, könnte ich die Sache jetzt schon sein lassen. Die kommenden vier Wochen bis zu meinem Rücktritt bringen der Stadt Kiel nichts und mir selbst nur eine weitere Beschädigung meiner Person. Ralf Stegner und Torsten Albig haben es geschafft, die Diskussion von den Verantwortlichkeiten im Steuerfall (»hat mit dem Ministerpräsidenten nix zu tun«) auf meine Person umzulenken (»krasse persönliche Fehlwahrnehmung«). Torsten Albig hat diese Umdeutung der wahren Verhältnisse durch Äußerungen im NDR-Fernsehen und Andeutungen im Innenausschuss auf die Frage meiner geistigen Zurechnungsfähigkeit zugespitzt: Er wolle nicht in eine »Art von Psychogramm von einem Menschen« einsteigen, sagt er dort, so als ob er wohl könnte, aber großzügigerweise nicht möchte (Protokoll, S. 39). Andreas Breitner hat durch seinen haltlosen Nötigungsvorwurf dieser Diffamierung noch eine Kriminalisierung hinzugefügt.

Die einzelnen Prüfschritte im Steuerfall, anfangs vom Innenminister (freundlich) und vom Ministerpräsidenten in seiner E-Mail (»auch die Sicht der Kommunalaufsicht ist nur eine

Einschätzung«) als eher bürokratische Normalitäten dargestellt, werden in der Presse zu »Ohrfeigen« für mich, »glatten Sechsen« und eindeutigen Rücktrittsgründen. Die Journalisten übernehmen in ihrer ganz überwiegenden Mehrheit die Deutungen der Obrigkeit – in der Nötigungsfrage ganz explizit unter Verzicht auf Tatsachenkenntnis. Die Grünen fordern offen meinen Rücktritt. SPD-Funktionäre distanzieren sich von mir.

Warum trete ich nicht sofort zurück? Was habe ich noch zu gewinnen? Oder anders gefragt: Gäbe es noch irgendeine Chance, die Sache herumzureißen?

Ich weiß es nicht. Ich weiß nicht, wie viel Appeasement gegenüber den Grünen oder Bettelei bei der eigenen Fraktion noch geholfen haben würde. Aber erstens bin ich so ein Mensch nicht – es gibt Kompromisse, die über das für mich persönlich Erträgliche hinausgehen. Zweitens ist das Narrativ der Gegenseite so stark, dass ich mir schwer vorstellen kann, was man mitten im Schlachtgetümmel dagegensetzen könnte. Drittens verhält es sich mit dem Rücktritt auch nicht so einfach. Ich möchte nicht das Gute, das wir erreicht haben und noch erreichen wollen, aufgrund falscher Vorwürfe aufgeben. Ich möchte nicht durch meinen Rücktritt bestätigen, dass an den Deutungen, die in diesen Tagen über mich in der Welt sind – von: »Sie kann es nicht« über: »Sie ist verrückt« bis: »Sie ist kriminell« – etwas dran sein könnte. Ich habe eine ordentliche Reputation, einen angesehenen Beruf, eine bürgerliche Existenz und sehr viel Arbeit in die Waagschale geworfen, um den Bürgern meiner Heimatstadt ein politisches Angebot zu machen. Und sie haben es angenommen. Das schmeißt man nicht einfach weg.

Hinzu kommt, dass ich Mitarbeiter und Mitstreiter in der Partei (denn tolle Unterstützer gibt es auch in der Krise noch) nicht vor den Kopf stoßen will. Und – ich weiß nicht, ob das andere Skandalisierungsbetroffene ganz ähnlich erleben – es gibt immer noch die vage Hoffnung, dass der Albtraum aufhört. Dass die

Medien ein anderes Thema finden; dass man einen aufklärenden Fürsprecher gewinnt; dass die Zivilgesellschaft sich erhebt und sagt: So geht das nicht!

Vielleicht habe ich auch noch die Kepplingersche Analyse im Kopf: dass man erst dann ganz und gar verloren ist, wenn die Öffentlichkeit mehrheitlich an den Skandal glaubt. Das tut sie, trotz der ungeheuer einheitlichen Presselage, offenbar immer noch nicht einhellig: Leserbriefe, Online-Kommentare, Zuschriften, E-Mails und persönliche Begegnungen (mit Nichtgenossen) sind erstaunlich positiv und ermutigend. Soweit es überhaupt möglich ist, eine Stimmung in der Bevölkerung ohne echtes Umfrage-Instrumentarium wahrzunehmen, dominiert der Wunsch nach einem Rücktritt die öffentliche Meinung nicht. Der Tenor ist eher: »Wie können Sie das aushalten?«

Ich kann es fast nicht mehr. Der Orthopäde stellt bei mir zusätzlich zu den Bandscheibenproblemen einen Muskelfaser-riss im Oberschenkel fest und sagt fröhlich, einen solchen Bluterguss habe er ja noch nie gesehen. Er schreibt mich weiter krank. Dass ich diese Möglichkeit zum Rückzug aus der Öffentlichkeit dankbar annehme, ist ein deutliches Zeichen, dass ich eigentlich schon aufgegeben habe. Wollte ich noch länger um mein Amt kämpfen, ich müsste mich zur Not jeden Tag auf Krücken ins Rathaus schleppen und beweisen, dass ich die Dinge im Griff habe. Aber gerade das Gefühl, diese Normalität rein kräftemäßig nicht mehr darstellen zu können, ist es, die mich immer mehr verzweifeln lässt. Wie kann ich mit dem Vorstandsvorsitzenden des Stadtwerke-Mutterkonzerns in Mannheim über den 300-Millio-nen-Euro-Neubau eines Kraftwerkes diskutieren, wenn der weiß, wie angeschlagen ich bin? Was kann ich tun, wenn ich praktisch ohne Mehrheit bin? Welche meiner Aussagen hat jetzt noch ein akzeptables Haltbarkeitsdatum?

Vor unserer Haustür lungern tatsächlich Fernsehteams und Fotografen herum – Nachbarn warnen uns vor ihnen. Sie empfinden diese Pressevertreter inzwischen wie wir: als Jäger, die Wild zur Strecke bringen wollen. Unsere Tochter, die Jura studiert, und Freunde bieten an, jeweils schnell mit ins Bild zu springen, wenn ich das Haus verlasse. Da sie keine »Personen der Zeitgeschichte« sind, können sie verhindern, dass ihr Bild öffentlich genutzt wird. So fängt man an zu denken, wenn man gejagt wird.

Burgfrieden

Wir doktern noch ein bisschen an einem sterbenden Pferd herum. Ich schreibe einen besänftigenden Brief an die rote und die grüne Fraktion, der rein gar nichts bewirkt. Ralf Stegner lädt, vielleicht auf Wunsch von Sozialdemokraten außerhalb des Landes, zu einem »Krisengespräch« ein, an dem ich (wegen Krankschreibung) nicht teilnehme – wohl aber Hans-Peter, Knud Andresen, der stellvertretende Ratsfraktionsvorsitzende und der SPD-Kreisvorsitzende, der sich ja bereits von mir distanziert hat.

Dieses zum Zweck der Geheimhaltung verlegte Treffen ist auf seltsame Weise dennoch Journalisten bekannt geworden, so dass die Presse vor dem Tagungslokal steht. Das Gespräch ist auch nicht ergebnisoffen, Ralf Stegner will einen vorbereiteten (aber nicht schriftlich vorgelegten) Text durchdrücken, in dem ich mich vor dem Ministerpräsidenten in den Staub werfe, Verantwortung für alles übernehme und um Vergebung bitte. Ich weigere mich, dieses Dokument, das mir am Telefon vorgelesen wird, zu akzeptieren. Plötzlich herrscht Zeitdruck, weil die vertrauliche Zusammenkunft mit einer Pressekonferenz Stegners enden soll, zu der längst eingeladen ist. Ich mache, um des lieben Friedens willen, ein versöhnliches, aber meine Person nicht gänzlich entwürdigendes Gegenangebot per E-Mail.

Eigentlich geht das alles zu weit. Eigentlich fühle ich mich erpresst. Eigentlich habe ich hier einer Landesregierung bescheinigt, sie arbeite korrekt, obwohl ich vom Gegenteil überzeugt bin.

Eigentlich erkenne ich mich selbst nicht mehr wieder. Aber ich lebe gegenwärtig unter dem Stigma der Isolation, der Verrücktheit, der Geisterfahrerin. Ich habe das Gefühl, ich müsste eine beschwichtigende Geste machen. Heute wünschte ich, ich hätte an dieser Stelle keinem so faulen Kompromiss zugestimmt. Aber an jenem 7. Oktober liegt er noch in der Logik der Situation. Für die SPD-Ratsfraktion ist das Stegner-Papier offenbar genau das Richtige. Noch einmal werden die Reihen geschlossen. Die Berichterstattung am nächsten Tag ist durch die Bank positiv: »SPD stellt sich hinter Gaschke«, lautet der Tenor der Schlagzeilen. Trotzdem, ich fühle mich nicht mehr wohl damit. Aber etwas Zeit ist gewonnen. Für mich bleibt eine Frage offen: Hat Ralf Stegner hier eine andere Agenda verfolgt als der Ministerpräsident und der Innenminister?

Wie auch immer, die nächste Woche verläuft einigermaßen ruhig. Ich telefoniere mit dem Büro, versuche, mich wieder in die aktuellen Vorgänge einzufinden. Geht es vielleicht doch weiter?

Eskalation total

Am Donnerstag, 17. Oktober, sitzen wir abends mit Freunden zusammen und besprechen die Lage. Er ist Politikwissenschaftler an der Kieler Universität, sie ist Lehrerin. Beide haben – wie viele andere – den ganzen Vorgang mit Sympathie und Entsetzen verfolgt. Wie wir sind sie der Meinung, dass jetzt eigentlich nicht mehr viel kommen könne. Die Landesregierung habe schließlich schon sämtliche vorstellbaren Register gezogen; und offenbar wirke der Stegner-Frieden.

Am Freitagmorgen, es ist der 18. Oktober, werden wir eines Besseren belehrt. Innenminister Andreas Breitner hat den *Kieler Nachrichten* ein Interview gegeben, in dem er Dinge sagt wie: »Jeder wird verstehen, dass ich kein Vier-Augen-Gespräch mit der jetzigen Oberbürgermeisterin mehr führen werde.« Und: Ob sie dem Abwahlantrag der FDP gegen mich zustimmten oder nicht, sei für SPD-Mitglieder im Rat »fast eine Gewissensfrage«. Das heißt: keine Frage von sozialdemokratischer Geschlossenheit mehr. Breitners Aussage wird innerhalb wie außerhalb der Partei beinahe wie ein Aufruf zur Abwahl wahrgenommen. Mein Mann, meine Freunde, meine Mitarbeiter und ich sind ratlos. Was, fragen wir uns, hat diesen verbalen Atombombenabwurf ausgelöst, nachdem sich die allgemeine Lage zum Wohle der SPD augenscheinlich beruhigt hatte? Die einstweilige Verfügung, die Breitner inzwischen zugestellt worden ist und die ihm verbietet, weiter öffentlich von Nötigung zu sprechen? Die mag ihn ärgern. Hätten wir also, hätte vor allem mein Mann um des lieben Friedens willen auch eine ehrverletzende und falsche Behauptung des Innenministers ohne rechtliche Gegenwehr ertragen sollen? Hat das mit einem Rechtsstaat noch irgendetwas zu tun? Dieser Mann soll ein offenes, faires Disziplinar- und Prüfverfahren gegen mich beaufsichtigen? Was sollen die Ministerialbeamten in der Kommunalaufsicht glauben, welches Prüfergebnis ihr Minister von ihnen erwartet? Das Breitner-Zitat, mit dem das Interview überschrieben ist, lautet übrigens: »Niemand steht über dem Recht«. Schließt er sich selbst dabei noch ein?

Während wir darüber rätseln, ob Breitner mit diesem Interview nicht auch für die meisten Genossen einen Schritt zu weit gegangen ist, enthüllt dieser Freitag (immer ein guter Tag für die Wochenendpresse) seine nächste Überraschung. Das Telefon klingelt. Auf dem Display erkenne ich meine Büronummer. Warum ruft mich jemand von meinem Schreibtisch aus an?

Am Hörer ist einer meiner Mitarbeiter: Seiner Stimme nach zu urteilen, ist er in heller Aufregung. Hier sei die Staatsanwaltschaft im Büro, sagt er. Die Staatsanwältin wolle mich sprechen. Er übergibt den Hörer.

Die Staatsanwältin meldet sich, stellt sich als Pressesprecherin der Behörde vor. Sie wolle mich gleich in Kenntnis setzen, sagt sie, dass gegen mich nunmehr staatsanwaltschaftlich ermittelt werde – wegen des »Verdachts der Untreue in einem besonders schweren Fall«.

Mag sein, dass es Menschen gibt, die so ein Anruf nicht schockt. Vielleicht ist das auch wieder eine ganz bestimmte Sorte von Profis. Ich aber bin jemand, der schon mit schlechtem Gewissen bei Rot über die Straße geht. Für mich ist ein solcher Vorwurf erschreckend und bedrohlich. Er macht mir Angst.

Ich atme tief durch und antworte, dass das ja nicht sehr schön sei. Ob denn, wenn ich das fragen dürfe, eine der diffusen Bürgeranzeigen Grundlage für diese Ermittlung sei? Nein, antwortet die Pressesprecherin der Staatsanwaltschaft, man ermittle unter anderem aufgrund von Presseberichten. Sie habe nur gewollt, dass ich dies gleich und von ihr erfahre.

Ich habe Gott sei Dank zur Vertretung im Disziplinarverfahren bereits einen Anwalt beauftragt. Gerald Goecke ist Strafverteidiger, zugleich aber einer der klügsten politischen Köpfe, die es unter den schleswig-holsteinischen Juristen gibt. Er hat an manchem Untersuchungsausschuss des Landtages mitgewirkt. Ich bin heilfroh, in dieser Lage sagen zu können, dass er in diesen Fragen der Ansprechpartner der Staatsanwaltschaft sei. Wir beenden das Gespräch.

In einem ungeheuer selbstgefälligen Vermerk, den ich später der gegen mich gerichteten, viele hundert Seiten umfassenden Ermittlungsakte entnehme, beschreibt die Pressesprecherin der Staatsanwaltschaft, wie ein Kollege und »die Unterzeichnete« sich zum Rathaus der Stadt begeben hatten. Das Vordringen in mein Dienstzimmer, während ich nicht da bin, ist gewiss ein tolles Schauspiel für die Mitarbeiter, aber ist es nötig? Warum ruft mich die Pressesprecherin nicht aus der eigenen Behörde an oder teilt mir die Aufnahme der Ermittlungen per Brief mit, wie es üblich wäre?

Nach meinem Rücktritt wird der zuständige Staatsanwalt in meinem leeren Dienstzimmer Zeugen vernehmen – welchen

Eindruck soll das wohl machen, bei mir, bei meinen ehemaligen Mitarbeitern, bei den Befragten? Es ist der gleiche Geist der Selbstüberhöhung und Selbstinszenierung als Inkarnation »der Justiz«, der auch den kafkaesken, bürokratischen Vermerk prägt: »Es konnte […] dort zunächst das Vorzimmer der OB angetroffen werden […] ALIII und die Unterzeichnerin baten um Herstellen eines telefonischen Kontakts. Dieses gelang und Unterzeichnerin teilte Frau Dr. Gaschke mit, dass unter dem heutigen Datum ein Ermittlungsverfahren wg. des Vorwurfs der Untreue in einem besonders schweren Fall eingeleitet worden ist und wies auf die Beschuldigtenrechte hin. […] Zurück im Dienstgebäude der StA riefen ALIII und Unterzeichnerin bei RA Goecke an […] und erörterten in aller Kürze die Sach- und Rechtslage; insbesondere wurde der Kontakt zu den Medien erörtert und ihm dann die Medieninformation gefaxt. RA Goecke rief kurz darauf zurück und erhob seine Bedenken gegen zwei Formulierungen/Hinweise. Ihm wurde aber mitgeteilt, dass diese Bedenken hier nicht gesehen werden.«

Überhaupt legt die Kieler Staatsanwaltschaft wenig juristisches Feingefühl an den Tag, vor allem da, wo es um meine Persönlichkeitsrechte geht. Mein Büro durchsuchen können die Staatsanwälte zu diesem Zeitpunkt nicht, auch wenn sie es aus dramaturgischen Gründen vielleicht gern tun würden – doch dazu bedürfte es eines Gerichtsbeschlusses. Den aber bekam man nicht, weder vom Amts- noch vom Landgericht.

Letzteres bescheinigte der Staatsanwaltschaft im Februar 2014 ohne »erforderlichen Verdacht« und ohne »tatsächliche Anhaltspunkte« ermittelt zu haben. Aber das erfuhren wir erst Monate nach meinem Rücktritt. Von der fürsorglichen Nachfrage des Innenministeriums bei der Staatsanwaltschaft am 30. September 2013 bis zur Aufnahme von Ermittlungen ohne Verdacht und ohne Anhaltspunkte hatte es 17 Tage gedauert. Dafür war die Inszenierung in großem Stil geplant worden: Gleich acht Objekte in der Stadt hatte man durchsuchen lassen wollen, darunter die Sparkasse, die Klinik des Steuerschuldners und mein Amtszimmer. Insgesamt wären für diese Aktion wahrscheinlich eine halbe Hundertschaft Polizisten und 16 Staatsanwälte gebraucht worden. Vor einer Ratsversammlung, auf der meine Abwahl zur Debatte stand, hätte das gewiss eindrucksvolle Fernsehbilder erzeugt. Auch so aber lautete die nützliche Schlagzeile der *Kieler Nachrichten:* »Untreue-Verdacht: Justiz ermittelt gegen Gaschke«.

Drei Mal wiesen Gerichte die Durchsuchungsbegehren mit dem Hinweis auf den mangelnden Verdacht zurück. Die Staatsanwaltschaft beharrte auf ihrem Recht, einen Anfangsverdacht auch aufgrund von »entfernten Indizien, Gerüchten oder einseitigen Behauptungen« anzunehmen. Was sie nicht erwähnt, sind mögliche Anweisungen. Weisungen zu geben wäre das Recht der Landesregierung. Staatsanwaltschaften sind anders als Gerichte nicht unabhängig. Manchmal genügen aber vielleicht auch schon Erwartungen der Obrigkeit an die Arbeit der Beamten in der zuständigen Strafverfolgungsbehörde.

Der Innenminister hat im Innenausschuss auf Befragen eingeräumt, wegen seines »Nötigungs«-Manövers zunächst einmal Kontakt mit dem Justizministerium und mit dem Chef aller Staatsanwälte des Landes, dem Generalstaatsanwalt, aufgenommen zu haben. Hat er auch in dieser Angelegenheit telefoniert? Oder jemand anderes? Als Beschuldigte erfährt man nicht, ob es Weisungen gegeben hat. Mein Anwalt erhielt Akteneinsicht erst, als die Ermittlungen eingestellt waren, Monate nach meinem Rücktritt.

Phase zwei der Kriminalisierung hat also begonnen. Am selben Tag noch wird die Staatsanwaltschaft eine Presseerklärung zu ihrem »Anfangsverdacht« veröffentlichen, und die Pressesprecherin der Staatsanwaltschaft zeigt sich hierbei dem NDR gegenüber sehr eloquent. Damit ist der Vorwurf in der Welt, meine Unterschrift unter einen für die Stadt einigermaßen günstigen Steuervergleich könne eine schwere Straftat sein. Ich sei also möglicherweise eine Straftäterin, die ins Gefängnis gehört. Die Staatsanwaltschaft ermittelt! Die Presseerklärung der Staatsanwaltschaft macht die Ermittlungen um nichts leichter oder schneller. Solche Verfahren pflegen, was auch immer am Ende dabei herauskommt, Monate oder Jahre zu dauern. Aber die Schlagzeilen sind sofort garantiert. Da nützt der abschließende pflichtschuldige Satz, für mich gelte »wie für jeden Beschuldigten die Unschuldsvermutung«, rein gar nichts.

Wenn man den Vorwurf der Nötigung noch toppen wollte und wenn man zehn Tage vor einer Ratsversammlung, bei der die CDU meinen Rücktritt fordert, die FDP ein Abwahlverfahren beantragt, die Grünen schon überwiegend von der Fahne sind und nur noch die SPD-Fraktion mühsam zu mir hält, die letzten Reste meiner Integrität zerstören wollte – dann musste man es so machen. Dann wäre das eine PR-Aktion mit Sternchen.

Ein paar Tage später schiebt Breitner, wieder auf dem Weg einer Pressekonferenz, den zweiten Teil seiner kommunalaufsichtlichen »Prüfung« nach. Ergebnis: Alles war falsch. Und schuld ist nur eine. Ich.

Die Staatsanwaltschaft ermittelt sechs Monate, um herauszufinden, ob sie ein Verfahren eröffnet – ohne ein einziges Mal mit mir zu sprechen. Am 6. Februar 2014 könnte die Staatsanwaltschaft wissen, dass das Landgericht Kiel ihre Ermittlungen für irregeleitet hält. Aber im Vorfeld der Wahl meines Nachfolgers Ende März 2014 wäre die Veröffentlichung dieser Information – dass auch der letzte juristische Vorwurf haltlos war – brisant für die Ermittlungsbehörde. Und noch brisanter für die Landesregierung. Deshalb wird noch einmal ein aussichtsloser Widerspruch eingelegt. Den weist das Landgericht am 31. März 2014 abschließend zurück. Doch auch das ist – drei Tage nach der Wahl meines

Nachfolgers und noch vor der Amtseinführung – zu früh, um einen Riesenfehler zuzugeben.

Geschlagene sechs Wochen erhält die Staatsanwaltschaft ohne jeden erkennbaren Grund meinen Beschuldigtenstatus aufrecht, bis sie am 14. Mai 2014 das Verfahren endlich einstellt. Keine Rede von einem Fehler oder gar einer Entschuldigung: In hart nachtretender Pressearbeit suggeriert die Sprecherin der Staatsanwaltschaft immer noch, man hätte schon irgendetwas finden können, wenn man nur länger hätte ermitteln oder schnell hätte durchsuchen dürfen. Für diese Art von Staatsanwalts-PR gilt offenbar nicht einmal nach Einstellung eines ergebnislosen Ermittlungsverfahrens und nach eindeutigen Gerichtsentscheidungen die Unschuldsvermutung. Hier wird bösgläubig weiter Schuld, nicht Unschuld unterstellt.

So wundert es nicht, dass die *Kieler Nachrichten* es auch nach meinem Rücktritt fast nie versäumen, noch bei der kleinsten Meldung, die mich betrifft, auf die Tatsache der Ermittlungen wegen »schwerer Untreue« hinzuweisen.

Mit der Aufnahme des schlimmen staatsanwaltschaftlichen Verdächtigungsverfahrens ist schließlich klar: Ich muss und ich werde mir das nicht mehr länger antun. Ich war ein einigermaßen glücklicher und produktiver Mensch, bevor ich in dieses Amt gewählt wurde. Ich werde vermutlich irgendwann wieder eine solche Person sein können. Aber dazu muss das Kaputtmachen aufhören. Die zerstörerische Öffentlichkeit.

Es gibt einen sehr dunklen Tag.

Und dann bin ich mit mir im Reinen. Am Freitag, 25. Oktober, schreibe ich meine Rücktrittsrede. Der Fraktionsvorsitzende der SPD sagt in der Zeitung, er wisse nicht, ob die Fraktion zu mir halten werde. Am Wochenende informiere ich Freunde, die engsten Mitarbeiter, meine Eltern. Es gibt Tränen, diesmal nicht bei mir. Ich bin nur noch erleichtert. Erleichtert, dass es vielleicht möglich ist, aus dem Albtraum aufzuwachen.

Am Montag, dem 28. Oktober 2013, trete ich zurück. Rathausmitarbeiter, die meinem Pressestatement von den Rängen der Rotunde aus zugehört haben, spenden mir freundlichen Beifall. Über Kiel fegt der Orkan Christian hinweg. Das hier ist jedenfalls vorbei.

SKANDAL
Wie man einen Menschen planiert

Ich bin auf dem Wochenmarkt und stehe in der Schlange beim Holzofenbäcker. Es ist schon kurz vor eins, der Markt schließt bald, nicht mehr viel im Angebot. Ich bekomme aber noch das kleine Roggenmischbrot, das ich gern hätte. Während ich der Verkäuferin beim Einpacken zuschaue, ertönt hinter mir eine überraschte, fröhliche, laute Stimme.

»Susanne! Mensch, wie geht es dir?« Ich kenne diese Stimme. Und weiß schon jetzt, dass ich mich nicht umdrehen will. Es ist einer der drei oder vier schleswig-holsteinischen Journalisten, die sich in der Berichterstattung zu meinem »Fall« besonders profiliert haben. Jemand, mit dem ich früher einmal auf mindestens einem öffentlichen Podium über »Qualitätsjournalismus« diskutiert habe. Jemand, mit dem ich am Strand gesessen und Wein getrunken habe – in einem anderen Leben.

Vor nicht einmal hundert Tagen hat er meinen Rücktritt für überfällig erklärt. Anlass für diese mit Vehemenz vorgetragene Forderung war eine haltlose Behauptung des Innenministers: seine angebliche »Nötigung« durch meinen Mann und mich. Der Innenminister hat diese Behauptung nicht belegen können. Es wäre die Aufgabe dieses und anderer Journalisten gewesen, an dieser Stelle nachzufragen.

»In aller Regel setzt der Kommentar Informationen voraus«, hat Walther von La Roche, der ehemalige Nachrichtenchef des Bayerischen Rundfunks, in seiner klassischen *Einführung in den praktischen Journalismus* aus dem Jahr 1987 geschrieben. So ähnlich steht es auch in modernen Journalismuslehrbüchern.

Der Kommentator, der heute hinter mir in der Brötchenschlange wartet, hat in seinem Text selbst thematisiert, dass er über die in diesem Fall entscheidende Information (Nötigung ja oder nein) nicht verfügt. Er schreibt: »Trifft zu, was Innenminister Andreas Breitner gestern öffentlich gemacht hat [nicht: »behauptet hat«, SG] dann steht jetzt nicht weniger als die Nötigung eines Verfassungsorgans im Raum. Das ist [nicht: »das wäre«, SG] keine Lappalie, das ist [nicht: »das wäre«, SG] eine Straftat. Gut dass Breitner diesen unglaublichen Vorgang [nicht: »wenn er sich denn so ereignet hat«, SG] nicht mit dem dünnen Deckmantel des gemeinsamen Parteibuches zudeckt. […] Was sich zu Beginn der Debatten um den Steuerdeal noch als politische Schlammschlacht zwischen Parteifreunden darstellte […] hat sich längst entpuppt [nicht: »möglicherweise«, SG] als ein Fall krassen Versagens einer hoffnungslos überforderten Oberbürgermeisterin. Es reicht! Gaschke täte sich, der Stadt Kiel und der politischen Kultur im Lande einen großen Gefallen, wenn sie nicht länger an ihrem Stuhl klebte.« Das war am 2. Oktober 2013.

Die Überraschung in der Stimme des Journalisten kann bedeuten: Erstaunlich, dass du noch lebst. Die Fröhlichkeit kann bedeuten, dass er mich gleich fragt, ob wir nicht zusammen einen Kaffee trinken wollen. Die Lautstärke, dass ihm nichts peinlich ist. Während *ich* mich frage, ob er sich noch erinnert, was er geschrieben hat.

Ich murmele irgendetwas, drehe mich nicht um. Wir trennen uns ohne Gespräch.

Ich glaube, dass diese Szene typisch ist. Typisch natürlich zum einen für das kleine Kiel, wo jeder ständig dem anderen auf der Pelle sitzt und man sich bei Veranstaltungen und auf dem Wochenmarkt über den Weg läuft. Also eigentlich anständig miteinander umgehen müsste, wechselseitig.

Typisch aber vor allem dafür, dass Journalisten zu oft überhaupt nicht begreifen, was sie den von ihnen beschriebenen Mitmenschen antun. Etwaige Fehler, Brutalitäten, herablassende Wertungen, schlechtes Handwerk – alles kein Grund, nicht mehr mit ihnen Kaffee trinken zu gehen, oder?

Ich vermute, die meisten Journalisten sind so, wobei die meisten Journalisten keineswegs böse Menschen sind. Sie haben nur diesen blinden Fleck. Sie wissen wirklich nicht, was die von ihrer Berichterstattung Betroffenen fühlen. Sie ahnen es nicht einmal. Ich denke, ich war selbst einmal eine solche Journalistin, jedenfalls ein bisschen. Ich kann mich an keine ganz schlimmen Angriffe auf Personen erinnern (außer einem, der gänzlich unnötig war, den ich zutiefst bedaure und für den ich, leider vergeblich, um Entschuldigung gebeten habe).

Aber von Bedeutung sind für die Betroffenen nicht nur die massiven Angriffe. Von Bedeutung sind auch die kleinen Ungenauigkeiten. Das nicht abgestimmte Zitat, das unendlichen Ärger macht. Die missbrauchte Zeit einer Auskunftsperson, deren Geschichte die Redaktion dann doch nicht interessiert. Die Unzeit mancher Recherchen, die mit den Notwendigkeiten der Sache, über die berichtet wird, nichts zu tun hat. Die Wertungen, in denen der Beschriebene sich so gar nicht wiederfindet. Was berechtigt eigentlich den anderen Menschen, den Journalisten, zu diesen Wertungen? Seine Ausbildung? Seine Lebensleistung? Sein Berufsstandsprivileg?

Fast jeder, der intensiv mit einer Sache zu tun hat – aus Liebe oder Begeisterung, aus ökonomischem Interesse, aus Verantwortung – ist häufiger unglücklich über die Berichterstattung, die es zu seinem Fachgebiet gibt. Wenn mich während meiner Amtszeit *eine* Klage aus Unternehmen, Forschungseinrichtungen oder sozialen Projekten wie ein Kehrreim begleitet hat, dann war es die Klage über ungenaue und empathielose Berichterstattung.

Durch den Wolf gedreht

Um ein Vielfaches schlimmer als dieser alltägliche Ärger mit Medien ist aber das, was einem Menschen geschieht, der in einen Skandalisierungsstrudel gerät. Der Politikwissenschaftler Hans Mathias Kepplinger hat in dem bereits erwähnten Buch *Die Mechanismen der Skandalisierung* diesen Strudel mit erstaunlicher Präzision (wenn ich es mit meiner persönlichen Erfahrung vergleichen darf) und mit großem Einfühlungsvermögen beschrieben: Der Skandalisierte verharrt zunächst gegenüber den Medien in einer ungläubigen Trotzhaltung – weil er ja weiß, dass er nichts Böses getan hat; weil er weiß, wie die genauen Zusammenhänge sind; weil er zu wissen *glaubt*, dass eine wohlmeinende oder auch nur eine einigermaßen um Sachlichkeit bemühte Berichterstattung nicht zu seinem Untergang führen kann. (Um Missverständnisse zu vermeiden: Natürlich gibt es echte Skandale, berechtigte Skandalisierungen. Hier ist die Rede von Skandalen, die sich im Nachhinein als künstlich erweisen.)

Das Wesen der Skandalberichterstattung ist allerdings weder die Sachlichkeit noch das Wohlwollen. Ist man einmal auf der abschüssigen Rampe dieses selbstverstärkenden Erregungsprozesses gelandet, geht es um Schuldige, um Opfer, um Vernichtung. Ich wähle diese Begriffe bewusst.

Irgendwann – wenn die negativen Berichte immer mehr werden, wenn die Bilder immer hässlicher und die Bildzeilen immer gehässiger werden, wenn die Schlagzeilen eskalieren und dem »Schuldigen« alles zugetraut wird – schlägt diese Trotzhaltung um in »panikartige Unterwerfung« (Kepplinger).

Das sind die Punkte, an denen die Betroffenen beginnen, schwere Kommunikationsfehler zu machen, zum Beispiel Chefredakteure anzurufen oder »Befreiungsschläge« zu versuchen, die praktisch ausnahmslos schiefgehen. Diese Fehler den Betroffenen vorzuhalten, ist allerdings wohlfeil – schließlich handeln sie in einer mit nichts anderem zu vergleichenden Ausnahmesituation. Das liege, schreibt Kepplinger, zum einen an der außergewöhnlichen Menge von Berichten im Skandal, zum anderen an der verzweifelten Intensität, mit der die Betroffenen sie läsen. Genauso ist es: Während für andere das Leben weitergeht, mit Kindergeburtstag, Autoinspektion oder Skiurlaub, scheint sich die ganze Welt, das ganze Erleben des Skandalisierten auf sein albtraumhaftes Problem zu reduzieren. Dauert dieser Prozess über einen bestimmten Punkt hinaus an, kann die Reaktion allerdings auch in Totalverweigerung umschlagen: Man überlebt überhaupt nur, wenn man gar nichts mehr liest, hört, sieht. Der CSU-Vorsitzende und bayerische Ministerpräsident Seehofer hat das in einem *Spiegel*-Gespräch im Dezember 2013 so ausgedrückt: »Wenn zur Jagd geblasen wird, haben Sie als einzelne Person keine Chance, sich dagegen zu wehren. [...] Ich habe damals einfach nein gesagt. [...] Nichts hören, nichts sehen, nichts lesen. Ich habe die Berichterstattung einfach ignoriert. Für 2007 wurde mir später eine Presseschau zusammengestellt. Vielleicht werde ich mir die in 20 Jahren mal durchlesen.« 2007 ging es bei Seehofer übrigens auch nicht um ein Verbrechen. Es ging um einen Aspekt seines Privatlebens.

Der Skandalisierte, schreibt Kepplinger, habe eine »Wirkungsvermutung« über all diese negativen, seine Person betreffenden Berichte – und diese Wirkungsvermutung löse, »auch bei medienerfahrenen Personen«, ein Gefühl von Existenzgefährdung, Angst und Empörung aus. »Die Ursachen der weitgehend automatischen und kaum kontrollierbaren Reaktionen von Personen, die öffentlich angegriffen werden, sind in der Persönlichkeit tief verankert und lassen sich auf die Notwendigkeit zurückführen, die Bindung zu anderen Menschen aufrechtzuerhalten.«

Der Skandalisierte sieht diese Möglichkeit grundsätzlich in Frage gestellt. Was soll aus seinen Bindungen werden, wie soll er sein Amt ausfüllen, was sollen sein Ehepartner, seine Eltern,

Kinder, Freunde, Mitarbeiter denken, wenn sie all das glauben, was da zu lesen und zu hören ist?

Der Betroffene (auch das weiß ich aus eigener Erfahrung und aus Gesprächen mit anderen Skandalisierungsbetroffenen) fängt an, sich selbst zu misstrauen: Wirkt das, was er gerade tut, irgendwie verdächtig? Ist er vielleicht wirklich kein guter Mensch? Er nimmt, schreibt Kepplinger, die Welt nicht mehr als »gerecht und wohlwollend« wahr; er zweifelt an seiner Urteilsfähigkeit. Die starken Ängste, die dieser Kontrollverlust auslöst, machen die Reste seiner Handlungsfähigkeit zunichte. Er hat nur noch das Gefühl, sich rechtfertigen, um jeden Preis glaubhaft sein zu müssen. Aber wie soll er glaubhaft sein? Er ist schließlich parteiisch.

Eine Partei, *ein Mensch*, der irgendwann um alles kämpft: sein Amt, seine Ehre, sein Ansehen, seinen Verstand, sein Leben. Das ist nicht trivial. Dafür tragen Journalisten Verantwortung. Und deshalb ist es umso erheblicher, ob die Vorwürfe gegen den Skandalisierten wahr sind. Ob sie eigentlich *stimmen* – oder nur so halb oder gar nicht.

Die Mechanismen der Skandalisierung

»Jeder Skandal ist einzigartig«, schreibt Hans-Mathias Kepplinger: »Trotzdem besitzen alle Skandale gemeinsame Merkmale. Es geht immer um einen Missstand [...], der einen materiellen oder ideellen Schaden bereits hervorgerufen hat oder hervorrufen kann. Es gibt einen Täter, der den Missstand aus angeblich niederen Motiven verursacht oder zumindest nicht verhindert hat und folglich schuldig ist [...]. Es gibt eine Welle von Medienberichten, die den Eindruck vermitteln, dass es sich bei dem Missstand um ein bedeutendes Problem handelt, und die den Verursacher des Missstandes nahezu einhellig anprangern. Die Medienberichte rufen entsprechend ihrer Intensität bei der Bevölkerung mehr oder weniger starke Empörung hervor (...)«.

Auf meinen Fall hin betrachtet: Der Kieler Skandal, ausgelöst zunächst durch die CDU in der Ratsversammlung, beginnt mit der Kritik an einem »Missstand«, den zu Beginn vermutlich niemand als unerträglich empfindet: Die Stadt hat jahrelang kein Geld bekommen, jetzt bekommt sie nicht alles, aber etwas mehr als die Hälfte. Streit gibt es darum, ob der Weg zu diesem Ergebnis rechtlich korrekt oder fehlerhaft war. »Besser der Spatz in der Hand als die Taube auf dem Dach«, die ursprüngliche Kommentarlinie der *Kieler Nachrichten*, ist eine Deutung dieses Vorgangs, mit dem sich die Mehrheit des Publikums wahrscheinlich einverstanden erklären würde. Rechtliche Fehler dürfen dabei natürlich nicht passieren.

Problematisch wird es erst, als der Name des Steuerschuldners durchgestochen und von den Medien verbreitet wird: Aha! Es handelt sich also um einen, der wie ein Reicher lebt, wahrscheinlich ein Reicher ist, sich vielleicht auf einem der tausend legalen Wege arm gerechnet hat und jetzt locker davonkommt, während normale Bürger wegen eines Parktickets verfolgt werden! Das ist schon viel besserer Skandalstoff: Und die Großen lässt man laufen! (Deshalb war es auch so wertvoll – für wen auch immer –, den Namen des Schuldners, wenngleich rechtswidrig, in Umlauf zu bringen.)

Die Täterin liegt auf der Hand: Das ist nicht eine ganze Truppe von Amtsvorgängern, Amtsleitern, Kämmerern, Sachbearbeitern *und* mir. Sondern das bin ich. Schön anschaulich. Eine Person. Die etwas unterschrieben hat. Aus der mir vorgelegten »Eilentscheidung« wird ein Alleingang (und aus meiner dadurch ja dokumentierten *Neigung* zu Alleingängen später Beratungsresistenz und Verrücktheit). Ich habe »verursacht oder zumindest nicht verhindert«, dass die Stadt Kiel weniger Geld bekommt, als ihr zusteht – von einem Reichen! (Dass sie bisher gar nichts bekommen hat, spielt längst keine Rolle mehr.)

Aber wie sieht es mit meinen niederen Motiven aus? Obwohl es nicht den geringsten Hinweis auf Selbstbereicherungsabsichten gibt, intonieren Presse und Fernsehen den Vorgang so, als hätte ich mir tatsächlich Vorteile verschaffen wollen: Das penetrant verwendete Wort »Steuerdeal« legt einen Handel zum beiderseitigen Nutzen nahe. Ständig werde ich neben Bildern des Steuerschuldners, seiner schlossartigen Klinik, sonstigen Symbole seines Reichtums gezeigt. Das *Schleswig-Holstein-Magazin* (NDR) hinterlegt meinen Kopf im Beitrag mit Euroscheinen. Es gibt aber nie die Frage an mich: »Haben Sie etwas für Ihre Entscheidung bekommen?« Nicht den kleinsten Rechercheversuch in dieser Richtung. Wie rechtfertigen die Verantwortlichen ihre Wortwahl? Ihre Bildauswahl? Ihre Suggestionen?

Eine Art Teil II des Missstandes (nach Kepplinger) kommt hinzu, als ich Torsten Albigs Mitverantwortung für den eingeschlagenen Weg öffentlich mache. Jetzt sind meine niederen Motive erkennbar: Ich will mich reinwaschen, die Verantwortung wegschieben. Ich verhalte mich außerdem unbotmäßig gegenüber der Obrigkeit. Nötige (vielleicht?) den Innenminister, habe (vielleicht?) in schwerer »Untreue« gehandelt.

Die Welle

Eine »Welle von Medienberichten« lösen Missstand I und Missstandskomplex II in der Tat aus. In der Zeit vom 22. August bis zum 25. Oktober machen die *Kieler Nachrichten* an jedem dritten Tag mit dem Thema auf, über dem Bruch, meistens mit einem Bild. In 59 Ausgaben 20 Aufmacher.

Das *Schleswig-Holstein-Magazin* des NDR berichtet mit einer ähnlichen Frequenz; insgesamt fast fünf Stunden Sendezeit füllt die Redaktion mit dem »Steuerdeal« und meinem Umgang damit.

In den zwei Monaten der Skandalisierung erscheinen Hunderte von Artikeln: Die schiere Masse muss beim Publikum »den Eindruck vermitteln, dass es sich bei dem Missstand um ein bedeutendes Problem handelt« (Kepplinger). Und es lässt sich empirisch nachweisen, dass ich als Verursacherin dieses »bedeutenden Problems« nahezu »einhellig angeprangert« werde. Die Artikel, die meine Perspektive einnehmen, ausgewogen sind oder kritische Fragen an die Landesregierung stellen, lassen sich an zwei Händen abzählen.

Aus einer Verwaltungsentscheidung, die womöglich fehlerhaft war, ist binnen 60 Tagen ein Rücktrittsgrund geworden. Aus einer erfolgreichen Journalistin, seriösen Person und einigermaßen beliebten Amtsträgerin eine kriminelle, überforderte Verrückte.

Zum Wesen der Skandalberichterstattung gehört auch, dass die üblichen Regeln und Standards nicht mehr gelten – sei es die Unschuldsvermutung, sei es die korrekte Zitierweise, die Rückfrage bei der Gegenseite, die bloße Überprüfung von Fakten. Im Skandal gilt: Egal, ob es stimmt – alles, was der Sache Schwung gibt, ist gut.

Der Pressekodex sieht vor, dass »Nachrichten und Informationen in Wort und Bild [...] nicht durch Bearbeitung, Überschrift oder Bildbeschriftung [...] entstellt oder verfälscht werden«. Die Rundfunkgesetze verlangen vom öffentlich-rechtlichen Rundfunk Objektivität und Überparteilichkeit bei Auswahl und Sendung der Nachrichten. Walther von La Roche schreibt in seiner *Einführung in den praktischen Journalismus:* »Es genügt nicht, dass ich in einer Streitfrage, über die sich gegnerische Lager gebildet haben, zwar korrekt über die Stellungnahme der einen Partei berichte, die Gegenseite aber mit wenigen (ebenfalls sachlich korrekten) Sätzen abtue. Zur Richtigkeit der Darstellung gehört hier, dass ich die in der Diskussion aufgetauchten Argumente vollständig und ausgewogen wiedergebe.« Was laut La Roche ausdrücklich nicht zur Darstellung gehört, ist eine Kommentierung; sie muss abgetrennt und deutlich erkennbar sein. Eine journalistische Binsenweisheit.

Betrachtet man vor diesem Hintergrund die Sendungen des NDR-*Schleswig-Holstein-Magazins*, so muss man sich fragen, ob sie öffentlich-rechtlichen oder überhaupt nur journalistischen Standards gerecht werden. Der Einsatz von Montagen (Euroscheine) und Musik, die Bildauswahl (eine immer wieder verwendete, relativ begrenzte Zahl von Bildern, die mich verzweifelt/überfordert aussehen lassen) und die Zusammenstellung der O-Töne sind nicht geeignet, »Ausgewogenheit« herzustellen. Eine Auswertung der Sendungen vom 23. August bis zum 8. November ergibt fünf Sendungen, deren Tenor man (mit etwas Großzügigkeit) als neutral beziehungsweise ausgewogen bezeichnen kann.

Mindestens elf Beiträge prangern mich nachdrücklich an – als auf Vorteilsnahme erpicht, inkompetent, verrückt. Auch wenn die Begriffe nicht ausdrücklich fallen, tut die eben erwähnte Bildsprache hier ihre Wirkung. Ein Beitrag, Tage nach meinem Rücktritt, zeigt sich empört, weil eine »Information« im (vertraulichen) Prüfbericht des Innenministeriums sich als haarsträubend falsch erwiesen hat: Man muss doch ungeprüft senden können, was die Obrigkeit da aufschreibt! Mich, die Betroffene, die sie auf den Fehler hätte aufmerksam machen können, haben sie vorsichtshalber nicht gefragt.

»Ein redlicher Journalist«, schreibt Walther von La Roche, und es klingt wie ein Echo aus einer längst untergegangenen Welt, »nennt, wann immer es geht, seine Quelle.«

Nicht so die *Kieler Nachrichten*. Schon unmittelbar nach meiner Nominierung haben sie einen kompletten Aufmacher (»Gaschkes Kandidatur spaltet die Nord-SPD«) sowie Lokalbericht plus Kommentar auf der Basis von »Unter-2«-Zitaten veröffentlicht: Also nicht konkrete Namen genannt, sondern von »Spitzengenossen« und »hochrangigen Sozialdemokraten« geschrieben. Anonyme, von den Autoren der *Kieler Nachrichten* gleichwohl für ungeheuer kraftvoll gehaltene Zitate prägen ihre Berichterstattung: Mir fehle das Rüstzeug, eine große Verwaltung zu führen. Es könne nicht sein, dass die zentralen Positionen der Kieler SPD von einem Ehepaar besetzt würden. Mein Wahlsieg sei ein Ergebnis von »Führungslosigkeit«, das (basisdemokratische) Auswahlverfahren »völlig daneben« gewesen. Und so weiter. Die Spitzengenossen mögen ihre Gründe haben, warum sie anonym bleiben wollen. Aber warum akzeptiert die Zeitung das? Warum fragt sie nicht nach diesen Gründen? Was sind das für Meinungen, die man nicht öffentlich sagen kann?

Einer der banalsten Grundsätze des Journalismus lautet: Die Fakten müssen stimmen.

Im »Steuerskandal« schreibt die *Schleswig-Holsteinische Landeszeitung:* »Pikantes Detail: Gaschkes Mutter drückte mit [dem Steuerschuldner, SG] die Schulbank.« Pikantes Detail, allerdings! Sollen meine Mutter und der Schuldner vor fünfzig Jahren beim gemeinsamen Kakaotrinken etwa auf dem Schulhof verabredet haben, dass die Kinder meiner Mutter (sollte sie denn welche haben und sollten die es zu etwas bringen) den Mitschüler später mal gut behandeln?

Selbst wenn es wahr wäre, dass meine Mutter und der Steuerschuldner dieselbe Schule besuchten, dürfte die Zeitung dieses Detail nicht veröffentlichen: Es hätte mit dem Fall nichts zu tun. Es wäre ein Eingriff in das Persönlichkeitsrecht meiner Mutter.

Es stimmt aber nicht einmal. Meine Mutter war auf einer anderen Schule (wie sich mit einem vertretbaren Rechercheaufwand hätte herausfinden lassen). Die Journalistin hat ungeprüftes Hörensagen berichtet. Was wollte sie mit dieser Information (die keine war) »pikant« andeuten?

Eine Entschuldigung? Fehlanzeige. Immerhin versteht sich die Chefredaktion des Schleswig-Holsteinischen Zeitungsverlages (in Kenntnis der Rechtslage) dazu, den Beitrag aus ihrem Internetarchiv zu nehmen.

Es ist auch kein Kommentar jemals zu blöd. Ebenfalls in der *Landeszeitung* ist zu lesen, eine Kommune mit 4500 Mitarbeitern (es sind rund 5000, aber wegen der Fakten will ich hier nicht

kleinlich sein) könne sich eine »kopflose Oberbürgermeisterin«
nicht leisten. Wie stellt sich die Autorin die Vorgänge in einer
Stadtverwaltung vor? Glaubt sie, dass alle 5000 morgens auf dem
Rathausplatz antreten, um die Anweisungen entgegenzunehmen,
wo sie heute Feuer löschen, Rabatten bepflanzen oder was sie
den Kita-Kindern aufs Frühstücksbrot schmieren sollen? Es ist
die gleiche naive Obrigkeitsvorstellung, die die Idee von meinem
angeblichen »Alleingang« in der Steuersache nährt.

Man kann natürlich argumentieren, dass in Zeiten, in denen
die Medien so besessen von dem sind, was sie für ein »erheb-
liches Problem« halten, wenig Raum für die Erörterung strategi-
scher Entscheidungen bleibt, die wichtig für die Stadt wären. So
gesehen müsste die Presse vielleicht einmal *nach der eigenen Rolle*
fragen. Der in Rede stehende Kommentar endet völlig absurd
und offenbart, wie wenig die Journalistin demokratische Prin-
zipien überhaupt begriffen hat: »Viel schlimmer ist, dass Kiel
nicht überleben kann, wenn das Stadtoberhaupt mit der Landesregierung über Kreuz liegt [...] Gaschke beißt die Hand, die
sie füttert.«

Ganz abgesehen davon, dass mich das Bild schaudern macht,
ist das natürlich totaler Quatsch: Wie sollte denn dann jemals ein
Oberbürgermeister von der einen Farbe mit einer Landesregierung
der anderen Farbe zusammenarbeiten? Es ist nicht bekannt, dass in
»falsch« regierten Städten jeweils die Fördermittel für Wohnungsbau gestrichen werden. Das ist – selbst im Konfliktfall – in einer
funktionierenden Demokratie wie der unseren nicht denkbar. Und
dabei spielt es keine Rolle, ob der Konflikt in einer oder zwischen
zwei Parteien spielt.

Einer der sehr wenigen Artikel, die meine Position in dieser Situation einigermaßen ernst nehmen, erscheint in der *Süddeutschen
Zeitung.* Für meinen Geschmack ist der Text etwas zu sehr von der
eigenen Einfühlsamkeit ergriffen – aber wer wird schon herum-

nörgeln, wenn er zur Abwechslung einmal nicht angeprangert, sondern bemitleidet wird? Jedenfalls stellt die Autorin die richtigen Fragen.

Warum allerdings titelt ihre Redaktion dann »Von der Rolle« und bebildert mit einem Foto, auf dem ich schräg aussehe? Sicher, man kann argumentieren, dass »Von der Rolle« von der »Rolle« handelt, die man als in die Politik gewechselte Journalistin einnimmt. Aber Überschrift und Bild zusammen produzieren einen eindeutigen Effekt. Und konterkarieren so den Tenor des Beitrags.

Es gibt schließlich Autoren, die mehr über sich selbst als über das ihnen gänzlich unbekannte Geschehen erzählen. In einer überregionalen Wochenendzeitung staune ich über einen ebenso wirren wie feindseligen Beitrag eines grundsätzlich seriösen Kollegen. Mit der Sache hat sein Text nichts zu tun, aber jede Menge mit dem Testosteron-Vorwurf an Teile der Medienvertreter, den ich in meiner Rücktrittsrede erhoben habe.

Über Christian Wulffs leidvolle Skandalisierungserfahrungen habe ich den Satz gelesen, Mitleid sei keine Kategorie in der Politik. Dieser Satz hat mich verfolgt: Was heißt *das* denn? Dass wir in der Politik nur Leute haben wollen, die so hart sind, dass sie gänzlich ohne Mitleid auskommen? Oder die ihrerseits kein Mitleid mit anderen Leuten empfinden?

Eine ähnlich liebevolle Formulierung finde ich in einer Bildunterschrift der *taz* zu meinem Fall: Wer keine hämischen Kommentare über sich lesen wolle, der dürfe nicht Oberbürgermeisterin werden, heißt es dort.

Ist *Häme*, ist *Hohn* ein Kriterium für guten oder auch nur erträglichen Journalismus?

Man kann manchmal den Eindruck haben, dass Häme und Hohn den Berichterstattern jedenfalls nicht fremd sind. In der Sitzung des Innenausschusses am 2. Oktober 2013 (Protokoll, S. 39) wird Torsten Albig gefragt, warum ich denn seine E-Mail (die ich als SMS erhielt) für unfreundlich gehalten haben könnte – und ob er versucht habe, darüber mit mir zu sprechen. Der amtierende Ministerpräsident des Landes Schleswig-Holstein (SPD) antwortet über die Kieler Oberbürgermeisterin (SPD):»Ich muss zugeben, dass ich nicht in der Lage bin, diesen Wertungswiderspruch aufzulösen. Ich bezweifle, dass überhaupt jemand in der Lage ist, es aufzulösen, jedenfalls nicht ohne professionellen Rat. [Diese Sequenz sendet das *Schleswig-Holstein-Magazin*.] [...] und ich glaube, das führt in diesem Kreis, ohne dass ich ungehörig sein wollte, zu weit, in eine Art Psychogramm von einem Menschen einzusteigen [...]. Bitte lassen Sie mich in der Antwort erschöpfen – ich wäre sehr dankbar, wenn Sie das nicht vertiefen würden –, dass ich den Eindruck hatte, es mache keinen Sinn.« An dieser Stelle gibt es Gelächter bei den anwesenden Journalisten.

Ich habe keinen Artikel gefunden – aber vielleicht ist mir etwas entgangen –, in dem gefragt wird, auf welcher Grundlage ein Ministerpräsident eine Oberbürgermeisterin indirekt für verrückt erklärt, weil sie ihn nicht aus einer Angelegenheit herausgehalten hat, an der er aktenkundig Anteil hat. Aber schön, dass alle so offen ihre Neutralität bekunden.

Verzeihung?

Am Ende bleibt oft nichts. Von all der hechelnden Aufgeregtheit um Bundespräsident Christian Wulff (und ich bekenne mich selbst zu einer höchst überflüssigen Glosse, geschrieben ohne jede eigene Faktenkenntnis) bleibt gar nichts – nichts Strafbares und auch nichts Unmoralisches. Nur skurrile Einzelheiten wie Bobbycars und Bierzeltgetränke, die eine Art entfesselter Skandalisierungsfuror zu einem Wandbehang der Verfehlungen hatte zusammenwirken wollen.

Und jetzt wäre es doch schön, denkt man, wenn irgendeine Zeitung den Mut hätte zu schreiben: Okay. Das war's. Wir haben

grauenhaft danebengelegen. Keine Ahnung, was mit uns los war –
wir waren irgendwie außer uns. Was wir getan haben, war schlimm,
und es tut uns wirklich leid.

Das wird kaum passieren. Kaum je wird man von einer Zeitung in Deutschland eine vollständige, ehrlich gemeinte Entschuldigung ohne Vorbehalte hören – weil zu viele Journalisten sich für
das Werkzeug der Wahrheit halten. Weil sie einfach *immer* recht
haben, *muss* der Betroffene zumindest eine Mitschuld an seinem
Sturz tragen. Weil er in dieser Krise falsch reagiert hat. Weil er dem
Druck nicht gewachsen war und Fehler gemacht hat. Weil er sich,
parteiisch, so unentspannt und verzweifelt verteidigte.

»[G]escheitert ist Christian Wulff […] an persönlichen Schwä-
chen«, schreibt der *Tagesspiegel* nach Wulffs Freispruch vor Gericht
im Februar 2014. »Wulffs Rücktritt war und ist richtig«, schreibt
die *taz,* »mit seinem legendären Anruf bei der *Bild*-Zeitung versuchte Wulff, kritische Berichterstattung [sic!] zu beeinflussen,
wenn nicht zu behindern.« Die *Frankfurter Rundschau* bilanziert
anlässlich des Freispruchs, die schlechte Nachricht sei, »dass es in
Deutschland einen ehemaligen Bundespräsidenten gibt, der sein
Ansehen im Amt, das tiefe Vertrauen, das er genoss, leichtfertig
und unwiderruflich mit Halb- und Unwahrheiten verspielt hat«.
Selbst die in diesem Fall wohlgesonnene *Welt* lässt Wulff nicht
einfach so gehen: »Christian Wulff hat Fehler gemacht. Er ist
ungenau mit der Wahrheit umgegangen, war ungeschickt und hat
sich nicht aufraffen können, klare Verhältnisse zu schaffen. Das
darf keinem Bundespräsidenten unterlaufen.«

Wie viel Anteil aber hatte die Tatsache, dass er gehetzt wurde,
an den Fehlern des Bundespräsidenten?

Und was antwortet man im Fernsehen sinnvollerweise auf
die Behauptung einer Redakteurin, sie bezahle selbstverständlich alle ihre Übernachtungen bei Freunden? Also auf Schwach-
sinn?

Und wer bilanziert jemals die Fehler der Journalisten? Wer sich über die Medien beklagt, ist weinerlich. Wer sich über konkrete Berichterstattung beschwert, will die Pressefreiheit behindern.

Das Skandalisierungsopfer muss damit leben, dass es nie und nimmer zurück in den *status quo ante* finden wird.

Nie wird das Internet, zu dieser Person befragt, wieder frei sein von den Spuren des Skandals.

Nie wird der Betroffene das Gefühl vergessen, einfach gar nichts mehr richtig machen zu können.

Auf einen Verteidiger, ein kritisches Korrektiv aus den Medien selbst darf der Skandalisierte nicht hoffen, denn der überwältigende Trend zur Themenkonvergenz (»Warum haben *wir* das nicht?«) entmutigt die allermeisten Journalisten, eine andere Geschichte zu erzählen als der Rest der Kollegen. Und *wenn* man sich selbst korrigiert, dann unauffällig. Am 19. Januar 2014 ist in der *Schleswig-Holsteinischen Landeszeitung* zu lesen: »Wenn nun selbst der eigentlich jedem Streit möglichst aus dem Weg gehende Torsten Albig im sich anbahnenden Skandal ungewohnt kritische Töne anschlug, dann gewiss deshalb, weil Susanne Gaschke mit dem Steuererlass eine Schwachstelle aus seiner OB-Zeit an die Öffentlichkeit getragen hat.«

Diese Erkenntnis, etwas früher gereift, hätte vielleicht doch die Skandalberichterstattung der *Landeszeitung* ein wenig verändern können. Aber wen kümmert's heute?

Ehre, Ruf, Ansehen, Existenz einer Person sind schnell zerstört. Ist es da nicht mindestens angebracht, irgendwann zu fragen: War es das wert? Ist eigentlich irgendetwas durch den »Skandal« besser geworden? Nein?

Ich finde, diese Fragen müssen Journalisten, die über einen Skandal berichtet haben, sich stellen. Und sich entsprechend verhalten. Das ist eine Frage ihrer Verantwortung. Und des Anstands.

Ich persönlich habe nicht erlebt, dass irgendein Journalist sich für irgendetwas entschuldigt hätte. Eine Redakteurin berichtete mir allerdings fröhlich, sie habe mit der Kieler Steuergeschichte einen »Recherche«-Preis gewonnen – ob ich ihr jetzt noch mal ein Statement zu meinen Gefühlen anlässlich der Wahl meines Nachfolgers geben könne? Menschen im Skandal sind für zu viele Journalisten keine Menschen. Sie sind Material. Das ist von den meisten noch nicht einmal böse gemeint. Aber es muss sich ändern.

WIE ES WEITERGEHT

Ich sitze auf der Dachterrasse eines 300 Jahre alten Hauses in Saint-Paulet-de-Caisson in Südfrankreich. Um mich herum die puderfarbenen Ziegeldächer des Dorfes, darüber ein lichtblauer provenzalischer Himmel.

Jeden Tag komme ich nach dem Frühstück hier herauf, um zu arbeiten. Um aufzuschreiben, was ich im vergangenen Jahr erlebt habe, wie es mir ergangen ist. Ich bin froh, dass mich überhaupt wieder interessiert, welche Farbe der Himmel hat. Oder wie schön die Dachziegel aussehen: hellrosa, altrosa, ocker, moosgrün, grau, hellgrau, orange. Oder dass ich mich freue, wenn eine braun-weiß-grau gefleckte Katze auf dem Nachbardach sorgfältig ihre Pfoten sortiert: eins, zwei, drei, vier; dann daraufsetzen und sehr ordentlich den Schwanz darum herumlegen. Augen zu.

Ich nehme an, so ähnlich ist es, wenn man sich langsam von einer Krankheit erholt. Ich habe die Skandalisierung des »Kieler Steuerfalls«, wenn ich gefragt wurde, meist mit einem Autounfall verglichen. Und ich glaube, dass die Folgen womöglich am ehesten mit den Symptomen der posttraumatischen Belastungsstörung zu vergleichen sind: Schreckhaftigkeit, Schlafstörungen, Albträume; Aggressionen (sowohl gegen die Täter als auch, völlig absurderweise, gegen Menschen, die helfen wollen); Selbstbezichtigung und Schuldgefühle, endloses Hadern mit den »Was-wäre-gewesen-wenn«-Fragen. Schwierigkeiten mit Menschenmengen. Konzentrationsprobleme. Es ist angenehm, wenn so etwas wieder nachlässt, um das Mindeste zu sagen.

Dies ist der ideale Ort, um zu schreiben und Abstand zu den Ereignissen zu gewinnen. Kein Mensch kennt mich hier. In Kiel sind die Leute rührend: Wo immer ich auftauche, kommt jemand zu mir, um sein Bedauern auszudrücken und tröstliche Worte zu sagen. Diese Begegnungen sind einerseits sehr, sehr schön – aber sie erinnern mich natürlich auch immer wieder daran, was gewesen ist. Trotzdem will ich darüber überhaupt nicht klagen: Diese Reaktionen zeigen, dass die eskalierenden Medienberichte bei der Bevölkerung eben kein mehrheitliches Gefühl von »Empörung« ausgelöst haben, wie Hans-Mathias Kepplinger es als die fast notwendige Folge eines Skandals beschrieben hat. Das Publikum war nicht überzeugt davon, dass ich im Unrecht war.

Und so finde ich mich in Kiel in einer ähnlich kuriosen Situation, wie Nils Minkmar sie am Ende der Steinbrück-Kampagne im Bundestagswahlkampf 2013 beobachtet hat: Da ist der Kandidat nach allen Regeln der Kunst verfrühstückt, in die Pfanne gehauen worden. Auf einem SPD-Fest am Bundestagswahlabend umringen ihn, der nun nicht Kanzler und nicht Minister werden wird, kichernde junge Frauen, die unbedingt ein Handyfoto wollen: »Peer Steinbrück, ehemaliger Kanzlerkandidat und frisch gebackene Berliner Celebrity«, schreibt Minkmar in seinem Buch *Der Zirkus*. Fünf Nummern lokaler ist es für mich in Kiel so ähnlich: Ich habe die Prominenz ohne das Amt. Ich weiß nur nicht, ob ich auf Dauer damit leben will.

In Frankreich sind an dem Tag Kommunalwahlen, an dem in Kiel mein Nachfolger gewählt wird. Hier sieht man auf der Straße praktisch nur Wahlkämpfer des Front National. In vielen südfranzösischen Städten stellt die Rechtspartei von Marine le Pen nun direkt gewählte Bürgermeister.

In Kiel gewinnt wieder ein Sozialdemokrat, ein Staatssekretär aus der Landesregierung. Verheiratet ist er mit einer grünen Landtagsabgeordneten. Diesmal hat niemand Probleme mit einem

politischen Ehepaar. Und ein basisdemokratisches Auswahlverfahren wie bei meinen drei Mitbewerbern und mir ist auch nicht
mehr nötig: Diesmal entscheidet eine »Findungskommission« um
die Parteivorsitzenden von Rot und Grün. Die Basis kann kaum
anders, als den Vorschlag hinterher abzunicken.

Die Studentin, jene Vorsitzende der grünen Ratsfraktion, die
so fleißig meinen Rücktritt gefordert hat, ist Mitarbeiterin im
Landtagsbüro der Grünen-Abgeordneten. Sie twittert: »Es sieht
so aus, als hätten wir den ersten rotgrünen Oberbürgermeister!«
Zur Vereidigung dieses neuen Oberbürgermeisters werde ich nicht
eingeladen. Torsten Albig und Andreas Breitner allerdings sitzen
bei der Zeremonie in der ersten Reihe. Sie sehen zufrieden aus.
Mission accomplished?

Am schwersten habe ich mich in meiner Amtszeit mit einigen
politischen Ritualen getan: mit den formelhaften Angriffen auf
den politischen Gegner. Mit der Weigerung, kluge Ideen der
Gegenseite aufzugreifen. Mit dem »Augenhöhe«-Kram der Grünen. Mit der fast religiösen »Geschlossenheit«, ohne die die SPD
nicht auszukommen glaubt. Ich bin überzeugt, dass ein großer
Teil des Publikums diese Dinge ebenso überflüssig und wenig
zielführend findet wie ich.

Doch sich quer zu den Ritualen zu stellen ist, wie ich erlebt
habe, schwer – und gefährlich. Viele Journalisten, normalerweise
stets bereit, Plastiksprache und hermetische Parteipolitik zu gei-
ßeln, reagieren verwirrt bis aggressiv, wenn man nicht in die
Schubladen passt. Dann gilt auf einmal wieder Teflon als Inbegriff
von Professionalität.

Ich habe gelernt, dass es ungeschriebene Regeln, Rituale sogar
für Rücktritte gibt. Sie dienen der symbolischen Übernahme von
Schuld. Wenn sie nach Drehbuch verlaufen, dann ist die Schuld
getilgt. Dem Zurückgetretenen wird Respekt gezollt. Und alle
anderen können weiter machen wie bisher.

Nach diesen Kriterien habe ich sogar meinen Rücktritt versemmelt. Denn ich habe keine Schuld übernommen, schon gar keine moralische. Die Vergleichsentscheidung, die Kiels Kämmerer auf Veranlassung von Torsten Albig vorbereitet hat und die ich unterschrieben habe, mag falsch oder richtig gewesen sein – bis heute gibt es dazu nur die rechtliche »Einschätzung« (Albig) eines Innenministeriums, über dessen Arbeit viele, vom Ministerpräsidenten bis zur Presse, mitredeten.

Ich bin nicht zurückgetreten, damit alle anderen weitermachen können wie bisher. Ich bin zurückgetreten, weil ich den Druck, den ich durch Landesregierung und Medien erfahren habe, nicht mehr aushalten konnte. Der Leser mag sich selbst ein Bild davon machen, ob dieser Druck gerechtfertigt und notwendig war – oder Missbrauch von Staatsmacht in einer innerparteilichen Auseinandersetzung.

Weil mein Rücktritt keine stille, demütige Schuldübernahme war, gab es auch nicht die sonst einklagbare Gegenleistung, den Respekt. Zwei Tage nach meiner Demission brachten die *Kieler Nachrichten* ein Interview mit einem notorisch öffentlichkeitssüchtigen FDP-Landtagsabgeordneten; einem Juristen, der die Expertenmeinung zum Besten gab, ich werde gegen den Vorwurf der Untreue schwer zu verteidigen sein. Gegen einen Vorwurf, der für aufmerksame Zeitgenossen schon damals und nicht erst nach dem Bescheid des Landgerichts abwegig gewesen ist. Subtext: Muss sie ins Gefängnis?

Und als ich, in der Woche nach meinem Rücktritt vom *Spiegel* dazu befragt, meiner Verwunderung über Torsten Albigs Rolle in der ganzen Angelegenheit Ausdruck gab, ereignete sich noch ein retardierendes Moment, ein bisschen wie in einem Horrorfilm, wenn das tot geglaubte Monster sich noch einmal aus der Badewanne erhebt: Wenige Tage später brachte der NDR, auf der Grundlage vertraulicher, wenn auch fehlerhafter Unterlagen des Innenministeriums, einen Bericht, der behauptete, ich hätte seit

Monaten von der angeblichen Unmöglichkeit eines Steuervergleichs gewusst – und nicht nur ein einziges Mal, nämlich bei
Unterschrift, damit zu tun gehabt.

Wer hatte da Interesse, noch einmal ordentlich Stimmung
gegen mich zu machen? (Von den Journalisten, die »Recherche«
mit dem Abfilmen von »Informationen« der Obrigkeit verwech-
seln, will ich hier noch nicht einmal sprechen.) Der Bericht war
falsch. Das Innenministerium musste das offiziell zugeben.

Besonders getroffen haben mich kurz vor dem Ende die schril-
len, erregten Forderungen, ich dürfe nicht an meinem Amt kleben
bleiben, um mir Versorgungsbezüge zu sichern. Ich hatte das Amt
weder mit einem einzigen Gedanken an Geld angestrebt, noch
hätte ich einen einzigen Moment wegen Geld daran festgehalten.
Aber das Klischee sitzt fest im Kopf vieler Journalisten: Politiker
kleben am Amt wegen des Geldes. Bei Gott, nein.

Eine Überlegung allerdings war es mir schon wert, ob nicht
die Kieler Bevölkerung, die mich direkt gewählt hatte, das
Recht haben müsste, über meine politische Zukunft zu entscheiden. Aber dazu war ich nicht abgebrüht genug. Das Dauerfeuer der »Sie-klebt-am-Amt«-Kommentare hätte ich nicht aus-
gehalten.

Und ich selbst hatte unter dem Druck der Skandalisierung
natürlich Fehler gemacht: den falschen Leuten vertraut. Auf falschen Rat gehört. Auf richtigen nicht. Mir selbst widersprochen.
Opportunistisch taktiert. Emotionen gezeigt. Die »Entschlossenheit« der Landesregierung unterschätzt. Nicht genug mit jedem
einzelnen Journalisten geredet. Einen Chefredakteur angerufen.
Die meisten dieser Fehler sind mir mitten in der Krise, die ich als
Hetzjagd empfunden habe, unterlaufen. Es reicht für viele Nächte
der Selbstzerfleischung.

Der »Verzicht« auf ein Abwahlverfahren (den Journalisten
so großzügig empfahlen) hat mich, so schreibt es eine Zeitung,
600 000 Euro Bezüge gekostet: Wer sich abwählen lässt, wird wei-

ter bezahlt. Wer zurücktritt, bekommt nichts. Ich weiß nicht, ob die Summe stimmt. Ich habe es nicht ausrechnen lassen. Aber anders als die meisten zurückgetretenen Minister habe ich kein Abgeordnetenmandat, auf das ich zurückfalle, oder Übergangsgeld wie ausscheidende Abgeordnete. Genau genommen habe ich im Moment – nichts. Nur eine unpraktische neue Krankenversicherung, die wegen der Verbeamtung auf Zeit nötig wurde und jetzt viel zu teuer ist. Anwaltsrechnungen und die Chance, mich bei der Künstlersozialkasse freiwillig für die Rente zu versichern. Meine Heimatstadt Kiel habe ich verlassen.

Vielen anderen geht es viel schlechter, ich beklage mich nicht. Der Versuch bedeutete eben das volle Risiko. Aber man wünscht sich ja, wenn man so etwas beginnt, auch sehr, dass es gelingt. Mein Ruf, meine Ehre? Sie fühlen sich lädiert an. Das Internet ist voll davon. Aber sie werden sich erholen. Einen einzigen engeren Freund habe ich wohl verloren – und dem hätte ich, wenn ich jetzt darüber nachdenke, auch vorher mein Leben nicht anvertraut.

Ich kann auch wieder schlafen, hier in Frankreich, wo mich keiner kennt. Den Rest muss man abwarten.

Torsten Albig, der die Entscheidung auf den Weg brachte, über die ich gestürzt bin, ist weiter im Amt. In einer Landtagsdebatte am 14. Mai 2014 wettert er gegen Leute, die den politischen Gegner in seiner Integrität verletzen. Er ergreift vehement Partei dagegen, dass in der Politik »Menschen beschädigt« werden. Er plädiert dagegen, »mit Schmutz zu werfen«. Er prophezeit, irgendwann werde sich das gegen diejenigen wenden, die es täten: »Sie alle werden den Preis dafür zahlen.« Spricht hier ein Ich oder ein Es? Egal, in diesem einen Punkt hoffe ich wirklich, dass er recht behält.

Ralf Stegner ist weiter Landesvorsitzender der SPD in Schleswig-Holstein, und es ist mir gänzlich unmöglich, mir Umstände vorzustellen, unter denen das nicht mehr so sein sollte.

Andreas Breitner, der Innenminister, der diverse Verfahren gegen mich so überaus»neutral« führte und der mit haarsträubenden Vorwürfen die Öffentlichkeit hypnotisierte, sieht nicht mehr so fröhlich aus wie früher. Aber er ist im Amt.

Der Kämmerer, der mir den Vergleich, den Torsten Albig auf den Weg gebracht hatte, zur Unterschrift vorlegte, ist weiter im Amt. Das Innenministerium ist gegen den ehemaligen Kollegen nie mit vergleichbarer Unnachgiebigkeit vorgegangen wie gegen mich.

Die Kieler Ratsversammlung arbeitet weiter wie bisher. Neulich haben CDU und FDP unter Protest eine Ratssitzung verlassen, weil sie empört darüber waren, wie Rot-Grün in der Interimszeit ohne Oberbürgermeister Entscheidungen durchgepeitscht und Posten verteilt hat. Ein grüner Kreisvorsitzender ist zurückgetreten. Die Politik, sagt er den *Kieler Nachrichten*, habe ihm kaum noch Zeit für Familie und Hobbys gelassen. Auch habe er»häufiger an Frau Gaschkes Kritik an politischen Abläufen und mangelnder Transparenz denken müssen«. Immerhin. Ich kann mir vorstellen, was er meint.

Mein Stabschef Alfred Bornhalm geht in Rente.

Herr Weiss geht in Rente.

Knud Andresen, der bei mir für strategische Planung und für einen neuen Politikstil zuständig war, betreut jetzt Infrastrukturprojekte.

Ob die Stadt Kiel von ihrem berühmtesten Steuerschuldner weiterhin Geld bekommt, ist erneut völlig offen – er prozessiert gegen den Versuch der Ratsversammlung, nun doch die gesamte Schuld einzutreiben. Das kann dauern.

Würde ich den Wechsel in die Politik noch einmal wagen? In der Kenntnis aller Dinge, die geschehen sind: Nein. Die Erfahrung war einzigartig, aber der Preis war zu hoch.

Würde ich anderen Quereinsteigern dazu raten, in die Politik zu gehen? Die ehrliche Antwortet lautet: Wenn ich sie persönlich sehr mögen würde, nein. Man muss die politische Kommunikation, das Glücklichhalten von Abgeordneten, die Geschäfte und Verabredungen, die nötig sind, um eine Mehrheit zu sichern, vielleicht im Blut haben. Glaube ich, dass die Politik trotzdem Quereinsteiger braucht? Unbedingt. Wir können die Sphäre des Politischen nicht allein Juristen und Karrierebeamten überlassen, und im Ehrenamt nicht ausschließlich Frührentnern, Langzeitstudenten und Angehörigen des Öffentlichen Dienstes. Wir brauchen auch Leute, die eine andere Sprache sprechen als die Spiegelstrichsprache der Apparate. Und Leute, die sich den etablierten Ritualen widersetzen. Aber attraktiv ist diese Aufgabe gegenwärtig nicht.

Gibt es trotzdem Möglichkeiten, Quereinsteiger in die Politik zu locken? Wahrscheinlich schon, aber es ist ein langfristiger Prozess. Bei aller berechtigten Kritik an der Frauenquote: Sie hat die gesamte Gesellschaft verändert, nicht nur die Parteien. Heute sehen gänzlich unquotierte Männergremien – egal ob in Wissenschaft, Wirtschaft oder Kultur – ganz von selbst ein wenig angestaubt aus.

Parteien müssen sich selbst mehr Vielfalt verordnen. Sie selbst müssen sich unter den Druck setzen, erfolgreiche, erfahrene Berufstätige für ihre Ämter und Mandate zu finden. Wohlgemerkt: für Ämter und Mandate. Nicht nur für die Schattenkabinette.

Das ist zum einen eine politische Führungsaufgabe: Die Quereinsteiger haben höhere Erfolgschancen, wenn ihr Erfolg von den eingesessenen Spitzenfunktionären auch gewollt wird.

Das ist zum anderen aber auch eine Frage der politischen Arbeitsweise: So wie »face time«, reine Präsenzkultur, in der Wirtschaft zunehmend aus der Mode gerät zu Gunsten von Ergebnisorientierung, so muss sich politische Gremienarbeit ändern. Es darf nicht mehr als Leistungskriterium gelten, wie viele Abend- oder Wochenendstunden totgeschlagen werden. Es muss Sitzungszeitbegrenzungen geben. Es geht nicht um *verbrauchte*, sondern um sinnvoll *genutzte* Zeit.

Vielleicht sollte man die Personalauswahl der Parteien durch Vorwahlen öffnen. Das erhöht den Druck, sich um präsentable Kandidaten zu bemühen. Was die Medien angeht, so kommt langsam eine längst überfällige Debatte in Gang. Das Veröffentlichungsmonopol der Alpha-Journalisten und deren »Unbelangbarkeit« hat Thomas Meyer 2014 in der *Neuen Gesellschaft* klug und kritisch beleuchtet. Tom Schimmeck hat dort die unantastbare Schiedsrichterrolle der Journalisten beschrieben: »Die Journalisten sind, in schwacher Form durch den *Spin*, den sie Dingen geben, in starker Form durch die Positionen, für die sie sich verdeckt oder offen einsetzen, derjenige Mitspieler im politischen Prozess, der gleichzeitig als einziger unter allen Konkurrenten über das laufende Spiel für das große Publikum berichtet und dazu auch noch den Kommentar liefert. Da sie aber selbst den Spielausgang im Hinblick auf dessen Wertung weitgehend mitbestimmen, sind sie zu alledem auch noch die Schiedsrichter.«

Eine lange Reihe von Fällen aus der jüngeren Vergangenheit führt offenbar zu einer neuen Nachdenklichkeit. Der Umgang mit dem Kanzlerkandidaten Peer Steinbrück; die Einheitsfront gegen Bundespräsident Christian Wulff; die Vorverurteilungen in komplizierten Fällen wie Jörg Kachelmann; das Acht-Minuten-Verhör, das Marietta Slomka im Fernsehen mit Sigmar Gabriel zum Thema »Verfassungswidrigkeit« des SPD-Mitgliederentscheids über die Große Koalition führte; die Anklageerhebung von Claus Kleber gegen Siemens-Vorstand Joe Kaeser wegen dessen Russland-Besuch – das alles sind die Symptome für einen eskalierenden Journalismus. Für einen Journalismus, der nicht mehr aufklärt, sondern nur noch personalisiert und zuspitzt, um dann draufzuhauen. Für eine vierte Gewalt, die niemand zur Rechenschaft zieht.

Wenn die Pressefreiheit nicht eingeschränkt werden soll – und das darf sie nicht –, dann ist der einzige gangbare Ausweg die Selbstkontrolle der Medien. Das beginnt bei der Frage nach korrekter Faktenwiedergabe und hört beim Ton von Kommentaren noch lange nicht auf, sondern führt bis hin zu Bildauswahl, Schnitt, Titelzeile. Medien müssen über andere Medien berichten, und das ohne Kumpanei. In vielen Qualitätsmedien haben Diskussionen zu den problematischen Trends im Journalismus, über Personalisierung und Themenkonvergenz begonnen. Ein solcher Trend ist zum Beispiel auch die Beschleunigung der Berichterstattung durch Online-Medien – dieses Problem betrifft die traditionellen Zeitungen und Radio- und TV-Sender. Die Konsequenz daraus kann freilich nicht einfach lauten, dass das Publikum sich dann eben mit schlechterer Qualität zufriedengeben muss. Weit kreativer wäre es, über Entschleunigung und »Zeitpuffer« nicht nur für Hochgeschwindigkeitsbörsen, sondern auch für Nachrichtenticker nachzudenken, wie der verstorbene *FAZ*-Herausgeber Frank Schirrmacher es vorgeschlagen hat.

Beliebt, um journalistische Schlampereien wegzuentschuldigen, ist auch das Argument, alle Medien seien unter Quotendruck und alle Redaktionen würden kaputtgespart. Was auch immer es war – Quotendruck kann nicht der Grund gewesen sein, der den NDR in meinem Fall zu seiner unglaublich einseitigen Berichterstattung getrieben hat. Quotendruck ist für den gesamten öffentlich-rechtlichen Rundfunk kein zulässiges Argument für irgendetwas. Vielmehr wäre der gebührenfinanzierte Rundfunk geradezu prädestiniert, bei der Selbstkontrolle der vierten Gewalt eine vorbildliche Rolle zu spielen. Und was die kaputtgesparten Redaktionen angeht, kommt es sehr auf den Einzelfall an. Es gibt solche, die mit zwei Leuten sehr ordentlich, und solche, die mit zwanzig Leuten verantwortungslos arbeiten.

Die meisten Journalisten würden jedenfalls zustimmen, dass Beschleunigung und Quotendruck Qualitätsprobleme erzeugen können. Es gibt aber eine dritte Fehlerquelle, über die viele nicht gern reden: das bereits angesprochene Schiedsrichtertum und ihr Selbstverständnis als Verkörperung des *volonté generale,* ihre

Besserwisserei. Frank Schirrmacher hat das in seltener Klarheit als »journalistisches Übermenschentum« bezeichnet. Gegen diese Haltung (noch dazu von Redakteuren, die in der internen Diskussion zusammenbrechen, wenn der Chefredakteur die Augenbrauen runzelt) ist nur ein Kraut gewachsen: Öffentlichkeit. Die Autoren/Moderatoren/Studioleiter sollten befürchten müssen, dass über ihre Attitüde berichtet wird. Dass sie selbst Gegenstand der Beobachtung und Bewertung werden. Journalisten als Veränderer der Wirklichkeit müssen selbst sichtbar werden.

Deshalb brauchen wir Medienseiten und -sendungen, die sich nicht auf die Rezension neuer Online-Projekte oder die Berichterstattung über Auflagen und Hin-und-Her-Verkäufe von Sendern und Zeitungen beschränken. Sondern die sich ruhig und sachlich, aber in der Sache kompromisslos mit der Qualität der Arbeit der anderen auseinandersetzen.

Wir brauchen eine Selbstverpflichtung der Medien, sich nicht still und heimlich davonzumachen, wenn sie falschgelegen haben, sondern groß, in gleichem Umfang und an gleicher Stelle den Fehler aufzuklären – freiwillig, ohne gerichtlich dazu gezwungen zu werden.

Wir brauchen eine mediale Entschuldigungskultur, auch für schlimm danebengegangene Kommentare.

Wir brauchen ein viel vorsichtigeres Vorgehen, wenn strafrechtliche oder andere ehrverletzende Vorwürfe zur Debatte stehen – Vorwürfe, die Menschen vernichten können, wenn auch nur der Anschein erweckt wird, sie seien wahr. Was entgeht der Öffentlichkeit, was entgeht der Rechtsfindung, wenn über Strafverfahren erst in dem Moment berichtet wird, in dem sie eröffnet werden? Was haben Ermittlungen, die so oder so oder so enden können, mit großen Überschriften in den Medien zu suchen?

Wir brauchen ferner eine viel stärkere Zurückhaltung der Medien bei der Verwendung anonymer Zitate. Quellenschutz ist gedacht für mutige Informanten in Unternehmen, Verwal-

tungen, Krankenhäusern, Geheimdiensten. Quellenschutz ist
nicht gedacht für Leute, die eine öffentliche Diskussion heimlich
beeinflussen wollen. Quellenschutz ist nicht dafür gedacht, wie in
meinem Fall »Spitzengenossen« zu schützen, die ihren negativen
Spin in eine parteiinterne Debatte einspeisen, aber nicht öffentlich
dazu stehen wollten. Deshalb muss die wildwuchernde Kultur der
sogenannten Unter-Zwei-Zitate, bei denen kein Name genannt
wird, zurückgeschnitten werden.

Ich bin sicher, dass das Publikum, das überhaupt noch Geld
für »Bezahlmedien« ausgibt, eine antibesserwisserische Wende,
weniger Erregung und mehr Sorgfalt begrüßen würde. Der Trend-
forscher Matthias Horx hat geschrieben: »Immer mehr Menschen
verstehen, dass die Medien die Wirklichkeit nicht abbilden, sondern massiv verzerren. Gerade in den vergangenen Jahren haben
wir eine Eskalation der Erregungs- und Skandalisierungskultur
erlebt. Die demografische ›Katastrophe‹, der ›Untergang Europas‹,
die ›schlimmste Krise der Weltwirtschaft‹, aber auch die Hatz
auf einzelne Politiker [...] – alles Anzeichen für eine gefährliche
mediale Hysterisierung unserer Kultur. [...] Immer mehr Menschen werden sich aus diesen Erregungskaskaden verabschieden
und einfach abschalten.«

Ich denke, dass Horx recht hat. Ich selbst habe monatelang
keine Zeitung gelesen, auch *nach* meinem Rücktritt nicht. Wenn
alle dort verbreiteten Urteile über Menschen so gültig waren wie
diejenigen über mich; wenn alle Berichte so »sorgfältig« recherchiert, alle Kommentare so »fair« waren – warum sollte ich auf sie
irgendwelche Gedanken verschwenden?

Natürlich ist das keine Haltung, die ich mir selbst als Journalistin und schon gar nicht als Demokratin durchgehen lassen
kann. Wir brauchen eine kritische Medienöffentlichkeit, und
selbstverständlich muss sie auch gegenüber der politischen Sphäre
kritisch sein. Selbstverständlich gibt es echte Skandale. Aber mehr
Bedacht beim Urteilen, korrekte Tatsachen, Selbstaufklärung über

den Standpunkt des Autors, weniger Herdentrieb, weniger Blutrausch, mehr Mut zur abweichenden Meinung: Das wäre gut.

Es ist ebenso schlecht für die Demokratie, wenn immer mehr Menschen sich aus der klassischen Mediennutzung verabschieden und »abschalten«, wie es schädlich ist, wenn unter den Bedingungen *dieser* Öffentlichkeit niemand mehr für öffentliche Ämter kandidieren will. Wenn meine Erlebnisse in der notwendigen Debatte über Selbstverständnis und Selbstkontrolle der Medien eine noch so geringe Rolle spielen könnten, wäre ich froh. Ansonsten ist dieser Teil der Geschichte erzählt. In Saint-Paulet ist Nachmittag. Der Pizzawagen ist vor dem winzigen Rathaus aufgefahren. Ich werde mal hinuntergehen und sehen, ob die anderen auch Appetit haben. Vielleicht trinken wir danach einen Pastis in einer der zwei Dorfbars. Es fühlt sich fast wie Urlaub an. Fast.

CHRONOLOGIE
des Kieler Steuerfalls:

90er Jahre: Aus Immobiliengeschäften eines Kieler Unternehmers entsteht eine Gewerbesteuerschuld von 4,1 Mio. Euro, über deren Rechtmäßigkeit jahrelang prozessiert wird. (Stadtkämmerer 2003 bis 2006: Torsten Albig.)
2008: Die Forderung ist gerichtsfest, wird aber noch nicht vollstreckt.
2009: Keine Vollstreckung. Albig wird Oberbürgermeister (OB). Er unterschreibt einen Bescheid, der den Vollzug der städtischen Forderung ohne Sicherheitsleistung aussetzt.
2010: Keine Vollstreckung.
2011: Keine Vollstreckung. Albig ist noch OB, aber auch schon Ministerpräsidenten-Kandidat der SPD für die Wahl 2012. Albig entscheidet am 25. Mai, dass die Stadt versuchen soll, einen Vergleich auszuhandeln, der mindestens 50 Prozent der Gesamtforderung (inzwischen sind Zinsen und Gebühren zu den 4,1 Mio. hinzugekommen) einbringen soll.
2012: Keine Vollstreckung, noch kein Vergleichsergebnis. Albig wird Ministerpräsident (12. Juni 2012), Susanne Gaschke tritt am 1. Dezember seine Nachfolge als Oberbürgermeisterin an.
Am 21. Juni 2013 legt der von der Ratsversammlung gewählte Stadtkämmerer Wolfgang Röttgers das von seiner Fachverwaltung nun fertig ausgehandelte Vergleichsergebnis persönlich der OB zur Unterschrift (»Eilentscheidung«) vor. Die 4,1 Mio. Euro sollen ab sofort in Raten beglichen, Zinsen und Gebühren dem

Steuerschuldner erlassen werden. Bisher war die neue OB in keiner Weise mit dem Steuerfall befasst gewesen. Das Ergebnis wird von der Finanzverwaltung als gut für die Stadt bewertet. Susanne Gaschke unterschreibt. Nach 15 Jahren »null Euro« fließt jetzt Geld an die Stadtkasse.

22. August: Die Ratsversammlung befasst sich im nichtöffentlichen Teil mit dem Oppositionsantrag, die OB-Entscheidung aufzuheben. Der Antrag wird abgelehnt. Damit macht sich nach herkömmlicher Rechtsauffassung die Ratsversammlung den Steuervergleich materiell zu eigen und billigt den Weg der Entscheidung.

5. September: Die Stadt beantragt – wie auch von der Opposition gefordert – eine Prüfung des Gewerbesteuervergleichs durch die Kommunalaufsicht des Landes. Im veröffentlichten Begleitschreiben der Stadt wird auf die Geschichte des Falls und die Vorentscheidung OB Albigs für die Vergleichssuche hingewiesen. (*Kieler Nachrichten:* »Plante schon Albig Steuer-Deal?«) Albig erklärt später laut *KN*, »er habe keine Entscheidung getroffen«. Stegner springt ihm bei: Es sei von Gaschke »weder zielführend noch fair, ihren Vorgänger ins Spiel zu bringen«.

6. September: Der (seit August im Rat bekannte) Name des Steuerpflichtigen wird öffentlich und überdeckt jede andere Berichterstattung.

12. September: Stegner rechnet öffentlich in »vermutlich 14 Tagen« mit einem Ergebnis der Kommunalaufsicht (korrekt: es wird der 27. September).

16. September: Anruf Stegner bei Gaschke. Nachfrage der OB beim Innenminister: Schon fertig geprüft? Nein.

17. September: E-Mail Albig an Gaschke über den kommunalaufsichtlichen »Sachstand« und Verhaltensmaßregeln, wenn man darüber nicht »stürzen« will. Von seiner Mitverantwortung ist keine Rede, aber er argumentiert noch einmal, wie der Steuervergleich »doch politisch vertretbar« sein könne (offensichtlich auf der Linie seiner eigenen damaligen Entscheidung für die Vergleichssuche). Auch die »Position der Kommunalaufsicht« sei »nur eine Einschätzung«. Die OB ruft beim Innenminister Andreas Breitner an: ob es doch schon ein Ergebnis gebe und woher Albig und Stegner das vor ihr wissen könnten. Sie erreicht nur die Büroleiterin. Breitner ruft Albig an. Kein Rückruf bei OB.

19. September: Aktuelle Stunde im Rat. Die OB erklärt noch einmal, was wie zustande kam, und entlässt auch ihren Vorgänger nicht aus seiner Mitverantwortung. Auf weitere, jetzt schriftliche (einmal persönlich überbrachte) Anfragen, wie Außenstehende zu internen Prüf-Zwischenständen aus der Kommunalabteilung des Innenministeriums kommen, zunächst keine Antwort mehr.

27. September (Freitag): Anruf Büroleiterin des Innenministers bei der krankgeschriebenen OB auf Föhr, man habe das Prüfverfahren nun aufgespalten und im ersten Schritt festgestellt, dass die OB nicht hätte entscheiden dürfen. Dies werde der Presse mitgeteilt. (Vom Nichtaufhebungs-Beschluss der Ratsversammlung am 22. August wusste die Kommunalaufsicht angeblich nichts. Er kommt in ihrer fehlerhaften Stellungnahme nicht vor.) Streit mit der Büroleiterin am Telefon. OB spricht jetzt Journalisten gegenüber von »Intrige«, thematisiert die Intervention des Ministerpräsidenten. Albig veröffentlicht seine *wohlmeinende* Mail über den ihn selbst aussparenden »Umgang« mit der Sache, wenn Gaschke nicht »stürzen« will.

30. September (Montag): OB-Pressekonferenz im Rathaus. Noch einmal Verwunderung über die vertrauliche Einmischung des MP. Das Innenministerium fragt am selben Tag bei der Staatsanwaltschaft Kiel nach, ob schon ein Ermittlungsverfahren gegen die OB eingeleitet sei oder noch eingeleitet werde.

1. Oktober: Innenminister Breitner telefoniert mit dem Generalstaatsanwalt über Gaschke. Am Nachmittag Pressekonferenz des Innenministers mit Nötigungsvorwürfen gegen »das Ehepaar« Bartels-Gaschke.

2. Oktober: Im Landtag Sitzung des Innen- und Rechtsausschusses mit Befragung von Albig und Breitner.

7. Oktober: Das Landgericht Hamburg verbietet Innenminister Andreas Breitner per einstweiliger Verfügung zu behaupten, Bartels habe ihm gedroht. Am gleichen Tag auf Initiative von Stegner »Friedensverhandlungen«. Alle Beteiligten in der SPD einigen sich auf eine Art von Stillhalten und sollen gerichtliche Auseinandersetzungen vermeiden.

9. Oktober: Ab jetzt übernimmt es der grüne Koalitionspartner im Rathaus, wiederholt öffentlich den Rücktritt von Susanne Gaschke zu fordern.

18. Oktober: Die Staatsanwaltschaft Kiel eröffnet ein Ermittlungsverfahren gegen die OB wegen des Verdachts der »Untreue in einem besonders schweren Fall« und beantragt bei Gericht Durchsuchungsbeschlüsse – die dann dreimal gerichtlich zurückgewiesen werden. Am selben Tag erklärt der Innenminister, dessen Behörde zum selben Zeitpunkt noch die Steuersache prüft, im *KN*-Interview, er werde »kein Vier-Augen-Gespräch mit der jetzigen Oberbürgermeisterin mehr führen«, und bezeichnet das SPD-Abstimmungsverhalten zu Abwahlanträgen im Rat als »schon fast eine Gewissensfrage«.

23. Oktober: Pressekonferenz von Innenminister Breitner zum kommunalaufsichtlichen Prüfungsergebnis (Leiterin der Abteilung: Gaschkes innerparteiliche Gegenkandidatin bei der SPD-Nominierung 2012): Der »Steuerdeal« sei »komplett rechtswidrig«. Zum Nichteinziehen der Steuern in den Albig-Jahren sagt die Prüfung nichts, zur Albig-Entscheidung über die Suche nach einem Vergleich mit dem Steuerschuldner ebenfalls nichts. Ein Gericht und Journalisten stellen bei anderer Gelegenheit sachliche Fehler in der Stellungnahme fest. Aber nach »Nötigungs«-Verdacht und »Untreue«-Verdacht erscheint die Regierungsprüfung vielen wie ein abschließendes Rücktrittsurteil gegen diese potentielle Straftäterin im Amt der OB.

26. Oktober: Der SPD-Fraktionsvorsitzende im Rat erklärt: »Ich kann noch nicht einmal sagen, ob wir am Montagabend wissen, ob wir die Abstimmungen für unsere Ratsmitglieder freigeben oder nicht.«

28. Oktober: Rücktritt der OB.

13. November: Die Generalstaatsanwaltschaft Hamburg stellt fest, dass an den Nötigungsvorwürfen der Landesregierung nichts dran ist.

23. März 2014: Neuwahl des OB.

14. Mai 2014: Die Staatsanwaltschaft Kiel stellt ihr Ermittlungsverfahren wegen »Untreue in einem besonders schweren Fall« ein. Sie hat die Ermittlungen ohne »erforderlichen Verdacht« und ohne »tatsächliche Anhaltspunkte« geführt, wie das Landgericht bereits in einem Beschluss vom 6. Februar feststellt. Die Staatsanwaltschaft beruft sich noch immer u. a. auf ihr Recht, einen »Anfangsverdacht« anzunehmen, wahlweise aufgrund von »entfernten Indizien, Gerüchten oder einseitigen Behauptungen«.

Der SPD-Kreisvorsitzende und der OB-Nachfolger im Rathaus erklären freundlicherweise jetzt im Nachhinein, sie hätten ohnehin nie geglaubt, dass Gaschke der Stadt habe schaden wollen ...

DANK

Ich möchte mich bei einer Reihe von Menschen bedanken, ohne die ich nicht nur dieses Buch nicht geschrieben, sondern auch eine schwere Zeit nicht überstanden hätte. Ohne Alfred Bornheim und Knud Andresen hätte ich im Rathaus weder arbeiten können noch arbeiten wollen. Josef Aldenhoff danke ich für sein klares, freundschaftliches Urteil. Jürgen und Andrea Bähr danke ich für unerschütterliche Freundschaft und Jürgen für seinen Mut und seine Gradlinigkeit, auch als viele Genossen die Dinge ganz anders sehen wollten. Günther Bantzer, Karl-Heinz Luckhardt und Norbert Gansel danke ich als drei erfolgreichen Amtsvorgängern, die mir jeder auf seine Weise sehr geholfen haben.

Einer mir nicht persönlich bekannten Dame danke ich dafür, dass sie dem Chefredakteur der *Kieler Nachrichten* in einem öffentlichen Forum die Frage gestellt hat: »Wie parteiisch sind die *Kieler Nachrichten?*« Dafür gab es spontanen Applaus. Ich danke Ernst Engert für viele Mühen und stete Hilfsbereitschaft. Ich danke Melanie Franke für ihre Freundschaft und für wunderbare Tage in Frankreich. Ich danke Gerald Goecke, der viel mehr ist als ein toller Anwalt. Ich bin froh, dass Karin Graf so eine feine Agentin ist, die auch in harten Zeiten zu ihren Autoren hält. Ich danke Julia Hoffmann und der DVA für großartige Betreuung und ihre Solidarität. Ich danke Ingrid Lietzow für ihr Rückgrat und ihre Tapferkeit. Daniel Matinen und Gamze Özdemir haben unsere Familie mit so viel Kampfkraft und Fröhlichkeit begleitet, dass niemand die ganze Zeit traurig sein konnte. Jan Martensen danke ich für seinen Witz, seinen Charme und seine unerschöpfliche und bezaubernde Unterstützung. Jörg Nabert danke ich für alles und dafür, dass eine juristische Welt außerhalb von Schleswig-Holstein existiert. Thies und Katrin Petersen danke ich für weit mehr als nur digitale Hilfe. Bianca Rönnau: Namaste! Andrea Wilke ist eine Freundin, mit der man praktisch alles durchstehen kann.

Meine Eltern haben so zu mir gestanden, wie man es sich als Tochter nur wünschen kann: Dafür kann ich den Dank kaum in Worte fassen.

Charlotte: dass du das miterleben musstest, hätte ich dir nicht gewünscht, aber wie du es gemacht hast, war großartig.

Außerhalb jedes Alphabets danke ich dir, Hans-Peter. Wer wissen will, was »in guten wie in schlechten Tagen« eigentlich bedeutet, kann es von dir lernen.